U0552605

战法

成就下一个商业奇迹

吴婷◎著

中信出版集团|北京

图书在版编目（CIP）数据

战法：成就下一个商业奇迹 / 吴婷著 . -- 北京：中信出版社，2023.8
ISBN 978-7-5217-5879-5

Ⅰ.①战… Ⅱ.①吴… Ⅲ.①企业发展－研究 Ⅳ.① F272.1

中国国家版本馆 CIP 数据核字（2023）第 126487 号

战法——成就下一个商业奇迹
著者：吴婷
出版发行：中信出版集团股份有限公司
（北京市朝阳区东三环北路 27 号嘉铭中心　邮编　100020）
承印者：北京通州皇家印刷厂

开本：880mm×1230mm 1/32　印张：12.75　字数：226 千字
版次：2023 年 8 月第 1 版　印次：2023 年 8 月第 1 次印刷
书号：ISBN 978-7-5217-5879-5
定价：79.00 元

版权所有·侵权必究
如有印刷、装订问题，本公司负责调换。
服务热线：400-600-8099
投稿邮箱：author@citicpub.com

专家推荐
（按时光排序）

祝贺吴婷女士新书出版，这本书中的成功案例可以让中国乃至全球企业家受益。作为荣誉校董，我希望嘉宾商学能培育出更多杰出的灯塔型企业。

——**菲利普·科特勒**　"现代营销学之父"、美国西北大学凯洛格商学院终身荣誉教授
科特勒咨询集团创始人、嘉宾商学校董

总结洽洽 20 多年的成长历程，持续学习创新是宝贵的经验之一，而对内外部案例的学习是企业持续创新成长的重要手段。吴婷校长的新作《战法》，涵盖关于业务增长、组织发展、领导力提升等的 40 个高质量案例，这些都是企业经营发展的核心要素。无论对初创者还是对成熟企业来说，这本书都会带来新的启发和收获！

——**陈先保**　洽洽食品董事长

嘉宾商学一直专注于商业案例教学，为众多企业提供了实际的指导和帮助。作为一家成长中的企业，老乡鸡也一直在学习优秀的商业案例，不断追求在战略、组织、管理、产品等方面的提升。吴婷校长在商业案例研究中有着非常独到的见解，能够直击案例本质，引导大家举一反三，为商业案例教学领域树立

了标杆，也为中国商业教育的发展做出了独特的贡献。

——**束从轩** 老乡鸡集团董事长

我是以提问为业的商业教练，当遇到以提问为生的创业者时，自然兴趣盎然。吴婷校长在这本书中拆解的案例我都仔细看过，当真符合她的追求：新、深，以及具备实践意义。她正在带领嘉宾商学成为诡谲残酷的商场中的灯塔。

——**吴士宏** 企业家教练，微软前中国区总裁

吴婷校长通过嘉宾商学的标杆企业访学和创始人交流，给学员打开了一扇门，让学员可以从中感知优秀企业取得成功的要素，获得认知升华。在百年未有之大变局的经济环境下，如何重新构建新的经营和竞争策略，是一个大课题。这本书把这些访学获得的案例编撰成册，将给企业经营者带来启发和深刻思考，也是对上述课题的一个解答。

——**李竹** 英诺天使基金创始合伙人

案例教学在商业教育中的使用最初起源于哈佛商学院，至今已有100多年的历史了。在中国，为了提升教学质量和国际竞争力，大学的商学院开始积极开发和编写本土商业案例，创建案例库与案例中心。特别是近年来，一些社会教育机构也纷纷加入案例教学，嘉宾商学就是其中的一个典型创新代表。它以"应变、求变"为教学理念，带领学员深入公司进行现场案例教学，以培养学员发现问题、分析问题和解决问题的能力。吴

婷的新书《战法》不仅总结了国内外优秀企业的管理智慧，而且是嘉宾商学对中国企业管理实践的系统提炼。这本书内容丰富，可读性强，特推荐！

——郑晓明　清华大学经管学院中国工商管理案例中心主任教授

吴婷的专著《战法》，我想应该就是值得很多企业家去仰望的灯塔。它不在天际，只在眼前，为我们锚定了成功者的行为准则，用睿智的思考照耀着前行方向。40个不错的案例中，有很多不变的真理。我推荐大家用心品读。

——方洪波　美的集团董事长

吴婷创办嘉宾商学，一直以商业案例的研习与传播帮助企业成长，这次又在《战法》这本书里一次性收录了如此丰富的案例，不论是行业还是管理角度都足够多元，我们从中足以窥见吴婷深厚的案例研究积累。

西贝在人才成长方面的一些管理实践有幸被这本书整理收录，吴婷将其命名为"理想主义管理模式"。西贝"成就人"这件事确实也是我的理想，我想把小西贝发展成大西贝，把大西贝发展成大家的西贝，让每一位员工都有机会在西贝企业平台上实现自己的人生理想，西贝不仅要让顾客感到幸福，也要让员工感到幸福，我们为此不遗余力。

感谢吴婷一直以来对西贝的关注，很荣幸西贝能够成为书中的案例之一，希望西贝的点滴积累也能为各位读者带来价值。

——贾国龙　西贝餐饮集团董事长

《战法》是一本集合了全新商业案例的精华之作，覆盖零售、科技、制造等多个行业，这些案例以"快""精""强""新""稳"为核心，向读者展示了商业领域的成功之道。这本书特别强调了案例研究对于理论研究的意义，通过深入剖析实际案例，读者可以更好地理解商业背后的原理和战略。这种实践与理论的结合为商业界带来了深远的影响，激发了新的创新思维。

当前，商业面临着巨大的不确定性和非连续性变化。这本书通过案例研究向读者展示了如何应对这些挑战，提供了具体的解决方案和策略。同时，科技对商业的改变也是这本书的重点之一。它揭示了科技如何重塑商业模式、提高效率，并带来新的商业机会。

总之，《战法》是一本不可或缺的商业读物。它通过深入的案例研究，向读者传递了宝贵的商业智慧和经验，帮助他们应对变化多端的商业环境，实现成功和稳定的发展。无论是商界新手还是经验丰富的商业领袖，都能从中获益匪浅。

——**廖建文** 京东集团资深顾问、前首席战略官、长江商学院前副院长、战略创新教授

吴婷校长一直在探索新型案例学习，这份事业我非常赞同和支持。我们所处的时代变化很快，太需要一个观察家、提问者、记录者、推动者，吴婷就是这样的人，她孜孜不倦地努力着。我坚信她也终将成为中国商业案例学习的灯塔，嘉宾商学也会成为世界知名的案例教学机构。

——**余承东** 华为常务董事、终端 BG CEO

在一家企业的成长过程中，表面上看，最重要的问题是增长，而增长的本质在于，企业在创造价值的过程中，其商业逻辑是否能够与这个时代的趋势相契合。

《战法》就是一本旨在研究企业成长过程中更深层次思维模式和管理思路的作品。一个个商业案例的片段拼接在一起，就是在记录时代，同时也为后来者提供更多的前鉴。

——**毛大庆** 优客工场、共享际创始人、董事长

管理是行走之思想者，嘉宾商学以"游历"和"提问"为钥匙，开启管理思想之真谛，这本书记录行走之足迹；管理是精巧之生命体，"快""精""强""新""稳"有机融合，以哲学御机制，以机制释哲学，这本书集合道术之精致；管理是无二之造物家，企业从来都是独立之主体，企业家是独特之灵魂，由此创造出无二之组织，这本书集成独特之智慧。我以为，读懂每个故事可以启示管理机制之设计，读懂整本书才能启示管理之精妙。

——**魏江** 浙江大学管理学院院长

吴婷创立嘉宾商学几年来，通过大量实地探访和实战探讨，调查访问规模化和创新型中外企业，积累了丰厚的实战案例。这本《战法》创造性地从"快""精""强""新""稳"5个维度，解释了成就商业奇迹的战略管理和市场发展之道，内容鲜活新颖，总结清晰凝练，值得商业实践者和思想者阅读。

——**何刚** 《财经》杂志主编、《哈佛商业评论》中文版主编

嘉宾商学校董

《战法》这本书讲述了几十个新的商业实践案例，生动真实，不仅适用于公司创始人和久经沙场的高管，初入职场的年轻人也能受到启发。嘉宾商学独特的案例教学相较于传统教学方式更深入，也更能促进不同领域间思维和知识的碰撞，教学相长。过去 7 年，吴婷校长带领各赛道的优秀企业家遍访标杆企业，探究经营之道，我很荣幸，360 是其中一站。

——周鸿祎　360 集团董事长

我每天都会经历很多"问题"。吴婷校长带着企业家们走进分众，以提问的方式开启案例学习，很多问题是我都没思考过的。所以，我是老师，更是被开发思路的、被激发思考的人。这本著作是精彩的时代案例集，更是由无数提问构成的思想集。

——江南春　分众传媒董事长

当前，商业社会正在经历百年未有之大变局，企业的成败不只取决于创新和经营层面的竞技，更需要企业家和管理者提升自己的认知格局，站在更高的位置把握好时代动力更迭的逻辑，站在更远的位置用"明天思维"应对变化。在商学教育领域，吴婷校长一直致力于为企业家们"获破界之识"，这是她的案例方法论中宝贵的价值，也是这么多卓越企业家认可她、喜爱她的原因。从《战法》一书中，我们能够窥见她"记录时代商业"的时代格局以及"应变、求变"的破界思维。

——龚焱　中欧国际工商学院教授

每家成功企业的背后，都有其独特的天时、地利、人和；只有回归企业家的真实处境，我们才能真正理解他们的抉择和做法。学习案例，不是为了"即学即用"，而是为了通过复盘案主的思考和探索过程，获得思维上的训练，感受具体情景中的企业家精神。《战法》汇集了国内外众多企业的实战案例，是当下商业实践和观念的真实写照，相信它会给大家带来启迪和灵感。

——**刘德** 小米集团联合创始人、高级副总裁

赋能企业持续进化，不能再依靠一招制敌的"绝技"，而要形成持续开火的"勤恳"，这是数字商业的战法，也是场景创新的心法。人是场景而非流量，只有击穿细颗粒度的新物种机制，新周期的个体价值、企业价值和社会价值才能诞生。吴婷校长的新书《战法》，从趋势到案例，从战略到执行，为数字时代的商业创新实践提供了一份"操作指南"。

——**吴声** 场景实验室创始人

商业案例的本质就是有场景的知识。做企业不能照搬照抄案例中的做法，但是深入研究案例，还原决策背景，构建思考路径将大大有益于企业家提升决策水平！吴婷女士在这本书中系统而富有洞见地为读者拆解、还原企业案例，而这些案例将帮助读者洞悉业务本质，预判发展趋势！

——**曹虎** 科特勒咨询集团全球合伙人、大中华区和新加坡区域CEO

中国正处于剧烈的商业大变革的关键窗口期，传统的经营常识和策略不断被一个个急速成长、炫目发展的新商业案例冲击甚至颠覆。嘉宾商学的吴婷校长近年来深入中国有代表性的成功企业，与创始人进行发自灵魂的探讨，在此基础上提炼了几十个极有参考价值的鲜活战法案例，这对当今的创业者和投资人来说，无疑是一份大礼！

——俞铁成　广慧并购研究院院长

商场如战场，每一个企业都是一支军队，要想在这个战场上获得一场场战役的胜利，企业需要战法。吴婷校长经营嘉宾商学，带领企业家走进众多标杆企业访学，用一个个案例进行教学，正是从一场场战役中复盘战法。《战法》一书赋能企业，能让更多的企业获得商战制胜战法。

——贾伟　洛可可创新设计集团董事长

这是一本案例书。吴婷校长和她的团队一直在做企业走访和学习，所以这本书涵盖了近年来走红的一批企业及其商业模式。案例的价值在于启发而非借鉴，所以读者读完受点儿启发就很好。你千万不要认为读完就掌握了什么秘密，那反而危险。每一次成功的创业，都是一个原创。

——樊登　帆书 App 创始人

嘉宾商学的特点是案例教学。吴婷的这本新著《战法》贯彻了嘉宾商学的研究法，梳理了中外几十个标杆企业案例，透彻分析了柔性组织、反脆弱和创新领导力等重要的管理概念，值得企业管理者细读。

——吴晨　《经济学人·商论》执行总编辑

这是"从实践中来"又"到实践中去"的一部新作。百年变局之下，技术迭代和产业变迁加速，不确定性成为常态，我们更需要接地气、有生命力的商业实践。这本书给我们从不同维度提供了案例和指引。

——管清友　如是金融研究院院长

商场如战场。过去半个世纪是人类的科学发现、技术发明、产业革命的高峰，其竞争之复杂、激烈亦是前无古人、精彩纷呈。然而，兵无常势，水无常形，吴婷的这部作品正是从谋全局的视角，以他山之石的力量回馈读者。似我者死，学我者生，阅后顿觉开卷有益。

——尹烨　华大集团CEO

企业是参与竞争的经济组织，大家熟知的企业管理类书籍更多讲述的是战略，而吴婷校长的新书《战法》基于她多年深耕的企业案例研究，总结了各个领域的企业如何在竞争中破局。书中有案例的翔实拆解，更有案例背后深层次的底层逻辑。在商业的"乌卡时代"，人们需要的不仅仅是大致正确的战略，更需要找到确定性的战法！《战法》是一部值得创业者认真研读的创业指南。

——张琦　新商业架构师、全网商业类目IP

我的成长方式就是学习案例,去看那些大企业家、那些活了50年以上的公司的传记,7-Eleven、亚马逊、华为……看完之后你会发现,它们都是一手资料,都有共性。历史是连续性的,吴婷校长用心撰写的这本案例书,对大家将是一种底层逻辑的构建。

——**唐彬森** 元气森林创始人

目 录

推荐序一 / 宋志平　XV
推荐序二 / 卫　哲　XIX
自序　讲故事的人　XXIII

第一章　快　快公司生长密码

快速出道：喜茶的跨界营销　003
快速复制：洛可可的细胞管理法　013
快速裂变：拼多多的商业模式逆袭　021
快速增长：蜜雪冰城的性价比飞轮　030
快速响应：7-Eleven 便利店的数据化管理　040
快速布局：小米的生态化运营　047
快速成长：优必选的品牌策略　057
快速研发：吉利德的重度聚焦　063

第二章 精 组织精进手册

精准识人：蚂蚁物流的集体面试　075

"空降兵"的平稳着陆：BOSS直聘的用人之道　082

轻松留人：西贝的理想主义管理模式　089

保持创造力：谷歌的"天鹅绒监狱"　096

与用户零距离：海尔的"人单合一"　103

销售效率倍增：新潮传媒的体系催化　112

冲破科层束缚：华为的铁三角模式　121

创新永动机：腾讯的赛马机制　129

第三章 强 领导力宝典

学习力：马斯克的腾飞之翼　139

创新力：乔布斯的封神之路　146

变革力：杰克·韦尔奇的制胜法宝　155

教导力：稻盛和夫的培育之道　162

反思力：任正非的省思要领　169

复原力：柳井正的成功引擎　177

承责力：董明珠的必胜经验　183

钝拙力：方洪波的儒道心经　191

第四章 新 IP化 生存指南

焕发生机：故宫的IP定位重生　203

奠定基础：初音未来的IP设计从零到一　211

玩儿转营销：熊本熊如何让IP全球化　219

价值倍增：迪士尼的全产业链运作　227

疯狂粉丝：泡泡玛特的"MAP法则"　234

跨界创造：米其林的品牌增值三步法　244

驱动增长：爱彼迎的品牌再造　251

塑造信任：老乡鸡创始人的价值主张　259

第五章 稳 公司反脆弱攻略

如何树立创始人定力：任正非穿越至暗时刻的故事　　270

统一价值观：阿里巴巴首遇"黑天鹅"的启示　　278

组织高效团队：网飞的简明用人标准　　292

制定产品策略：优衣库打造"最强产品"　　301

精确目标管理：维尔福的绩效闭环　　307

让决策落地：万达超强执行力的法宝　　313

克服经营挑战：京瓷打造全员销售　　320

构建产业共同体：数字时代的价值网络　　328

向互补者要效益：可口可乐与Costa，从业务合作到品牌共赢　　341

向竞争者要效益：美团与大众点评，从阵营对立到构建联盟　　348

向供应者要效益：从汉帛到哈勃，从建立信任到深度赋能　　357

向用户要效益：B站、哈雷·戴维森，从单向服务到三位一体　　367

推荐序一

宋志平

中国上市公司协会会长、中国企业改革与发展研究会会长

我认识吴婷是在三年前,那次是我给企业家们上完课刚要离开,在出门时,她递给我一张名片,上面写着嘉宾商学,我们也交换了微信。在这几年里,我经常看到微信里吴婷讲企业管理的故事,发现她能抓住每个小案例的要点,讲得头头是道而又趣味盎然。后来我也有机会参加了嘉宾派的课程,听她演讲。她居然把宏观视角的经济也讲得深入浅出,演示文稿也做得极好。这让我很惊叹。

这次,我很高兴受邀为她的首本著作《战法》作序。作为做过40年企业的经营者,我和吴婷这样一个热情的、向往未来的年轻学者之间或许会有一些代沟,我不知道我能否理解年青一代内心对企业和管理的真正看法,但是在我细细地看了她的《战法》书稿之后,我觉得的确应该为她作篇序,也讲一下我对企业案例教学和工商教育的一些认识。

我很欣赏"战法"这种提法，以前稻盛和夫写过《活法》和《干法》，我以前做企业时也深入学习和总结过企业管理的"工法"。战法，是一个集企业经营和管理于一体的企业的方法。我始终认为，学习企业管理既要学习理论，也要学习方法论。《战法》这本书是讲方法论的，它通过许多企业家的成功案例为大家归纳了成功做企业的方法，这也是这本书的特点和突出之处。

企业管理是一门实践的学问，企业案例是对企业实践的观察和归纳概括，如果我们能借助企业管理案例进行教学和学习，那将会是学好企业管理最好的捷径。

但是，整理这些案例是不容易的，把这些案例讲好也不容易，而对这些案例学以致用就更不容易了。

在《战法》这本书中，吴婷以她作为前媒体人特有的直觉和独特的视角抓住了每个案例的核心观点，轻轻松松地把它们讲透了，我想这大概得益于她大量阅读、采访和讲解吧，在这些过程中，她是下了功夫和用了心血的。

记得以前，我在一所商学院里看到一块牌子，上面写着"能讲故事，就少讲道理"，深以为然。工商教育是一场实践教育，也是一场继续教育，它的教学特点应该是案例式教学和沉浸式教学，讲师应该尽量用"以事讲理"的方式来教大家。吴婷是个会讲故事的女孩，《战法》也是一本"以事讲理"的范例，关键是吴婷在这本书里按照企业发展"快""精""强""新""稳"

的逻辑，把每个小案例的位置安排得非常妥帖，这么多小故事又浑然组合成了一个大故事，这其实也是一种战法。

写企业经管书的作者大概有三类：第一类是学校的学者，他们会写些理论方面的著作；第二类是经管作家，他们会以一些创新观点写出一些畅销书；第三类是企业家，他们往往会写一些个人传记类书。吴婷应该是另外一类，她做过媒体，读过商学院，现在又自创嘉宾商学，既是校长，又是老师，还是记者、导演和作家，她的书也反映出她的这些特色。由于视角广泛，她的书也适合更多的读者。

谈到工商教育，我总觉得它应该向医学院学习。医学院的老师往往把教学和临床结合起来，原因很简单——看病是人命关天的大事，光说不练不行。医学院里还有一个会诊制度，就是医生们围绕着病人的治疗进行集体研究，最后提供一个治疗方案。我觉得商学院也应如此，教师们要深入企业，多做案例研究，也要请成功的企业家登台讲课，还要让学员们深入企业，现场学习。令人高兴的是，我国今天的工商教育已经走上了这条道路。

中国有270多所商学院，每年招生人数有约4万人。美国的商学院每年招生人数有14万人，印度有20万人。乍看起来，我们和它们还有很大的差距，但如果把我国方兴未艾的民间工商教育加入计算，那么我国工商教育的规模可能就超越它们很多了。我国大量的年轻企业家都非常热情地、不拘一格地投入了工商教育，他们往往不为学历，积极参加各种企业教育培训，从学习中增加知识和见识，从学习中结交朋友和获取信息，这对我国企业管理水平的提升和经济的发展都是十分重要的事情。

过去40多年，我国企业界人士读了不少国外的经管书籍，对许多国外企业家的故事和名言都耳熟能详。今天已是中国企业的时代，和我国快速成长的企业一样，我国独具特色的管理实践和管理理论也基本成型。我们既有学校里的学者们对管理理论进行构筑，也有一些经管作家们写的具有创新观点的畅销书，更可喜的是，这几年我国成功的企业家也拿起笔写出了他们的创业故事。这些既是时代造就的，又是我们无比珍贵的精神财富。

我建议大家认真读一读吴婷这本书，也希望更多的企业家能够和吴婷一起，多多记录自己企业里的故事。

2023年7月

推荐序二

卫哲
嘉御资本创始合伙人

都说商场如战场，吴婷校长商业管理的新作直接就叫《战法》，非常贴切，而且全书由几十个真实案例构成，避免了"纸上谈兵"，来自实战，也就一定实用。

我本人是几十年的超级军事迷，个人觉得你死我活的战争会把人类智慧逼到极致。就拿第二次世界大战来说，它直接催生了火箭、核能、雷达等技术，在二战后的和平年代，这些技术造福了人类。技术之外，从古至今，在战争中总结出的管理方法也层出不穷，诺曼底百万人登陆，浩大的后勤供应背后是运筹学的功劳。

从兵法中寻找商场的规律和打法，首推兵贵神速，唯快不破。吴婷校长这本书开篇第一章就讲"快公司"。过去几十年，中国经济高速发展，创业公司追求"快"都已经习惯了，但这本书中列举的快公司案例，都是在高效率下快起来的，没有效率的快对企业来说是加速自杀，欲速则不达。

很多企业诞生了业内引以为豪的"铁军"，"铁军"指的就是强组织。外部环境越艰难，竞争对手越强大，内部组织力的打造越关键。打仗从来不是比枪炮多少，创业从来不是比融资金额大小。军队会周期性地搞军改，那就是组织改造，即使已经铸成"铁军"的企业也应该不断进行组织改造。公司战略调整了，技术变革了，团队却不拥抱组织架构的更新，那团队就成了拥有先进理念和工具但没有战斗力的组织了。《战法》中的组织案例覆盖了不同行业、不同阶段，甚至不同部门，读者可以对号入座，学以致用。

将帅无能，累死三军。拿破仑说，一头狮子带领的一百只羊，胜过一只羊带领的一百头狮子。企业家领导力是最难复制的，《战法》中的领导力案例都很精彩，读者可以将其当作创业者自我修炼领导力的教材。

IP（知识产权）化不仅是指产品的IP化，还有组织的IP化，甚至领导力的IP化，IP化能在今天信息极其丰富的社会中留下与众不同的记忆。在《战法》中，案例既有泡泡玛特这样年轻的IP的崛起，也有百年故宫IP的重塑。

百战百胜固然好，但很多企业过去一帆风顺习惯了，百战九十九胜，一败就一败涂地。所以，企业能屡败屡战也不错，就像很多连续创业者那样，他们最后赢的是韧性，百战九十九败，一战定乾坤。《战法》中那些大公司反败为胜的案例各有不同，但"反脆弱"在告别经济高速成长的未来很多年，会显得更加珍贵。

兵无常势，水无常形，再好的书、再好的理论也要与时俱进。学习的成就不在学而在习，哪怕在《战法》中，你只得到一个启发，只相信一个案例，然后立即、马上去实践和练习，你就不负此书。

自序　讲故事的人

村上春树在《海边的卡夫卡》里写道："从沙尘暴中逃出的你，已不再是跨入沙尘暴时的你。"

商业世界中的我们，正身处这样的画面。

看看这百年未有之大变局吧。中国的高增长红利在褪去、资本与地产泡沫被挤压、实体经济亟须被挽救、自主创新时代尚未来临……我们处在增长速度换挡期、结构调整阵痛期、前期刺激政策消化期的三期叠加时代中。

这已经是时代给予企业家们的巨大挑战了。然而，三年疫情，再添变数。

以"遍访天下公司，记录时代商业"为愿景的我，永远也不会忘记这三年中发生的故事，不会忘记我和我的学员们都是如何穿越这场沙尘暴的。

当新冠肺炎疫情来临时，第一个宣布倒闭的"兄弟连"公司竟然就是我们的校友企业，这家公司年入数亿元，培养过数万名IT（信息技术）人，让农村孩子和小镇青年实现了大厂梦想。不仅它没了，嘉宾商学保持的"校友企业零倒闭"光荣纪录，也就此终结。

第一个宣布裁员降薪的公司，又是我们的校友企业——新潮传媒。其创始人张继学是稻盛和夫的拥趸，他说，稻盛和夫在拯救日航时，也狠心裁掉了16 000人，因为如果不裁员，就会有30 000名员工因公司破产而失业。

也有人反其道而行之。我们的学员，老乡鸡集团董事长束从轩，亲手撕毁了员工们请愿降薪的联名信，他说他就是砸锅卖铁，也要保证员工有饭吃，这瞬间引爆了网络上几十亿人次的浏览，又"遭爱"又"遭恨"。

有的校友企业抓住疫情带来的机会，获得了一拨机不可失的增长。比如SaaS（软件运营服务）平台小鹅通、刘畊宏的幕后推手无忧传媒、线上快速成长起来的国民母婴护理品牌戴可思。

当然，还有些校友的公司身处的赛道，虽受疫情影响，但不抵大势之雄起，比如新能源领域的比亚迪、汽车芯片公司地平线、AI（人工智能）大模型的实力担当科大讯飞。

很多故事都来自嘉宾商学的校友企业。

我于2016年创办嘉宾商学。在此之前，我是一名社会新闻记者、主持人，每天我都深入田间地头，帮助底层老百姓解决困难。在行业中浸淫近十年，我意识到人生需要一些改变。

我的老乡陈独秀在发起新文化运动时，就用《青年杂志》（后改名《新青年》）去传递新思想，其创刊号的封面故事就是"钢铁大王"卡内基的商业故事。一篇商业案例，成了为20世纪的中国开启民智的按钮，那么我若记录并传播一批商业案例呢？

于是，"为企业赋能、为社会增智"就成了嘉宾商学的使命。

我开启了创业，做商业人物访谈《我有嘉宾》，其名来自《诗经》："呦呦鹿鸣，食野之蒿。我有嘉宾，德音孔昭。"我亦把向杰出企业家面对面学习的场景，延展创新为访学课程"嘉宾派"，带领企业家们行价值之旅、获破界之识、得莫逆之交。我们深入咨询、陪跑成长，不仅要带大家发现问题，更要解决问题，不仅要带大家学习"灯塔"，更要成为"灯塔"。

我是一个讲故事的人，也痴迷于体会那些波折动荡中的人物"弧光"。疫情期间，嘉宾商学没有置身事外，线下课程的交付，一路断断续续，不断被新冠肺炎疫情"追杀"……最终我们坚持得不错，还探索出了比较漂亮的新曲线。这期间，嘉宾商学还做了更有意义的事情——以疫情为契机，以驰援企业为初心，我开启了本书的系统案例研究。

我是一个以提问为生的人。疫情之初我就开始每天提问自己：企业不易，大家要如何在"黑天鹅"来临时具备反脆弱之力？如何做到曾国藩所言"凡善弈者，每于棋危劫急之时，一面自救，一面破敌，往往因病成妍，转败为功"？这世界上最悲催的事，就是别人踩过的坑你接着踩，别人的优秀经验你一无所知，那么哪些企业更"能打"？这些先行的案例企业能否成为茫茫大海上的灯塔，照亮大多数企业前行的道路？

亚马逊毫无疑问是一家伟大的公司。不过我觉得，其创始人贝佐斯的言行矛盾至极。

他定义公司价值观为"Day One"（第一天），他要求全员每天要全力召唤新鲜的挑战。但硬币的另一面是，贝佐斯又强调他始终在寻找那些"不变"的真理。

这就是成年人世界里典型的"既要，又要"！

就像《反脆弱》中说的："当你寻求秩序，你得到的不过是表面的秩序；而当你拥抱随机性，你却能把握秩序、掌控局面。"

我的这本书，不应该是战时果腹的罐头，而应该是可以随时拿出来对抗不确定性的战法和武器。它为什么不能既要输出"最新商业实践"，又要保质"一百年不许变"？

我都要。

我开始起早贪黑地采访采访、拆书、萃取、输出。我力争这套内容要系统地覆盖企业的通用竞争能力项，力争要讲好每一个案例故事，要带来一些商业新实践，要把经典的理论模型代入进去，要把实用的工具方法嵌进去，要类比同行业做法，要跨界对标，还要用提问激发思考……

在不断迭代的研究过程中，我的好奇心得到了极大的满足。行走于商业世界，就是一次战场冒险，如何谋篇布局、拿下城池？一百个人的脑海里有一万种排列组合。

我看到了一些公司通过快速成长与应变来对抗不确定性，比如喜茶的跨界联名出道、拼多多的逆袭上位、蜜雪冰城的极致性价比飞轮；一些公司以锤炼队伍、夯实组织为根基，比如西贝的理想主义管理、谷歌的"天鹅绒监狱"、腾讯的赛马机制；一些领导者以身垂范、拿到了结果，不论是"争强承责"的董明珠、还是"钝拙授权"的方洪波；一些案例用IP撬动了价值，如故宫、熊本熊、泡泡玛特；还有一些企业基业长青、穿越周期、稳扎稳打，如华为、阿里巴巴、优衣库、可口可乐……我用"快""精""强""新""稳"总结了它们不败的战法要义。这本书，就由这5章下的40个精彩、务实的案例构成。我经历了一年多的研究、写作和两年多的迭代、修正，迟迟不敢结集成册，唯恐辜负了"保质期一百年"的心愿。

其实，截至今天，嘉宾商学已经一共做了七年商业案例，讲了七年故事。

常有人问我：企业家为什么要学习案例？

大多数人都忽略了一个重要的事实：抄对"作业"，你就赢得了99%的胜利。当然，学习案例也并不是做法官，而是去做侦探，你深挖到背后的原因，才能一通百通、谋定而后动。

今天，嘉宾商学积累了3 000个深度案例、500条视频案例，进行了300多场"近场"案例访学，拥有了700多个陪跑案例，在案例中带领大家仰望星空，在案例中带领大家构建思考体系，在案例中陪伴大家施展战法。

在我们的陪伴下，近500名嘉宾派（标杆企业深度访学课程）校友已经为社会提供了300万个就业岗位，这相当于一个大型城市的人口规模；我们校友企业的市值估值共计近6万亿元，这相当于一个名列前茅的经济大省的全年GDP（国内生产总值）；在加入嘉宾商学学习后，83%的学员获得了见识的提升，78%的学员获得了经营管理能力的提升……这些都是案例学习的功劳。

哈佛大学在1870年就提出了"案例教学法"，随后此法由法学进入商学。今天，哈佛商学院成为世界企业案例的殿堂。

在中国，嘉宾商学为"案例学习"注入了全新的血液。我可以骄傲地告诉全球业界：无论是线上的"视频案例"，还是线下的"近场学习"，都是嘉宾商学世界首创的，都在做感动人心的事情、直击灵魂的作品。更让我骄傲的是，中国社会经济发展大背景下的案例素材，犹如不尽的长江之水，滚滚而来。这是中国商业学习界的幸事，也是商学教育界的"赛点"。

这本书里的每个案例，都是商业历史上的"人类群星闪耀时",值得我们注目。作为那个讲故事的人,作为那个带大家成为故事主角的人,我成就感满满。感谢案例主角,感谢张涵、江涛、李加亮、王舒天、熊夏慕、王萌、李方圆等研究员的参与,也感谢每个推荐本书的企业家和研究学者。故事,我会一直讲下去。

正码着字,我的朋友圈里突然热闹起来。大家在奔走相告一条新闻:《中共中央国务院关于促进民营经济发展壮大的意见》。

有人说,时来天地皆同力,运去英雄不自由。

有人说,莫听穿林打叶声,何妨吟啸且徐行。

形势又在起变化了,新的故事又要出现了。

吴婷

2023 年 7 月

第一章 快

快公司
生长密码

开篇

——

脸书、谷歌、苹果、微软、IBM（国际商业机器公司）、哈雷、福特……在这个名单里，你很容易就能根据它们所处的时代把公司的发展速度排列出来。

过去100年里，从电气化时代到计算机时代，从互联网时代到芯片时代、航天时代、元宇宙时代，全球商业不断换挡。科技大爆炸带来的生产力的飞跃发展，一直刷新着我们对于企业应变速度的认知。

如果再加上一些名字呢，比如华为、美的、小米、拼多多、喜茶、蜜雪冰城？仔细对比各项数据，你会发现，在21世纪20年代，中国新兴企业才是全球企业"生长奇迹"的创造者，它们不断地刷新着数据纪录。

毫无疑问，在中国改革浪潮的机遇中，在宏观政策的引导下，中国的本土市场蓬勃兴旺，提供了让全球企业羡慕的发展机会。同时，中国企业自身也有着极强的适应能力和方向感。

在第一章，我们选取了8个快速发展的企业，其中6个是中国的本土企业。与改革开放之初粗放的快速发展不同，生态化、裂变式营销、细胞管理法……新生代的中国"快公司"展现出的模式创新能力使之成为企业经营的经典案例。

快速出道：
喜茶的跨界营销

> 对今天的企业界来说，快速发展的科技、复杂多变的环境，已经模糊了传统的竞争壁垒与行业边界，而这恰恰成了这个时代中新势力最大的机会。企业在通过不同的营销组合与跨界合作为消费者带来全新体验的同时，也彼此共享流量，携手走入品牌快车道。

互联网时代，流量为王，任何品牌都希望获取高流量。这意味着可以抓到更多用户的注意力，更容易使品牌快速出道。

品牌营销中，跨界营销是一个获取高流量的好办法。

跨界营销可以让两个品牌共享双倍流量和话题，还能使双方用户得到全新的体验，往往可以实现"1+1＞2"的双赢效果，简单说，就是"花小钱，办大事，四两拨千斤"。

跨界营销的一个案例就是老字号六神和新品牌RIO（锐澳）曾跨界推出花露水味的鸡尾酒，限量供应5 000瓶，17秒售罄，此举让双方品牌赚足了眼球。

日本平面设计大师原研哉说："把已知的变成未知，以保持对生活的新鲜感。"做品牌联名其实就是把已知变成未知的过程，是给用户创造新鲜感的过程。

这里要讲的第一个案例——喜茶，把这种战法运用到了极致，使之成为自己快速增长的主要动力之一。

2016年，喜茶正式成立，在短短两三年的时间里，迅速蹿红，快速出道。2018年，喜茶估值超过80亿元；2022年，喜茶估值甚至超过了600亿元。

在这个过程中，喜茶联名了近80个不同的品牌，囊括了食品、服饰潮牌、生活用品、美妆护肤等诸多热门领域。这些跨界营销，让喜茶持续提高品牌知名度和渗透率，让用户在每一个场景下，都能看到喜茶。可以说，这种联名让喜茶实现了引流、创收两不误。

腾讯CDC（用户研究与体验设计中心）的一份调研报告显示，61.4%的喜茶用户听说或看到过喜茶和其他品牌的联名产品。因此，不论是从销售结果，还是从市场关注度来看，喜茶的跨界营销都是非常成功的。

分析喜茶的成功经验，我们可以从以下三个主要方面来解读。

注重人群叠加

跨界的背后，其实是用户人群的流动。大家不要觉得自己是做某个行业的，别的行业就跟自己没有关系。虽然每个品牌覆盖的人群都不尽相同，但是有用户的地方，就是品牌需要露出的地方。跨界营销可以借助双方的渠道资源，覆盖更多的目标人群，实现用户规模"1+1＞2"的效果。

但是，跨界营销绝对不是"拉郎配"，不是随便找一个合作方就可以的，而是要像谈恋爱一样，找到合适的恋爱对象，彼此才能情投意合、亲密无间。我们可以通过两个标准来遴选合作对象。

首先，双方的用户，要具备同一特征。

"同一特征"不是"相似人群"。两个群体的用户可以相差很大，比如一个以"90后"为主，一个以"70后"为主。但是，他们必须具备同一特征，比如，都是对味觉有追求的人，都是热爱音乐的人。

"同一特征"可以让你大开脑洞，找到很少相互触达的两拨人。这些人通过跨界这座桥梁连接彼此，从而实现人群叠加，让双方都能获取新用户。

例如，喜茶和太平鸟的跨界。它们以粉色元素为主推出联名服饰，销量不错，而且引来不少关注。从用户看，太平鸟正在向年轻化转型，目标用户是追求潮流的年轻女性群体。相对而言，喜茶的用户更广泛。但这两个用户群体都喜欢追热点，追求与众不同。这就是"同一特征"。

其次，双方可以为用户提供更全面的体验。

简单的混搭没有太大意义，通过合作提供一种巧妙融合的体验，才是高手。

例如，喜茶分别与奥利奥、阿华田推出联名产品。具体形式是和它们结合在一起，打造出一款新茶饮。喜茶加入奥利奥、阿华田的配料，口感大大提升，给用户带来不一样的视觉和味觉体验。所以，找准用户定位，构建自己精准的用户画像非常重要。

顺便说一下"用户画像"这个概念，最早提出这个概念的"VB之父""交互设计之父"艾伦·库珀认为，用户画像的核心是观察用户，把其行为的一些独特的方面列出来，形成一个行为变量集。具体做法是根据用户的社会属性、生活习惯、消费行为等信息抽象出一个标签化的用户模型，其核心工作就是给用户贴上"标签"。

用户画像通常可以通过以下四大维度（如图1-1所示）来分析：用户的基本属性，包括性别、地域、年龄范围等；用户的社会属性，包括工作类型、职业标签、家庭身份（是否有小孩）、婚姻状态等；用户行为类数据，包括用户活跃度、活跃周期、每日活跃时段、使用偏好等；消费习惯及贡献度，包括单次贡献金额、累计贡献金额、最后一次消费的时间、消费频次、投诉率等。

基本属性
性别、地域、年龄范围等

社会属性
工作类型、职业标签、家庭身份、婚姻状态等

行为类数据
用户活跃度、活跃周期、每日活跃时段、使用偏好等

消费习惯及贡献度
单次贡献金额、累计贡献金额、最后一次消费的时间、消费频次、投诉率

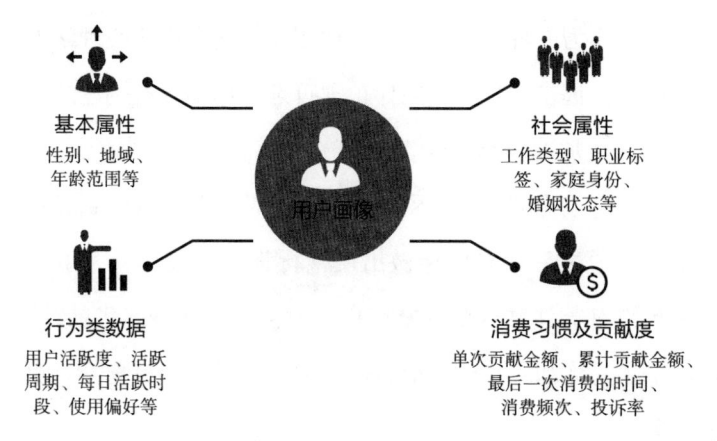

用户画像

图1-1 用户画像的四大维度

从这四大维度出发，你可以分析出品牌用户群体的属性特征，为目标群体描绘出一幅用户画像。企业只有看清楚了用户画像，确定了目标用户群体，才能更好地实现用户人群叠加。

打造反差风格

跨界营销的第二个方法是制造反差感。在信息爆炸的时代，大家对日常事务习以为常，很多信息往往难以达到受众愿意主动分享的阈值。

生硬的广告或普通的营销方式很容易被用户的大脑自动过滤掉。然而，一旦跨界营销具有反差感，其不仅会调动起用户情绪，提供情绪价值，而且会增加品牌趣味性，吸引目光，吸引用户消费。

反差作为一种信息，与人密切相关。这在进化心理学上很容易解释：远古时代，当同伴正常行走时你不会特别注意，但如果他突然加速奔跑（反常信息），你就会瞬间注意到，并准备开始奔跑。也许他注意到凶猛的狮子在奔跑，或看到有猎物要追赶。总之，如果同伴做出反常行为，一定是有大事出现。你如果没有关注到这个反常信息，就会出现两种恶劣的结果：狮子来了，你却不知道，最后被吃掉；你看不到猎物，当晚只能饿着。

因此，为了生存，人类天生对反常信息具有极高的敏感性，因此，"反常"往往是引发关注的关键因素。

在跨界营销中制造反差感也利用了人们的这种心理。所以，品牌如果打算做一次成功的跨界营销，一定要制造反差感。一个重要方法就是，通过双方品牌调性的不同来制造反差。

所谓品牌调性，是基于品牌的外在表现而形成的市场印象，相当于人的性格。通俗点儿说，它就是消费者对品牌的看法或感觉。品牌调性主要可以通过品牌属性、品牌文化体现出来。

例如，喜茶和百雀羚的跨界合作。一个是新式茶饮，代表潮流年轻；一个是创立于20世纪30年代的老上海国货品牌，代表经典传统。两者的品牌调性完全不同。为了配合这次营销，喜茶在线下举行快闪活动，把巴士装饰成民国复古风。同时，喜茶以老上海年轻女性形象为基础，设计出"阿喜和阿雀"两个虚拟人物，在官方微博推出以两者为主角的短篇故事。很快，推文阅读量达到"10万+"。另外，微博上的相关话题，在仅仅几小时内，阅读量就超过60万。

前面提到的六神和RIO的跨界合作表明，调性不同的两种产品联名，也有一种反差感。六神主打的花露水，是外出游玩和居家必备的产品；而RIO的产品是各种鸡尾酒，人们在聚会时可以畅饮。两个品牌有着看似毫不相关的产品，跨界合作却脑洞大开。最终，效果果然很好，合作推出的花露水味鸡尾酒在17秒内售罄。

我们可以看到，在跨界营销中，对于内容的打造，最好能具有反差感。让大家耳目一新，感到意料之外又在情理之中才是高段位。

喜茶线下门店呈现出干净、整洁、时尚的整体风格。可是，在2022年4月，喜茶联名街头潮流引领者藤原浩，推出了特调产品"酷黑莓桑"。这款饮品的包装突破了喜茶的固有风格，以纯黑的风格示人，迅速赢得了用户的喜爱。社交媒体上，"想不到你是这样的喜茶""被喜茶这波'黑化'刷屏了"在网友间形成了话题。"酷黑莓桑"上线首日就卖出了15万杯。

所以，在跨界营销时，品牌如果能大胆突破既有风格，就能达到让用户耳目一新的目的。

形成裂变传播

除了以上两个方法，还有一个方法不可忽视，这就是让用户主动参与，形成裂变传播。

在营销中，三分靠创意，七分靠传播。"整合营销传播之父"舒尔茨说过："在同质化的市场竞争中，唯有传播能够创造出差异化的品牌竞争优势。"跨界如果缺少传播层面的助攻，营销效果也会大打折扣。

跨界营销不只是为了提高产品销量，最终目的其实是将用户转化为传播媒介，形成用户的自发传播。

商业理论中有个著名的AARRR漏斗模型（如图1-2所示），它分别对应用户生命周期中的5个重要环节——获取用户、提高活跃度、提高留存率、获取收入和自传播。

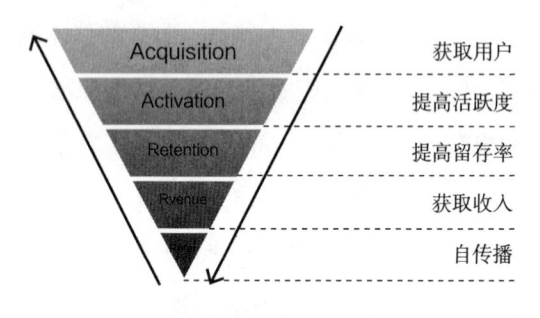

图1-2 AARRR漏斗模型图

具体到喜茶，用户早就完成了认识品牌、购买产品和复购的全过程。但关于如何打通第五项，让用户形成自传播，喜茶还是做了不少功课的。

比如，喜茶和广州的 W 酒店玩过跨界。它们推出联名定制黑金卡、行李牌等，带有明显的双方元素。同时，它们列出一些地点，用户如果去这些指定的地点拍照，并将照片上传到 W 酒店官方微博留言区，@喜茶，就有机会获得联名礼物。这里的"奖励"是用户自发传播的原动力之一。

再比如，前面提到的喜茶和百雀羚的跨界营销。它们策划了快闪巴士线下活动。巴士内外都用"潮酷"的插画语言讲述了上海故事，让人们重温老上海的回忆。走进巴士内，你会看到黑胶唱片、留声机、绿色台灯、复古皮箱等，置身其中仿佛穿越回了民国时期的老上海。

于是，这些巴士就成了"小哥哥""小姐姐"的打卡宝地。同时，品牌再邀请 KOL（关键意见领袖）参与，让他们把体验分享到社交平台。这种用户参与的方式也让更多的用户参与传播，从而使两个品牌的用户相互导流、转化。

另外，还有一种办法是把话题和场景结合起来。喜茶和藤原浩的联名产品包括饮品杯子、纸袋和保温袋。由于产品的整体风格非常有艺术气息，所以有网友对它们进行了二次创作，比如，饮品杯子被改装成了花瓶、笔筒，保温袋被改成了背包、纸巾盒等。这样，产品就通过改造进入了用户的其他场景中，实现了自传播。

总之，有了用户的参与，不管是社交媒体的互动传播，还是口碑传播，都有利于品牌扩大影响力，相互发掘潜在用户，获得跨界营销的最佳效果。尤其对新兴品牌来说，跨界营销无疑是快速出道的最有效办法之一。

⬇

要点回顾：喜茶跨界营销的"三板斧"是什么？

一、利用用户画像，实现人群叠加。

二、玩转多样化风格，制造反差感。

三、吸引用户参与，实现裂变传播。

思考题

　　提到跨界营销，你还能想起哪些品牌？它们吸引你的原因有哪些？你如果要做跨界营销，会选择与什么品牌合作，为什么？

快速复制:
洛可可的细胞管理法

> 企业最缺的是什么？对当下的中国企业来说，缺少创新，缺少有创意的人才，是很多企业都要面临的大问题。很多企业会想，创新或者创意如果能够复制，那一定会极大提高组织内部的生命力。而这种复制，还真的有企业做到了。

千军易得，一将难求。

组织的快速发展缺的不是人手，而是有创意的人才。萧何夜下追韩信，看重的是韩信的才华，韩信也用平定天下回报了萧何和刘邦的信任。

不过，创意型人才通常都很难管理。他们有自己的想法，性格特立独行，而且很难被满足。就像韩信，他虽然才华横溢，却因功高盖主，蔑视同僚，和叛贼同流合污，最终三族被诛。

如果管理不好个性突出的创意型人才，突出个性而忽略了团队，组织就会乱成一锅粥。但组织的发展又离不开创意，因此，必须尊重创意型人才的个性。这样看来，二者似乎是相互矛盾的。

实际上，组织的快速发展需要实现员工能力的快速复制，而其中最难的就是创意、创新能力的复制。掌握了创意型人才的复制法则，就掌握了组织快速复制和裂变的精髓。

在这方面，我们可以好好学学中国最大也是最牛的设计公司之一——洛可可。

突破管理极限

设计师是富有创意的一个群体。他们的想法天马行空，性格迥异，同时他们又是能力出众的一群人。因此，他们是最难管理的群体之一。所以，设计公司的规模通常很难做大。中国的设计公司通常只有几十人，即使国际最牛的设计公司 IDEO，员工也只有 550 人。

洛可可却突破了这个管理极限。员工从 1 个人到 70 人，洛可可用了 3 年，从 70 人到 1 000 人，洛可可仅用了 7 年。最重要的是，这 10 年间，洛可可的收入和利润每年都保持着超过 100% 的增长速度。

在 15 年的发展历史中，洛可可共获得了 242 项创新大奖，包括 14 座德国红点等国际设计大奖，是第一个实现国际设计奖项大满贯的中国设计公司。

谈到洛可可快速复制创意型人才的秘诀，细胞管理法功不可没。细胞管理法是洛可可自创的组织管理方法，一个"细胞"就是一个独立核算单元，是一个小组。每个小组由一个组长和最多6个组员构成。

根据洛可可董事长贾伟的经验，当管理者管理超过6个人的时候，管理工作几乎消耗了他所有的时间，其再也没有精力从事设计创意工作。浪费一个设计师的创意能力，是洛可可不愿看到的。所以，洛可可规定一个小组的人员不得超过7人，组长最多管理6个人。

在洛可可的小组中，大家的工作基本差不多，管理难度也没那么大。只不过组长除了设计工作，更多地要去做跑客户、接单、协调各方资源等工作。所以，组长管理不超过6个人，一般都可以保证精力，继续创作。当然，仅靠不超过7人的项目团队规模，洛可可远远不能够实现创意型人才的快速复制。洛可可经过漫长的摸索、试错，才跑通了细胞管理法。

实际上，在管理幅度的研究中，管理最多6个人是一个比较安全的范围。美国管理学家、经验主义学派代表人物欧内斯特·戴尔曾经调研了美国100家大型企业，他发现，总经理的管理幅度，也就是直管下属的人数，从1到24不等。中位数是8和9。而在对41家中型企业的一次调研中，他发现中型企业的管理幅度中位数是6和7。

美国洛克希德·马丁公司就践行了欧内斯特·戴尔的思想，从职能、位置、协调、计划等维度，对管理复杂性和负荷量进行评分，从而合理制定管理幅度。

评估之后的总分如果在 40~42 之间，管理者的直管下属建议在 4~5 个人；分数在 22~24 之间，直管下属建议在 8~11 个人。

通过复制人才让管理更高效

我经过 5 年的追踪研究，总结了洛可可的人才复制核心经验。简单来说，有以下三个要点。

第一，鼓励裂变的激励机制。

在洛可可当组长是一件很幸福的事，因为他们最多可以分享小组 40% 的利润。这是一个非常高的比例。所以，组长会抓住任何机会，培养组员，提高业绩。不过，组员的能力提高了，就会有当组长的冲动。人员流失在所难免，组长的心血也会付诸东流。

为了避免这个窘境，洛可可想出了办法：如果一个小组分裂出来新的小组，那么原来的组长可以在一年内分享新的小组 10% 的业绩。将"生长期"定为一年，是因为老组长对新组长的培养周期最多也就一年。一年孵化期，一年收益期，比较合理。

这样做的好处是，如果一个小组能源源不断地输出新组长，那么老组长就会源源不断地获取收益。因此，老组长并不排斥别人裂变出去。高效裂变是快速复制的核心，而鼓励裂变的本质是高收益的激励机制。

这种做法与华为异曲同工，华为倡导的"不让奋斗者吃亏"也是一种强激励机制。华为强调"利出一孔"，员工的收益要与公司实现唯一绑定，只要努力干，薪水、奖金和股票一个都不会少。

第二，先竞后合的组织关系。

通常情况下，管理者希望各部门可以协同在一起，共同在市场上厮杀。但贾伟不这么认为，他指出，在某种程度上，竞争比协同更重要，协同是竞争的高级状态。他说："我们也犯过错误，一开始公司就希望几个细胞协同，我认为这是不可能的，最开始一定是竞争，甚至在竞争中，哪些细胞永远竞争不过另外的细胞，就被PK（对决）掉，公司支持市场行为，这就是真正的优胜劣汰。"所以，洛可可采取的是市场机制，被PK掉的小组会被打散、重新分配，这会让每个核算单元都保持强大的竞争力。不过，这种激励机制也带来了新的问题：协作难。比如，内部竞争这么激烈，当有大项目出现，要两个小组合作完成时，"如何分食"就会成为问题。再比如，在有些小组可以独立作战后，公司总经理有时甚至调动不了组长。

为了解决这些问题，洛可可采取了非常有创意的管理方式。首先，实行双算规则。如果一个细胞帮另一个细胞拿了项目，或者双方共同完成一个项目，两个小组都能100%获得该项目的业绩，而不是像以前一样，在分成方面形成对立。

其次，设计特殊的激励机制。例如，针对非营利项目，洛可可为管理者设计了奖金池。比如，部门上一财年赚了1 000万元，总经理可以拿出300万元作为奖金池。根据非营利项目的工作量，总经理可以与下属组长商定一个数，从奖金池里出钱，激励下属完成项目。

第三，以目标为导向的支撑体系。

对很多人来说，支撑体系、中台等，已经不是新词了。比如，2015年底，阿里巴巴宣布全面启动中台战略，构建更具创新性、灵活性的"大中台、小前台"组织机制和业务机制，将组织变革上升到了战略层面。

在阿里巴巴的带动下，设立中台成了一种潮流，众多企业纷纷效仿。其实，阿里巴巴的做法并不新鲜，它源于马云对芬兰游戏公司Supercell的考察，这家公司开发了《部落战争》等知名游戏，但每个项目小组只有不到7个人，小组被称为细胞，它们组成的超级细胞（supercell）就是这家公司的名字。这是不是跟洛可可很像？

Supercell不断沉淀公共、通用的游戏开发素材和算法。各小组可以复用这些素材，快速试错和迭代。这种技术和能力的复用性，被阿里巴巴称为"中台"能力，属于典型的组织支撑体系建设。

支撑体系的核心是赢利,因此能不断支持前端业务部门。这就是前端业务部门能够快速复制核心能力的基本保障。

洛可可也有支撑体系。不过,它的支撑体系和阿里巴巴、Supercell 都不相同。那不仅仅是一种支撑,还是一种制定目标、完成目标的强大体系。

公司和小组每年会共同制定赢利目标。根据约定目标的利润率,公司将小组分为红、黄、绿三种状态。在约定利润率以上的是绿,以下的是黄,亏损的就变成红色。

财务部会以月为单位,为每个小组出财务核算表。对于变成红色的小组,财务部和人力部就会加入,以周为单位,甚至以天为单位进行检查。

大家根据数据进行复盘和检测,可以看出原因,比如一个小组在有 3 个组员时一切正常,在第 4 个组员出现后,这个小组的数据直线下滑。有可能是第 4 个组员个人有问题,也有可能是这个组长的能力使其最多只能带 3 个组员。

通过数据分析,支撑部门需要为业务部门提供工具支持,比如数字化系统,又比如我们刚才提到的管理工具、奖金包等。之后,小组就可以有的放矢地改进。

对洛可可董事长来说,在管理好 1 000 个"孙悟空"的过程中,他还有很多的故事。而细胞管理法让洛可可突破极限,创造了行业奇迹,也让企业家看到了管理的重要性。

⬇

要点回顾：从洛可可快速复制人才的案例中，我们可以学到哪三条经验？

一、鼓励裂变的激励机制。

二、先竞后合的组织关系。

三、以目标为导向的支撑体系。

> **思考题**
>
> 　　在你目前的团队中，哪个部门、小组或者成员最难管？你使用的管理方式和洛可可的思路有什么异同？

快速裂变：
拼多多的商业模式逆袭

> 彼得·德鲁克曾说过：公司的成功不取决于生产，而取决于客户。互联网时代不缺流量，但公司只有有效地把曝光转化为用户，实现快速裂变，才能最大限度地在激烈的市场竞争中抢占先机。对初创企业而言，快速裂变是开疆拓土的利器，它能帮助企业极速发展，实现异军突起；对传统企业而言，快速裂变是涅槃重生的途径，帮助企业转型升级，再塑辉煌。然而，残酷的现实往往是，砸钱投入广告营销，雇人创新运营模式，结果却效果甚微，用户增长缓慢，或者难以将用户留存，很难实现快速裂变。

有这样一家社交电商平台。它于2015年上线，上线后第一年，付费用户就超过1亿人，三年时间用户突破3亿人，实现裂变式增长。2018年，它登陆美国资本市场，月GMV（商品交易总额）超过400亿元，成为继淘宝、京东之后的第三大电商网络销售平台。它就是拼多多。

拼多多自上市以来，一直争议不断，许多人嘲笑其产品低端、山寨、劣质，也有人认为它的极速增长只是抱对了"腾讯爸爸"的大腿，实现了快速引流。也许拼多多的确有许多需要改进的地方，但是它身上仍然有许多经验值得我们借鉴。概括其实现裂变的路径，我认为至少有以下三个要点。

快速定位，找到蓝海市场用户

构建一个商业模式，首先就要明确你的客户是谁，然后迅速获得客户，占领市场。其中最快的方式不是抢占现有顾客，而是开创新需求，找到蓝海市场。拼多多瞄准的是京东、淘宝等大型电商平台没有覆盖但用户需求庞大的群体，这就是定位蓝海市场。这种错位竞争为拼多多占领市场赢得了完美的开局。

那么，如何才能找到蓝海市场中的用户呢？《蓝海战略》一书将蓝海市场的用户分为三个层次（如图1-3所示）。

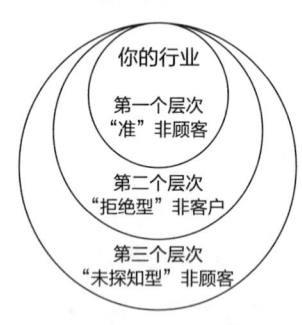

第一个层次"准"非顾客
在找到更好的选择前，最低限度地使用现有的产品和服务。

第二个层次"拒绝型"非客户
现有产品或服务不可接受，或超出的经济承受能力。

第三个层次"未探知型"非顾客
离行业远，甚至被认为没有需求。

图1-3 蓝海市场的用户类型

第一个层次是"准"非顾客。

这类人徘徊在行业边缘，他们因为没有更好的选择，不得已才使用行业现有的产品或服务，如果有强有力的替代品出现，他们会欣然前往。

拼多多瞄准的是勤俭持家的家庭主妇，她们是人们口中的"七大姑，八大姨"，价格是她们购买的首要因素。她们在使用淘宝、天猫时，总会货比三家，找出物美价廉的商品。

近年来，主流电商平台主推"品质消费"，品质带来的必然是"价格升级"，如果有更加物美价廉的平台出现，家庭主妇必然欣然前往。

第二个层次是"拒绝型"非顾客。

这类人或是产品、服务无法满足他们的需求，或是由于价格太高、能力不够，他们买不起或无法购买。

拼多多瞄准的是中老年群体。2017年以前，中老年群体还不太会用智能手机、电脑，淘宝、京东的商品虽然吸引人，但下单步骤对中老年群体来说过于烦琐，令他们头疼不已。缩减操作步骤，就可能使他们成为用户。

第三个层次是"未探知型"非顾客。

这类人离行业比较远，甚至被认为没有需求，是未被探索的群体。

拼多多瞄准的是下沉市场的群体。在三线城市以下的乡镇地区，特别是农村地区，电商的发展一直受到物流等基础设施的限制，有些村里甚至只有村镇超市有一台电脑，全村依靠一台电脑由超市老板进行代购。这些用户的需求其实一直存在，只是未被探知。

移动互联网的普及，低价手机的出现，再加上乡村物流不断建设发展，这些让下沉市场的用户成了市场上的新"蛋糕"。拼多多的创始人黄峥不止一次说道："我们的核心是五环内的人理解不了的。"

企业找到蓝海市场，定位目标用户，就能够快速获得用户，并且不用和行业龙头抢食所剩不多的"蛋糕"。有了目标用户，接下来企业就要针对用户打磨产品，抢占用户心智，快速变现。

快速转化，高效匹配用户特征

用户决定产品。拼多多的用户主要是家庭主妇，中老年群体、三、四线城市及农村市场群体。这些用户有几个共同特征：价格敏感、余暇时间较多、对社交关系依赖度高。拼多多就紧紧围绕着这几个特征，对平台的逻辑进行架构，实现人与物的高效匹配。

首先，制定匹配用户喜好的选品策略。

读者朋友如果最近打开拼多多的App（应用程序），就会发现推荐最多的商品是耳机和话筒。原因很简单：这两年快手在下沉市场非常火爆，直播和短视频备受追捧，耳机和话筒是直播的必备品。这就是拼多多基于用户喜好制定的选品策略。除此之外，对于高频次的消费品类，拼多多会根据用户价格敏感的特点，选择一些高性价比商品来吸引用户，比如日用品、食品，并让用户反复消费。

其次，构建吸引用户下单的消费场景。

拼多多的用户余暇时间较多，愿意在休闲娱乐上消磨时间。

针对这一特征，拼多多将消费场景游戏化，在 App 首页设计了 9 种游戏化的频道入口：限时秒杀、多多庄园、"9 块 9"特卖等。读者朋友只要随便在拼多多 App 逛一下，就会发现倒计时、进度、任务列表、排行榜、各类奖励随处可见，这些设计不断地刺激用户神经，最后总能打动用户下单购买。

读者朋友在网购时一定有这样的经历：看到心动的商品会立刻加入购物车，但是过段时间就忘了，或者再看见时已经不想买了。这是平台、商家不想看到的。拼多多又是怎么办的呢？拼多多取消了传统电商平台购物车的设计。这种方式能够让用户看到低价商品立刻购买，减少决策时间，降低反悔概率，让用户毫不犹豫，看见就下单。

拼多多针对用户特征设计商品策略和消费场景，占领用户心智，让用户毫不犹豫，快速下单，从而实现了用户的快速变现。

快速裂变，创新社交拼团模式

产品的设计让用户"所见即所得"，看见就下单，但是如何才能实现快速裂变呢？这就要介绍一下拼多多的撒手锏——拼团模式。

10 年前，美团、百度糯米等团购平台爆发式出现，掀起了一场所谓的"百团大战"。拼多多的拼团模式其实就是在这种团购模式上进行的创新。

2010年兴起的团购模式都是平台或商家发起团购，然而，电商平台的获客成本是非常高的，除非有大量资本的支持，否则其无法与淘宝、天猫、京东等电商平台抗衡。拼多多的创新在于让用户发起拼团。拼多多首先以实惠的价格吸引用户，比如牛仔裤19.9元，羽绒服45元，床上用品三件套39.9元等，然后用拼团降价的方式刺激用户发起拼团。用户通过微博、微信等社交平台邀请亲朋好友拼团，将微信、微博的传播裂变属性无限放大，从而实现病毒式传播。

那么拼多多为什么能让用户不厌其烦地反复拼团呢？两个字：上瘾。

尼尔·埃亚尔和瑞安·胡佛在《上瘾：让用户养成使用习惯的四大产品逻辑》一书中提出了让用户对产品上瘾的模式，并将上瘾分为4个阶段（如图1-4所示）：触发、行动、多变的酬赏和投入。

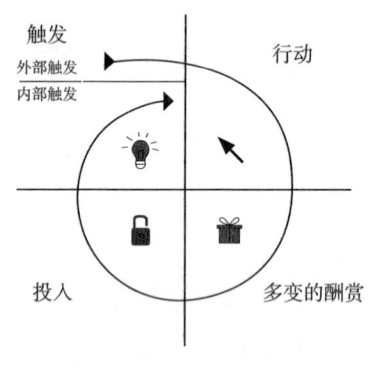

图1-4 上瘾模式

拼多多主要通过熟人推荐和现金红包的方式触发用户，用户在点开链接和红包并进入App后，受到各种低价商品的吸引，心动不如行动，开始准备下单。这时，拼多多再通过拼团或分享红包等方式提供多变的酬赏刺激用户，紧接着用户投入，开始发起拼团，分享商品。如此反复，用户已经不知不觉地在反复拼团中上瘾了（如图1-5所示）。

图1-5 拼多多的上瘾模式

实惠的价格切中了用户的核心需求，拼团模式充分发挥了用户社交关系的作用，上瘾模式让用户一旦被激发便欲罢不能。

想象一下，一个三线城市的家庭主妇王姨，在使用了拼多多之后，可能没事儿就会看看有什么便宜的日用品，不经意间看到一个床上用品三件套拼团只要39.9元，于是她发起拼团微信，转给了经常一起打麻将的邻居李妈，然后李妈觉得实惠并转给了她的好友林姨，最后大家都买了便宜东西，同时还增进了邻里之间的感情。

到此为止，拼多多从用户定位、产品打造、模式创新构建起自己的商业模式，在用户定位、转化、裂变的过程中，成功崛起，迅猛发展。

目前，传统电商平台也纷纷效仿拼多多，淘宝推出了"淘宝特价版"，主打拼团模式，京东也推出了京东版拼多多——"京喜"App。

最后，需要提醒的是，对于拼多多的低价策略，模仿务必谨慎。拼多多的低价策略之所以行得通，是因为目标用户首先对价格敏感，其次才考虑商品质量。目前，拼多多已经在用各种方式提升商品品质，改造品牌形象。

⬇

要点回顾：如何从底层商业模式思考，实现裂变式发展？

一、快速定位，找到蓝海市场用户。

二、快速转化，高效匹配用户特征。

三、快速裂变，创新社交拼团模式。

思考题

　　天马行空地思考一下,在你的行业中,蓝海用户在哪?给他们做一个用户画像,然后设计一套机制来匹配你的服务或者营销手段。

快速增长：
蜜雪冰城的性价比飞轮

为什么有的公司能够持续发展，有的公司却不能？在分析了国内上百家持续经营超过20年的公司和寿命不足10年的公司后，我发现一家企业之所以能够持续转型、持续发展、持续成功，本质上并没有什么特别惊人的创新、幸运的订单或者突如其来的收获。相反，成功公司发展的整个过程，就像是在滚一个大大的雪球。你使劲推这个雪球，它可能会往前移动1米。接着你继续推，它继续走。通过不懈的努力，这个雪球开始有了一点儿惯性。直到当你不用使劲，它仍然可以能往前滚时，企业就实现了突破。在国外，这个商业模型被称为飞轮效应，提出这个模型的是全球第一跨境电商平台亚马逊公司。

在中国有这么一家公司，在持续转动商业飞轮24年后，成了行业头部企业，这家公司就是蜜雪冰城。你可能觉得24年有点儿长，但是对于10年只有50%生存率的商业生存法则来说，"慢就是快"。

2020年，蜜雪冰城的营收达到65亿元。在每年倒闭3万家店、90%的店都赚不到钱的奶茶行业，蜜雪冰城却一年净赚了8亿元，每天卖出奶茶350万杯。

与营收同步，它的规模也在不断扩张。截至2021年10月1日，蜜雪冰城门店突破了两万家，是奶茶领域第一个破两万家门店的品牌。两万家店是什么概念？喜茶、奈雪的茶、乐乐茶、茶颜悦色这些动辄20元、30元一杯起步的网红茶饮品牌的门店加起来，也比不过蜜雪冰城的门店量。当然，每家店的战略不同，我们不能以简单的数字论输赢，但这个发展速度确实非常惊人。

那么，蜜雪冰城是怎样做到这样的营收和规模的呢？答案是，这家公司从创业到守业的整个商业模式都符合飞轮效应。飞轮效应这个概念是由亚马逊最先在商业领域提出的。它的核心意思是，产品性价比越高，消费者越满意；消费者越满意，销量越高；销量越高，采购成本越低；采购成本越低，性价比越高；性价比越高，消费者越满意。这就形成了一个"像轮子滚动一样"的良性循环。

这个飞轮的关键词只有三个字：性价比。那么，蜜雪冰城具体是怎么启动这个飞轮，并且让它持续转动的呢？

启动飞轮

不知道你有没有见过农村的拖拉机，就是手摇的那种拖拉机。这种拖拉机需要你用一个摇杆使劲启动它，在启动十几圈之后，整个发动机才能转动起来，然后为车体提供源源不断的动力。这可以说是飞轮效应的起点。

蜜雪冰城的创始人叫张红超。他一开始也没找到这个飞轮的摇杆。

1997年，草根出身的张红超在郑州一个城中村里，开始了自己的创业路。那一年他20岁。他先后卖过刨冰、苹果和糖葫芦，开过饭店，也在好几个地方折腾过，但都不太成功。直到2006年，张红超突然发现一种彩虹帽冰淇淋火遍了河南。但那个冰淇淋价格奇高，一支要卖到近20元，因此即便是富裕家庭，在掏钱时都很犹豫。

他发现，当时这种冰淇淋的销售模式是，门店从经销商那里进货，然后再销售。等冰淇淋上市后，价格其实已经加了好几层了，"贵"反倒成了一种必然结果。作为郑州冷饮界的"老前辈"，张红超发现，虽然这个冰淇淋的名字很新潮，但其实做法跟以前的火炬冰淇淋差不多。

于是，他嗅到了商机，决定不找经销商，自己做。他依靠过去的经验，在测试了10多个样品后，终于做出了周围人都喜欢吃的冰淇淋。这款冰淇淋的最终定价是两元，如果买店里其他东西，顾客还能得到一元的优惠券。如此高性价比的产品，瞬间就"打爆"了市场。

在"两元冰淇淋摇杆"的带动下，张红超的冰淇淋分店开了一家又一家。他依靠商业飞轮的性价比策略，超越了同行，成功转动了自己的商业飞轮。

夯实飞轮

有人觉得蜜雪冰城很low（低端），走的是薄利多销的路线，把价格压得很低。但你如果这么想就错了，"薄利"和"多销"是两码事，不是薄利就一定能多销的。在很多领域，很多走低价路线的品牌，最后其实都倒闭了。

蜜雪冰城的成功依赖的不是低价，而是性价比。如果你只有低价，但不好喝、不好吃，用户是不会买单的，你也很难形成复购，更不会得到一门长久的生意。

2021年，蜜雪冰城的主题曲一炮而红。不少人开始关注这个品牌。甚至在B站、小红书、抖音等平台，不少"up主"做过奶茶类的盲测，他们会把买来的各品牌饮品混在一起，闭着眼睛喝，并评价每一款产品的好坏。结果，蜜雪冰城的不少单品都获得了好评。

比如，网友推崇的爆品"柠檬水"、爆品"甜筒冰淇淋"、"蜜桃四季春"和"棒打鲜橙"等，虽然原料简单，但品质还是不错的。至于单价，3元的甜筒冰淇淋、4元的柠檬水、6元的蜜桃四季春和棒打鲜橙，都是性价比极高的产品。

财报显示，在奶茶领域，按照同等原料，其他品牌的毛利可能有60%~65%，在蜜雪冰城，毛利则会压到50%~55%，甚至更低。就拿引流产品"两元甜筒冰淇淋"来说，它的毛利可能只有几角钱，而另一款引流产品"4元的柠檬水"单杯毛利也只有一元左右。

可是，虽然它的单价低，利润率低，但是下沉市场的需求是非常旺盛的。据统计，蜜雪冰城每年能卖出超过13亿杯茶饮，这些茶饮连在一起能绕地球好几圈。

有专业机构用单店模型测算过它的赢利情况，结果发现蜜雪冰城的坪效，也就是每平方面积上创造的销售额极高。从数据上看，蜜雪冰城的门店平均坪效比星巴克低一点儿，跟奈雪差不多。

蜜雪冰城做到了各大电商主播每天在直播中喊的"挑战全网极致性价比"。直播间的商品，虽然品牌在不断突破价格下限，但由于买的人多，收益还是比较稳定的。虽然领域不同，但是道理都是相通的。

同样，彼时，华莱士的创始人华怀余、华怀庆两兄弟，发现二、三线城市的年轻人对"洋快餐"也有渴望，但消费能力有限，于是就以低价切入，推出了1元可乐、2元鸡腿和3元汉堡的性价比极高的组合，从而带动了其他产品的销量，获得了第一桶金。所以，低价不是关键，低价还质优，才是关键。

低价但是质量不过关的产品，早就被市场淘汰了。

持续飞轮

自2006年"打爆"了第一家店，到创业的第7年，蜜雪冰城旗下就有了直营店和加盟店总计1 000家门店，而且想加盟的人越来越多。

在加盟的门店迅速增加后，蜜雪冰城不可避免地遇到了一个老问题：成本和定价的一点点变动，都会对总赢利数字产生很大的影响。

我们假设蜜雪冰城每年可以卖掉1 000万杯柠檬水，那么每杯饮料的成本降低一角钱或者升高一角钱，总营收就会有100万元上下的浮动。因此，为了摊薄成本，蜜雪冰城没有按照其他奶茶品牌的通用路径和供应商谈判，而是自己生产原料。

2012年，蜜雪冰城自建了中央工厂研发中心，核心原料实现自产自销。2014年，蜜雪冰城开始建设自己的仓储物流配送中心，成为全国首家物料免费运送的饮品品牌。这两个决定产生了两个效果。

一方面，在原料采购阶段，蜜雪冰城可以用工厂名义，直接与茶产地和加工企业合作，跳过了许多中间环节，成本至少降低了20%；另一方面，新建的这些仓储物流中心不但能够精确地控制存货数量，还能够加快运转周期，降低仓储成本和物流成本。

可以说，蜜雪冰城早在2014年，就打造了属于自己的从研发、生产、仓储、物流到门店销售的完整产业链，其自产自销的原料能够占产品全部原料的70%。这样成本不仅可控，而且还有优化空间。而对剩下的部分原料，蜜雪冰城也凭借自己的产业链，获得了议价权。据公开资料显示，蜜雪冰城某品类的某种原料比同类型品牌的拿货价低了20%。这并不难理解，蜜雪冰城在采购阶段给原料商提供的是大额订单，而原料商自己也有库存压力，也想让客户品牌形成复购，自然愿意给这些大客户一些"破价优惠"。

在降低成本的同时，蜜雪冰城还做了第二件事：提高质量。比如，哪怕做3元的甜筒冰淇淋，蜜雪冰城也坚持用鸡蛋来做蛋筒，而市面上其他蛋筒的原材料大多都是面粉和糖精。

为了做出爆品柠檬水，蜜雪冰城会尝遍市场上所有的柠檬水，直到找到最优的配方。数据显示，2018年，公司在研发中的投入是743.3万元，2019年是854.5万元。并且，蜜雪冰城还计划，未来在研发上的投入将以每年20%的速率递增。

所以，一手降成本，一手提质量，再加上完整的产业链，这些让蜜雪冰城拥有了服务更多加盟商的能力。2018年，蜜雪冰城把加盟门店开到了5 000家；2020年，其突破了10 000家；2021年10月，公司成功突破了20 000家。经过这些年的发展，我们与其说蜜雪冰城是一个茶饮企业，倒不如说它是一家供应链企业。

同样，以建立工厂和建设仓储物流中心为抓手打造完整供应链的华莱士，也实现了商业飞轮的持续转动。截至2021年10月4日，华莱士的现有门店数量接近20 000家，比肯德基和麦当劳的全国门店数量加起来都多。

复利获得

飞轮效应就像一个"增强回路"，实现了飞轮效应的企业找到了一条因果链，因增强果，果又增强因，形成一条不断变强的回路。蜜雪冰城也正是凭借这个良性循环，把性价比这条护城河挖得越来越宽，越来越深，和它同时期走性价比路线的茶饮品牌，现在我们基本看不见了。

蜜雪冰城的关键突破，就是帮助飞轮持续转动的"自产自销，压缩成本，打造完整产品供应链"。

在黑天鹅事件爆发后，面对原材料价格上涨问题，许多奶茶品牌都在涨价，蜜雪冰城却宣布：我们还是不涨价。公司靠着"挖潜提效"做到了"24年如一日的便宜"。你知道这件事的难度有多大吗？算上这10多年中国GDP的涨幅和通货膨胀，蜜雪冰城"不涨价"，就相当于是在"降价卖"。

你能想到，在2021年的北京，连超市的饮料都要卖大几元，雪糕都要卖10多元，而蜜雪冰城还在卖着3元的甜筒冰淇淋、4元的柠檬水，以及均价6元的奶茶吗？而且这些产品还都是现做的。

虽然很多人都用蜜雪冰城定位下沉市场，或者认为创始人看准了6亿人月薪不够1 000元的事实，但我认为这都是事后分析。2006年卖出爆品的张红超可不知道这些数字。那个时候的他，只是嗅到了商机，带着让普通人吃得起冰淇淋的想法，转动了属于自己的商业飞轮，然后持续转了24年，才有了今天估值200亿元的蜜雪冰城。

最后，让我们在亚马逊的飞轮示意图上，画下属于蜜雪冰城的性价比飞轮（如图1-6所示）吧。

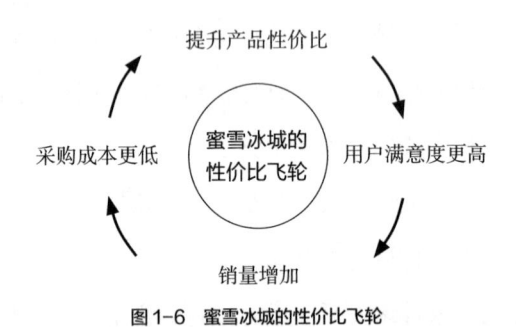

图1-6 蜜雪冰城的性价比飞轮

如果你是零售业中的一员，那么转动商业飞轮的第一步，就是要找到价值洼地，打造性价比极高的爆品，然后继续深挖产品的性价比护城河，让这个飞轮持续转动，这样你的生意就能越做越长久。

⬇

要点回顾：蜜雪冰城的商业飞轮是如何持续转动的？

一、以爆款冰淇淋为起点，制造低价优势，启动性价比飞轮。

二、提升质量，压缩毛利，持续转动性价比飞轮。

三、创研发中心，建仓储物流中心，深挖性价比护城河。

四、自产自销，打造完整产品供应链，形成完整商业复利体系。

> **思考题**
>
> 　　你的企业有哪些独特、健康但看起来微弱的优势？你认为这些优势能成为企业快速发展起来的第一个飞轮吗？想办法让它们加速吧。

快速响应：
7-Eleven 便利店的数据化管理

> 如何打造快公司？其中有什么密码？我和大家分享了快速出道、快速破局、快速创新、快速复制的秘密，再往下游，到渠道与销售端呢？7-Eleven 前任社长铃木敏文曾说：造成产品滞销、生意萧条的原因只有一个，那就是现在的工作方法已经无法满足时代和消费者需求的变化。而要想满足时代和消费者需求的变化，必须具备快速响应的能力。7-Eleven 之所以能够成为连锁便利店的鼻祖，是因为快速响应是它的一个基础信条。

在零售业曾有一种说法："世上只有两种便利店，7-Eleven 便利店和其他便利店。"如今 7-Eleven 已在全球 17 个国家坐拥 7 万多个门店，开创了一种独特的商业模式。但很多人可能都不知道，7-Eleven 最早是一家美国公司。

它的前身是成立于 1927 年的美国南方公司，当时的主要业务是零售冰品、牛奶、鸡蛋等。1973 年，日本伊藤洋华堂公司和这家美国公司签订了地区性特许加盟协议，直到 1974 年，7-Eleven 才正式进入日本，日本的第一家 7-Eleven 诞生。

1975 年，7-Eleven 变更成了 24 小时全天候营业。如今近半个世纪过去了，这家便利店在全球 17 个国家已经裂变成 7 万多个门店，成为全球最大的连锁便利店。7-Eleven 不仅自己深受用户喜爱，还培养了许多为人熟知的"便利店学徒"，比如便利蜂、邻家的创始人都曾经是 7-Eleven 的员工。如今，从这些品牌里，我们或多或少也都能看到一些 7-Eleven 的影子。

7-Eleven 的响应速度到底有多快

7-Eleven 前任社长铃木敏文认为：造成产品滞销、生意萧条的原因只有一个，那就是现在的工作方法已经无法满足时代和消费者需求的变化。这个观点得到普遍认同。要想满足时代和消费者需求的变化，企业必须具备快速响应的能力，而 7-Eleven 对顾客的响应速度就是极快的。到底 7-Eleven 的响应速度有多快呢？

我们以一家 7-Eleven 门店的运作来体验一下这种速度。

一家 100 平方米左右的门店里面大约可以摆放 2 000 种商品。并且，门店每天都会根据顾客的需求对商品做出调整。具体操作就是，这个门店每天都会推出 3~4 个新品，卖得好就留下，卖不好就迅速替换。这种上新的速度，让 7-Eleven 的几乎每一款商品都会成为爆品。不少白领下班后都会去 7-Eleven 买当下的网红食品和日用品，大家觉得这是一家品牌古老但产品很潮、很酷的小店。

7-Eleven 这么快的响应速度有一个重要的基点，就是着眼于"顾客明天的需求"。

在商海搏击经年的人都不得不承认，今天，企业的竞争对手既不是友商，也不是局外杀入者，而是瞬息万变的顾客需求。对于"顾客明天的需求"，7-Eleven在订货的时候就很重视。具体而言，在订货时，它能做到准确推测明天可能畅销的商品是什么，从而以最快的速度满足顾客需求的变化。能否精准预测客户的需求，则取决于能否对商品进行数据化管理。

如何利用数据给自己提速

正因如此，7-Eleven不仅是一家便利店，更是把大数据运用得最好的零售企业。7-Eleven通过大量搜集销售数据，根据顾客不断变化的需求进行预测，进行合理化验证，及时调整订货策略。在具体操作上，7-Eleven的数据化管理可以分解为三个步骤。

步骤一：搜集数据，掌握销售数据和顾客的消费习惯。

所谓"知己知彼，百战不殆"，只有了解顾客是谁，喜欢什么样的口味，每次买多少，企业才能采取相应的策略吸引顾客。比如，产品怎么选？备多少货？什么时候补货？什么时候打折促销？

企业要想快速做出反应，首先要掌握顾客的消费行为，拿到商品的销售数据。搜集数据，是7-Eleven做数据化管理的第一个步骤。

我们经常将"大数据"挂在嘴边，其实，对很多公司来说，它们并没有掌握什么大数据。要了解用户，企业用好小数据就够了。

20世纪80年代初，7-Eleven就已经引进了POS机（销售终端）搜集销售数据（如图1-7所示），记录商品的销售时间、销售数量。在顾客的数据上，7-Eleven将顾客按照年龄和性别划分，并在收银按键上标注着"老男""老女""壮男""壮女"等。收银员在进行收银时，会迅速把顾客信息人工地输入系统，用最古老的方式搜集用户信息。这也开辟了零售便利店的数据化先河。

图1-7 7-Eleven用POS机搜集销售数据

如今，支付方式早已经天翻地覆，出门不带现金，"一部手机走天下"成为习以为常的生活方式。在7-Eleven，我们也早就习惯用手机支付了。而7-Eleven的数据搜集方式也在不断演进，部分7-Eleven还和支付宝合作，支持人脸支付。每个顾客付款时只要看着收银台的一个小平板电脑的摄像头，一瞬间、毫无感觉地就完成了支付。而每一个支付宝用户都在支付宝系统中完成了实名认证，这也就意味着，商家对顾客数据的捕捉会更加精准。

随着大数据技术的普及，现在各个平台和企业都在做大数据搜集。比如，滴滴出行搜集了乘客的打车起点、终点，总结了出现频率较高的起点和终点，并用大数据描绘出全中国400个城市24小时的"出行热力"变化，简单一张图，就能让人看到哪个城市的App使用量更高，哪些城市还存在发展潜力。

步骤二：分析求证，根据销售数据用假设验证的方式进行分析。

7-Eleven前任社长铃木敏文工作的座右铭就是："工作的第一步，从建立假设验证开始。"

"假设"并不是凭空想象。在第一个步骤中，7-Eleven已经搜集了销售数据，以此为起点，再结合第二天的天气、气温、街市的活动等前瞻信息，7-Eleven就能够进行客观的分析和思考，提前预判顾客的消费心理，并且以此为基础订货。最后，7-Eleven再通过当天的结算系统，精确掌握产品销售的数量和时间，验证和调整自己的假设。

比如有一天，某个门店饭团的销量增加了10份，老板就要思考饭团销量为什么增长，是因为天气变化了，还是因为客户的年龄、性别发生了变化？这时老板就要根据销售数据进行观察。再比如，老板通过观察，发现当天的面包很早就卖完了，就可以提出一种假设：因为当天面包卖完了，顾客只能去买饭团了，所以饭团卖得多。

那么如何验证呢？这就要去调整第二天面包和饭团的数量，看看如果面包备货充足，饭团的销量如何，是否还能保持销量。第三天，再去看看面包缺货，饭团销量又如何。如果面包缺货了，饭团又能维持销量，这就能验证面包和饭团是互为替代品的，门店之后可以利用这个相关性去调整。如果通过验证，假设不成立，老板就需要继续观察和思考，引入其他因素，继续进行假设验证。

步骤三：迭代优化，根据分析结果不断改变商品策略。

接下来的第三个步骤就是迭代优化，对受欢迎的商品加大销售，对不受欢迎的商品打折处理，这是一个重复优化、重复反馈的过程。

还是以一个100平方米左右的7-Eleven门店来说，通常这个门店可以摆下约2 000种商品，而每年上新商品数量就有1 300多种，也就是一年更换将近70%的商品，一天大约更新三四种商品。

7-Eleven店里还设有高曝光货架，这就好像最值钱的"广告位"。用来做什么呢？试验新品。通常7-Eleven入口处第一个或者第二个货架，在长长的货架两端的小窄货架，就是其高曝光货架。它也是货品变换频率最快的货架，平均2~3周就会更新一次。这个货架上总会有些新潮的小东西，比如万圣节的帽子、新出的糖果巧克力等。这里的商品如果卖得好，就会被升级为常规商品继续销售，如果卖得不好，就会马上被打折促销，清理出去。

以前有句洗衣皂的广告语叫作："时代在变，好东西不变。"然而，通过 7-Eleven 的这一系列操作我们可以看出，这句话已经过时了。唯有拥抱变化，快速响应，才能生存。无论是一个企业、一款软件，还是一个人。

⬇

要点回顾：如何通过调整商品结构和策略快速响应顾客需求？

一、搜集数据，掌握销售数据和顾客的消费习惯。
二、分析求证，根据销售数据用假设验证的方式进行分析。
三、迭代优化，根据分析结果不断改变商品策略。

> **思考题**
>
> 你尝试过敏捷迭代产品或者服务的模式吗？施行这一模式的主要阻力是什么？

快速布局：
小米的生态化运营

> 在数字经济时代，企业在发展到一定程度之后，就会脱离产品本身的竞争，进入品牌、销售和供应链体系的布局之争。正是基于这种共识，2012年"生态"成为一个热词。很多企业都宣称自己要打造生态系统，有的盲目冒进、黯然出局，如乐视；有的凭借早期发展建立了资源优势，如BAT（百度、阿里巴巴、腾讯）；有的后发制人，通过快速布局拥有了属于自己的一片天地。小米就是后发制人的典型代表。

2020年，小米创立10周年。在长达两个多小时的庆典活动中，不仅有雷军总结过去10年历程的演讲，还有畅想未来的新产品亮相环节。不论是他的演讲内容，还是智能硬件产品的陆续推出，这些都指向了小米一以贯之的策略：打造智能生态链。

目前，小米是全球第四大智能手机制造商，在30多个国家和地区的手机市场进入了前五名。以"生态链模式"为基础，小米通过投资的方式，带动了更多智能硬件创业者，共同建立了连接数亿台智能设备的IoT（物联网）平台……

2013年底，小米创始人雷军判断，IoT未来大有可为。于是，他组建了一个小团队，由小米联合创始人刘德牵头，开始在业界抢人、抢项目。他们的目标是，在5年内搞定100家企业。

这个团队没有任何投资经验，全部由工程师和产品经理组成，就连刘德也是设计师出身。然而，就是这样一群人，开启了小米的生态之路。在三年内，他们就发展了近百家企业。而且，这些企业很快就开花结果，推出了移动电源、手环、净水器、空气净化器等爆品。

截至2021年底，小米投资了超过390家企业，包括智能的小产品、智能家电、智能的交通工具，实现了硬件的互联互通，形成了全球最大的IoT平台。其中，华米、云米、石头科技等多家企业已经上市并获得资本市场认可。

更重要的是，小米生态链的发展让小米的IoT战略得以落地。截至2022年第一季度，小米IoT联网设备数量达到4.34亿台，使用5台及以上小米设备的用户达到880万人。

观察小米的快速布局，我们可以看到三点最重要的经验。

找到适合自己的模式：投资＋孵化

建立生态的方式有多种，例如，阿里巴巴根据自己的"健康＋快乐"战略，不断收购或入股公司，包括高德地图、优酷视频、新浪微博等。腾讯把自己定义为"连接器"，除了与社交关联度较高的业务，它并不直接进入其他领域，而是通过合作的方式，扩张商业版图。

而小米生态的起点是"理工男"。为什么这么说呢？小米重点分析了自己用户的特点，发现70%的"米粉"是17~39岁的理工男。于是，他们根据理工男的需求，围绕核心产品——手机一圈一圈地勾画出了用户需求。

第一圈层的需求是手机及其周边产品，比如耳机、小音箱、移动电源等。由于小米手机的市场占有率和品牌知名度有优势，所以其围绕手机周边产品做投资是顺理成章的。第二圈层的需求是智能硬件。小米非常看好智能硬件的未来，因为硬件的智能化是大的趋势。所以，其投资孵化了多个领域的智能硬件，比如空气净化器、净水器、电饭煲等传统白色家电[①]的智能化，也投资孵化了像无人机、平衡车、机器人等极客互融类的智能玩具。第三圈层的需求是生活耗材，比如衣服、鞋、毛巾、牙刷等。小米会分析一个理工男从早上起床开启一天的生活，到晚上睡觉，他都需要什么。只要是他需要的，小米都会思考布局。

这里需要特别提一句的是，在嘉宾商学5周年盛典上，我问小米前总裁王翔："本来小米一直坚持不造车，但是为什么后来又造车了？"王翔的回答是："公司内部虽然有过纠结和争论，但最终大家还是决定回归商业原点，给米粉创造更好的

[①] 白色家电是指可以减轻人们的劳动强度、改善生活环境、提高物质生活水平的产品，比如洗衣机和部分厨房电器。——编者注

驾驶体验。"也就是说，小米的每一个商业决策都是围绕核心用户的需求展开的。

而为了满足小米生态的发展，小米在摸索中找到了适合自己的模式：投资＋孵化。

虽然小米投资的团队基本由工程师构成，但是他们选择的生态链企业是有自己独特的标准的。比如，首先，目标企业要认同小米的价值观。有些企业很强、很有实力，但是不认可小米的价值观，那么小米就会果断放弃。其次，这些企业基本源于"蚂蚁市场"。蚂蚁市场的意思是，在该细分领域没有龙头，所有玩家的市场占有率均不超过10%。这种市场的典型特点包括没有标准、没有品牌，产品"要么贵，要么差"。这就给有志做好这个领域的企业留下了空间。

这种模式的好处是，一方面它可以让小米迅速布局。如果不采取这种模式，小米不可能在短时间内进入这么多领域，有的企业也不愿意合作。另一方面，它对合作方也有好处。小米的合作标的大多数是智能硬件公司。这些公司不仅缺钱，还缺经验和资源。因此，孵化功能显得特别重要。和小米合作，它们能获得很多。比如，小米可以帮助它们设计产品，可以帮它们搞定供应链，可以让它们使用"小米"这个品牌，产品在被生产出来后，还可以在线上的小米商城和线下的小米之家销售。

很多企业也正因如此，才投入了小米的怀抱。例如，易来（Yeelight）是全球领先的智能照明品牌，在创业时踩过不少坑。

2014年，智能硬件的风开始吹起来，很多投资机构要投资易来，它最终选择了小米。原因就在于，小米可以全方位地帮助它。

更极端的还有智米科技等企业，这些企业在创立之初只有一个人，小米是和创始人一起，从搭建团队开始，走完了从0到1的整个过程。

所以，要想快速布局，企业就一定要找到适合自己的模式，就像老子所说："道生一，一生二，二生三，三生万物。"合适的模式，就是"一"，就是原点。

设计合理的激励机制：只占股，不控股

公司在创业之初，最需要解决的问题之一就是如何激励员工。机制设计好了，员工会自发地跑起来，而不用老板天天在后面推。例如，小米从一开始就是全员持股，这让每个员工都在为自己打工。雷军被誉为IT界的劳模，小米的员工也很拼命。这让小米用几年时间就走完了别人十几年才能走完的路。

生态的运转同样需要设立合理的激励机制。小米的策略是：只占股，不控股。数据显示，小米在各生态链企业的股份平均都在10%~25%，最高也没有超过40%的投资。这样既保证了生态链企业可以独立发展，带头人保持着足够的积极性和灵活性，又让这些公司的财务报表不需要和小米的合并。虽然小米这么做可能收益有限，但是被投资的公司都很有干劲儿。

毕竟，它们是在为自己打天下，而不是为小米打天下。

在《小米生态链战地笔记》这本书中，有这样一段描述："现在生态链上77家企业的人员，与小米最初的状态非常像，不需要我们去督阵，他们比我们还着急，天天催着我们。前两年生态链跑得太快，取得了一些成绩，问题也逐渐暴露出来。我们在2016年甚至开了两次减速会，让大家稍稍放慢一点儿节奏。当然，这时候可以放缓一点点，是因为我们已经具备了先锋性，已经在一些领域站稳脚跟，所以才可以有缓冲的时间来做一些思考和调整。"

很多生态链企业在站稳脚跟后，都推出了自有品牌。例如，1MORE（万魔）推出了自有品牌的耳机，紫米推出了自己的移动电源，华米推出了自己的手环，云米更是推出了全屋互联网家电，从某种意义上说，它们都成了小米的竞争者。

但小米并不排斥这种竞争。小米认为，只要企业能发展好，这对小米一定是有利的。生态链企业发展好了，小米同样是受益者。用小米的话说，它们打造的是"竹林生态"，不同的竹子相互连接、相互支持，一起抵御风雨的侵袭。这是一种特别好的心态。生态链的盟主一定要有胸怀。对于核心领域，自己可以控制。但是，盟主一定要为合作伙伴提供广阔的发展空间，只有这样，生态才能长大。

当然了，"只占股，不控股"模式能保持投资企业的主动性，此外，对小米来说，它采用这种模式还有几个非常现实的原因。

首先是精力问题。当时小米公司上下只有1 800人，能够把现有产品做好就已经很不容易了。而且隔行如隔山，自己搭台的成本过高，最有效率的办法就是找更专业、更优秀的人来做，用投资＋孵化的方式，寻找认可小米价值观的企业，为它们提供小米的品牌、技术和各种供应链、渠道资源的支持。

其次是效率问题。效率一直以来都是小米公司最重视的指标之一。如果小米单打独斗，那么它即使能让如此多领域的产品在各个渠道面世，等这些产品面世后，市场上的产品也已经更新换代了。

最后是灵活性问题。企业一旦庞大起来，就容易形成船大难掉头的问题。通过只注入资金，分散投入，小米公司自身的灵活性就能够得到保障。

总之，小米的投资方式和传统的投资方式有很大的不同。小米"只投资，不控股"，只输出价值，提供资源，缺技术就给技术，缺流量就给流量，主导设计，协助开发，协调供应链，并提供渠道和营销支持，负责销售和售后服务。也就是说，小米就是为这些公司提供全方位支持的，旨在做好服务者的角色。

建立合理的管理机制：自由生长，优胜劣汰

投资了这么多企业，小米应该如何管理呢？在管理上，小米的做法很符合自然界的生态法则，那就是自由生长，优胜

劣汰。

在决策层面，小米生态链团队的项目采取双重负责制度。总部产品经理代表小米，生态链公司负责人代表企业。一家企业如果加入了小米生态链，那么它第一年的发展，由生态链企业负责人全面负责。进入第二年之后，小米会引入小组决策制。重大决策由生态链企业的决策小组集体讨论后决定。

当然了，小米也不是完全放养，它设定了一个限制机制：小米对生态链企业的立项有一票否决权，但没有决策权。这样做既保证了生态链企业的决策自主性和创新活力，也能避免重大的投资风险。

可以看出，在企业发展上，小米的态度是"扶上马，送一程"。之后，由于各种原因，企业开始分化。于是，小米采取了二八原则，对于重点公司，重点关注；对于还没有成长起来的公司，采取放养的模式。

根据资料显示，对于生态链企业，小米有一套约定俗成的衡量标准。其中，头部企业的定义是，年营收达到 10 亿元的企业；年营收只有七八亿元的企业，则成为重点帮扶的对象，小米会助它们实现临门一脚；而年营收不到一亿元的企业，要么是刚加入小米生态链不久，还没有发展起来的，要么就是已经被市场验证过，它的产品或模式没什么发展前途了。

2018 年前后，小米的生态链经历过一次大洗牌。营收表现达到预期的，会被评为 A 级企业；营收表现不太亮眼的企业，被评为B级。它们都是小米着力发展的主力军。而那些被评定为C级、D级或以下的企业,将不被允许开发新产品。如果产品存在质量问题,它们还将面临巨额处罚。这是小米不断筛选生态链企业的策略。

亲手打造出小米生态的刘德,2018年10月在嘉宾派的课堂上向我们企业家学员介绍了这种做法:"高段的是专人带,给政策、给战略。中段呢,用制度带。后段的1/3,放养。什么时候它一夜之间,没人看见,做出一亿元了,我们再派人关注它。"

可是,在发展的过程中,各种问题也随之出现了。比如,有这么多生态链企业,它们在单品爆款出现后自然会进行产品和业务扩张。生态链企业内部产品业务的交叉重叠甚至竞争在所难免。比如,在小米有品商城上,米家品牌"扫地/扫拖机器人"品类就曾经有5家不同的供应商:杉川机器人、追觅科技、石头科技、云米科技以及银星智能。

事实上,这在一定程度上也是小米希望看到的。2015年前后,小米曾提出"两年内独家赛道"的承诺,就是刚投资的两年内,各生态链企业可以放心、专心地研发,没有人和你竞争,但两年后小米会引入适度竞争。鼓励创新、高效率、高质量和在内部实行一定程度的竞争和优胜劣汰,也是小米"竹林生态"保持活力的题中之义。

现在,小米商业的核心从手机变成了造车。那么,围绕造车的生态链也会搭建起来。我认为,由于服务用户、智联万物的底层逻辑没变，小米的这套生态链打法在造车上依然能够奏效。等待他们的将不只是一个千亿级的市场。

⬇

要点回顾：小米快速布局实现生态化的主要经验是什么？

一、找到适合自己的模式。小米采取的是"投资＋孵化"模式。

二、设计机制，让生态能够自驱动。小米采取的是"只占股，不控股"。

三、让生态能够自运转。小米采取的是"自由生长，优胜劣汰"。

思考题

　　小米在生态打造上走出了一条属于自己的路，从而实现了快速布局。在打造生态上，你有什么独特的经验？如果你想加入某个生态系统，你希望获得什么样的支持？

快速成长：
优必选的品牌策略

> 可口可乐公司的传奇总裁罗伯特·伍德鲁夫曾经说过一句名言："即使可口可乐的全部工厂都被大火烧掉，给我三个月时间，我就能重建完整的可口可乐。"这句话，说的就是品牌价值的重要性。品牌是企业至关重要的资产。对可口可乐这样的老牌巨头来说，品牌是保值的护城河，对发展中的企业来说，品牌更可以成为增长的"核动力"。下面要讲的这个案例的主角并不是一个 C 端（消费者端）消费品企业，它却在专业领域通过鲜明的品牌策略加入了超级"独角兽"的队列。

优必选是一家人工智能和机器人企业，估值达到 100 亿美元。但是我想应该没有多少人接触过这家企业的产品，相比之下，大家印象更深刻的，应该是其机器人在春晚舞台上跳过舞。

我为什么选择优必选这个案例呢？作为一家专业领域的公司，优必选可以说是在品牌策略方面占领了行业制高点，让很多同行望尘莫及。优必选曾经两次入选 CB Insights（市场研究机构）的"AI 100"全球榜单，也曾入选全球顶级商业杂志《财富》评选的"50 家最有前途的人工智能创业公司"。

嘉宾商学校董、"现代营销学之父"菲利普·科特勒是这样定义品牌的："品牌是一种名称、术语、标记、符号、设计，或是它们的组合运用，其目的是借以辨认产品或服务，并使之和竞争对手区别开来。"打造好品牌，不但能提高知名度，还能获得更多的溢价，帮助企业快速成长。那究竟是什么样的品牌策略，成就了这家超级独角兽公司呢？

找准品牌的赛道

2018年，优必选拿到腾讯领投的8.2亿美元投资，签约当天，我正在给创始人周剑做采访，还记录下了他奔波的一幕。

后来周剑成为我们嘉宾商学的学员，在和他交流的过程中，我发现周剑团队对品牌真的非常重视，也请来知名快消外企的品牌操盘高手加入公司。

找准品牌的赛道，是决定你命运的关键一步。

优必选最初以伺服舵机起家，一扎进去就是10年，光研究"关节"就花了5年时间。如今，优必选深圳工厂的月产量可以达到60万~100万个，单价只有市场均价的几十分之一。按理说，制造业是这家企业的强项。但周剑并没有这样定义优必选，因为这个定义会把这家企业的想象空间限制住。我们常说"贫穷限制了我的想象力"，其实赛道也会限制公司价值的想象力。

软银创始人孙正义曾经说过，过去20年，你如果投资制造业，那么回报率是12倍。你如果投资互联网，回报率就会超过700倍。

2012年，创业第四年，优必选摆脱了制造业标签，进军机器人领域，创始人周剑也给自己取了一个网名，叫"机器人他爸"。再后来，公司干脆向人工智能转型，全力踏入最大的风口。

周剑在受访时表示："像优必选这样的企业，不多，真不多，可能是创始人不太会去包装自己，可能是这个时机还没到，可能是别人不认可，也可能是其他种种原因，我甚至看到很多无论是做机器人还是做硬科技的企业都没人投，但其实我认为这些长远来讲都是金矿，只是看你需要的（是）多少倍（的回报）而已。我觉得其实我们这种企业是挺难的，但是还好优必选也算比较幸运的。"

他所谓的"幸运"，核心就是找准了品牌的赛道。优必选的"幸运"告诉我们，做企业的第一步，永远是定义赛道。从下了定义的这一天起，你的命运就已经被刻画在了赛道上。选对赛道，你就能快速拥有资源，获得曝光，具备想象空间。

注入和培养品牌基因

赛道决定了我是谁、我要成为谁，品牌基因指导我们如何成为最好的自己。

思考一下你自己公司的基因是什么，你有没有在做品牌时不断强化它呢？举个例子，小米是"为发烧而生"，那一定要做得很酷，时刻营造被"粉丝"追随的感觉。瑞幸是"小蓝杯谁不爱"，那必须人手一杯啊，怎么做到呢？它要做到相对低的价格，我才有可能爱上它。嘉宾商学是独角兽企业家深度学习的地方，相对高端，而婷姐案例宝典是期望每个人都能成为优秀的管理者。

品牌基因是品牌成长的种子，是品牌之间形成差异化的根本原因。品牌基因不是设想出来的，而是逐渐塑造、沉淀出来的，并且品牌基因在成长过程中需要适时调整。

比如，在优必选的品牌基因中，有一个"smart"（聪明的）。在行业中，"intelligence"（智能）是用来形容一台机器的智能程度的，而"smart"通常都只用来形容人。这说明优必选作为一个机器人公司，希望自己的机器人不单单是机器，而是人性化的。在明确品牌基因后，我们要把它融入品牌设计，这就是优必选后来专门迭代了自己的标志（logo）的战略考量（如图1-8、图1-9所示）。

图1-8　优必选标志更迭（旧版）

图1-9 优必选标志更迭（新版）

"放大招，傍大款"，成为更好的自己

在进入赛道、注入和培养品牌基因后，公司再深入一步的第三个策略，是如何更快速地借力品牌，快速成为更好的自己。

在这方面，优必选的经验是"放大招，傍大款"。

《星球大战》，人人都知道。优必选和迪士尼合作，基于星球大战的IP，推出了一款白兵机器人，主打AR（增强现实）、语音控制、面部识别等功能，引来很多"星战迷"的追捧关注。钢铁侠是很多人都喜欢的IP。优必选和漫威合作，推出了首款钢铁侠智能机器人，让用户可以在钢铁侠的世界中控制、创造和编程，销量很好。

此外，优必选还和英国曼城俱乐部开展战略合作，把机器人产品和曼城IP捆绑起来，打造出一系列赛事机器人产品。

认准了方向，不撞南墙不回头，这是我认识的周剑。要合作，就找最厉害的伙伴，要卖货，就做一骑绝尘的产品，这是我熟知的优必选。

正是上述三步走的品牌策略，让优必选实现了快速成长。

⬇

要点回顾：优必选如何通过三步走的品牌策略实现快速成长？

一、切入最佳赛道，最大化获取资源。

二、注入品牌基因，不断强化优势。

三、找到最佳伙伴，快速扩大知名度。

思考题

当前，你的品牌是否走在最佳赛道上？你的品牌策略是否与品牌基因一致？你有没有找到行业里最优秀的伙伴同行？

快速研发：
吉利德的重度聚焦

> 2020年开年，突如其来的新冠肺炎疫情让整个社会陷入恐慌。当所有人都在期盼着某种特效药出现的时候，一款名为瑞德西韦的抗病毒药和它背后的医药公司名声大噪。这个成立仅30多年的药企凭借产品研发敢"做减法"、产品收购敢"豪赌"等果决的聚焦打法跟一众"百岁前辈"平起平坐。将有限的子弹集中打在一个方向上，会比多头并进更有效率，在本章的最后一讲，我们来分析一下这家疫情之下的医药明星与它的"重度聚焦"生长密码。

美国思想家、文学家爱默生曾说过："专注、热爱、全心贯注于你所期望的事物上，必有收获。"这句朴素的话，无论是对个人，还是对公司，都十分有用。吉利德科学公司（Gilead Science）正是这句话的践行者。

与此同时，在大洋彼岸的美国，一名新冠肺炎重症患者为了和死神进行最后一搏，在《临床试验用药同意书》上签下了自己的名字。在用药18小时后，一系列奇迹发生了，高烧消退，血氧饱和度迅速攀升，4天后，他已能自主呼吸。到底是什么药如此神奇？当时，广大网友叫它"人民的希望"，它的本名叫瑞德西韦。

研发瑞德西韦的是一家硅谷制药公司——吉利德。它被称为"制药界的苹果",因为它的研发能力极强,药品上市速度极快。

辉瑞、强生、拜耳、默克等享誉全球的药企,无一不是历经百年沧桑,层层积淀,才成长为今天的国际药企,而吉利德走上世界制药巨头前十的位置,只用了不到30年。它快速发展的秘诀就是:重度聚焦。

心无旁骛的"研发聚焦"

"博观而约取,厚积而薄发",即便是天纵才情的苏东坡先生,也表达了自己对"慎取"和"积累"的崇尚。做减法,是一件不容易的事情,这不仅是一种取舍,更是对自己优势的把握和下注。

吉利德创立于1987年6月,是一家传统意义上的药企。大多数药企都会选择最赚钱的领域,比如像高血压、糖尿病、心脏病、类风湿、关节炎这类慢性病领域。它们很难治好,但患者又需要长期服用改善症状的药。

吉利德却志不在此。

吉利德的创始人叫迈克尔·奥丹,他在给员工的公开信中曾表示,"要像抗生素消灭病菌一样,消灭病毒""治愈而不仅仅是治疗"。这两句话也成了吉利德的企业方向。

因此，吉利德在产品研发上聚焦垂直研发，不求博大，只为精深，谨慎地选择了单一研发领域——"抗病毒""艾滋病"等。通过纵向知识积累，吉利德以慢为快，厚积薄发。什么叫以慢为快呢？因为企业在这些领域需要打持久战，通常十几年甚至几十年才能出成果。但企业一旦咬牙坚持，壁垒就会逐步呈现。

20世纪80年代以来，艾滋病传播开来，吉利德瞅准了这个机会。当时，很多制药巨头，如葛兰素史克、BMS和强生，都有抗病毒药物。因此，吉利德为了杀出重围，卖掉了其他治疗领域的业务，专注于研究治疗艾滋病的新药。当时，在艾滋病治疗领域，葛兰素史克拥有绝对的话语权，它手上有很多抗艾滋病药物。

2004年，吉利德推出了第一个"半方案"鸡尾酒疗法药物，患者只需要将其与另一种药物搭配服用，就能见效。两年以后，吉利德成功将这两种药整合成一种药，制成了真正的"全方案"鸡尾酒疗法药物。这种三联单片复方制剂让患者用药从每天20多粒减少为每天1粒，而且病毒抑制率较高，不良反应较小，这让致命性的艾滋病变得可控。艾滋病也从绝症变成了慢性病。之后，吉利德依法炮制，陆续推出了其他6种组合药物，逐渐"称霸"艾滋病药物市场。在短短10年里，老牌药企葛兰素史克就被吉利德打得节节败退。

因为专注，吉利德的研发效率非常高；因为专注，吉利德可以孤注一掷。在全球价值250亿美元的艾滋病药物市场中，吉利德市场占有率超过50%。在中国市场，它也以高于80%的市场份额遥遥领先。

从吉利德的这些经历中，我们可以得出一个值得借鉴的"妙方"：企业在研发上，要力出一孔。将有限的子弹集中打在一个方向上，会比多头并进更有效率。

31年上市28个产品，从2006年上市艾滋病治疗单片复方制剂到2013年率先推出的"丙肝神药"索华迪，再到2017年挺进全球CAR-T疗法第一梯队，吉利德用了不足30年的时间，就达到了跻身全球药企前十的高度。

豪赌式的"收购聚焦"

很多人认为，吉利德是通过"买买买"实现药物快速上市的。真的是这样吗？这仅仅是正确答案的1/2。那么，完整的答案是什么？

吉利德的收购风格和它的研发风格颇为相似，在收购时，吉利德紧密围绕着核心目标：消灭病毒。只要和核心目标相关，它就出手阔绰，哪怕倾家荡产，也要去干。如果和核心目标无关，那它碰都不碰，哪怕可以立即赚得盆满钵满。

比如，在决定先攻克艾滋病后，2002年，吉利德以相当于自己过去三年营收总额的价格，即4.64亿美元，收购了艾滋病制药公司Triangle，其旗下药物经过吉利德的营销和推广，迅速成为爆款产品。

再比如，吉利德在和丙肝做斗争时，为了获得研发能力，倾尽全力，对于任何有潜力的药物公司，吉利德不是拿出半数资产，就是拿出几年收入进行收购。

历史上，吉利德有过几次著名的豪赌式收购。其中2011年对法马塞特的收购案最典型。法马塞特做的是肝病药。吉利德斥资110亿美元，溢价97%对其进行收购。这个价格相当于当时吉利德市值的1/3，如果失败，吉利德甚至会面临公司倒闭的风险。而当时的法马塞特肝病药连三期临床试验还没开始，公司只有82名员工，净亏损9 000多万美元。很多投资者认定，这是一桩赔本买卖。

但是，现实比故事更精彩，收购完成后仅仅两年，抗丙肝药物吉一代就获批上市了。上市第一年，其销售额突破100亿美元。原因是，丙肝随后暴发，吉利德成功抢占了抗丙肝药物市场最大的价值洼地。吉利德也因此一跃进入全球制药巨头前十，还成了丙肝病毒终结者。

这背后值得借鉴的是什么呢？荀子言："君子生非异也，善假于物也。"苹果的收购案对此也做出了完美的诠释。

众所周知，苹果是一家重度聚焦C端产品的科技公司，1996年收购NeXT（美国电脑公司），获得新操作系统，2010年收购Siri（智能语音助手），在第二年的发布会上，Siri首次作为苹果软件助手面世，引起热烈反响。这一切收购都直指一个目的，也是公司唯一的目标：做强 C 端手机产品。

反观乐视，它收购过 30 多家企业，其中有影视、体育、硬件、汽车等各种类型的企业，极度不专注。最终，想打造七大生态的乐视没有在任何领域占据绝对性的优势，而是轰然倒下。

确认过眼神的"人才聚焦"

吉利德快速研发的第三个要点是人才聚焦。众所周知，人才是带动企业发展的"引擎"。人才的优秀程度，直接影响企业的发展速度。通用电气前 CEO（首席执行官）杰克·韦尔奇说，假设人们有世界上最好的策略，但没有合适的人去发展、实现它，这些策略恐怕也是"光开花，不结果"。

通过研究吉利德的案例，我们可以发现：医药产品的研发有赖于高水平的科研工作者，吉利德的每一款药物都是大家不断努力的研究成果。

在人才筛选上，吉利德的做法非常特殊，任何想要进入吉利德的人都需要经过 8 轮面试。这听起来有点儿不可思议，但事实就是这样的。

首先，在面试流程中，吉利德有一个线上测评。每位候选人，无论最终是否能够拿到 offer（录用通知），都会收到吉利德给予的测评反馈。吉利德通过这个测评，可以迅速了解候选人在性格上的特点、思维方式和价值观。这样候选人就可以迅速对标公司的要求和方向。

其次,候选人要面对的评委不只有总经理、销售总监、市场总监、人力资源总监、准入总监、商务总监、财务总监,还有一线销售专员。这是一个双向了解的过程。企业是由人构成的,俗话讲,"合得来"是做事的前提。候选人与各个层级的人面对面交流,可以让双方的感知更全面。

最后,在医药行业,人员流动率是非常高的。但吉利德中国在过去的一年,人员流动率低于10%,远低于行业平均水平。这就是高投入面试环节所带来的回报。

对于需要什么样的人才,吉利德逐渐建立起了一套科学的人才画像。而8轮面试也给候选人提供了充分了解吉利德的机会,让候选人对未来的工作场景和一起奋斗的小伙伴有了更全面的认知。

吉利德在全球有11 000名员工,其中研发人员有6 000人左右,占一半以上。这么高的比例在业内非常罕见。其市场销售人员只有不到3 000人。吉利德是如何凝聚这样一批热忱的研发人员的呢?

正如我们前面所说,吉利德自始至终都坚持对疾病的"治愈",而不仅仅是对病情的"控制"。这可能也是大多数医学研究者的终极梦想。吉利德为他们创造了一个圆梦的平台,所以吸引到无数优秀的医药研发人员。

近10年,吉利德的研发费用累计高达350亿美元,占营业收入比约为18%，而其销售费用和管理费用合计占比不足15%。2019年，其研发费用占收入比更是高达40%。关于重视研发，重视研发型人才，吉利德不是停留在口头上，而是用上了真金白银。

吉利德首席医疗官格雷格·奥尔顿就说过："科学家创立，科学家主导，这就是吉利德的企业基因。"从创始人到核心高管，从研发人员到普通员工，吉利德的每一个人，无一不是从科学出发，从根本上解决问题，竭尽全力追求治愈。

吉利德的"妙方"，同样适用于各行各业，简单来说就是：建立适合企业发展的价值观，吸引人才，用梦想激发人才的积极性，让人才带着企业快速飞奔。具体而言，除了梦想与价值观，企业吃的是哪碗饭，就请拿出最丰厚的薪资和股票，去吸引这个方向的人才，做实核心竞争力。

⬇

要点回顾：从吉利德的快速研发中，我们可以学到哪三个经验？

一、产品研发：聚焦垂直领域，不求博大，只为精深。

二、产品收购：聚焦专长领域，稳、准、狠。

三、人才招揽：聚焦企业价值观，成就梦想。

思考题

　　吉利德的快速研发成功践行了"将有限的子弹集中打在一个方向上，会比多头并进更有效率"，由此你受到了什么启发？为了聚焦发展，你所在的企业将会采取什么做法？

第二章 精

组织精进手册

开篇

——

在这个商业诡谲进化的时代,一家企业可能在短短几年内登顶行业之巅,也可能在一瞬之间跌落谷底、无人问津。新技术不仅打破了地理的束缚,还催化出层出不穷的商业模式、产品和技术创新。当创造性工作成为时代的主流时,企业管理的重心也必然随之转移;当刻板的规范流程开始变得过时,用灵活的方式激活个体才是全新的解决之道。

我跟很多投资人聊天,问他们什么是一家企业的无形资产,得到最多的答案就是组织能力与组织水平。"组织"似乎是一个具有魔力的词汇,它决定着客户关注的公司品牌,同时也是塑造员工行为的企业文化要素,甚至在很多时候成为企业的身份特征,正如一个人的人格特质一样成为企业战略目标落地成功的关键。

因此,有不少管理学专家认为,相比于战略能力,组织能力的高低更能决定企业能否持续取得成功。在很短的时间内,新的战略就会出现,组织能力的打造却要花费数年的时间,并且需要公司全体员工投入才会见效。本章,我选择了 8 个关于组织精进的案例,从不同角度为大家拆解这种"魔力"的内核。

精准识人：
蚂蚁物流的集体面试

> 人才招聘是组织建设的一项基础工作，招到一个不合适的人，不但浪费了公司资源，其还会在离开时留下一个烂摊子，职位越高，坑越大。公司回过头来复盘，问题很简单——面试时间太短。短时间内识人，是个技术活儿。如何在面试时高效选出最合适的人才？这个案例中的企业，在一年里流失600名员工、损失3 000万元之后，痛定思痛，摸索出了一套精准识人的方法——集体面试法。

现代企业选人用人，就像伯乐识马。

杰克·韦尔奇曾经说过："我的全部工作便是选择适当的人。"

乔布斯也讲过，一个优秀的人才能顶上50个普通的员工。

网飞公司一直强调，"只招成年人"，也就是"渴望成功的人"。

找对了人，企业会稳步甚至加速发展，但如果找错了人，你猜代价有多大？《财富》杂志曾经做过一个员工离职调查，结论是：如果不合适的人离职了，再找一个新人替代他，直至新人顺利上手，这一过程中产生的替换成本高达离职员工年薪的150%。如果离开的是管理人员，成本和代价会更高。

蚂蚁物流是一家综合物流企业，坐落于成都，业务辐射全中国。创始人李浪是我们嘉宾派第六季的校友。李浪曾经跟我测算过这样一笔账："在蚂蚁物流，一个员工如果在入职后一年左右离职，那么企业的直接损失是5万元。"

曾经在一年里，先后有600名员工因不匹配岗位而离开了蚂蚁物流，企业损失了3 000万元。各位创始人可以算一算，想赚出3 000万元的利润，要付出多少代价。

所以，与其全神贯注地开源，企业不如花一些时间，在用人上把握好成本。省到，就是赚到。

李浪经过这次教训，痛定思痛，也开始深入思考：企业要用什么样的招聘方法，才能一下子选出最适合的人才呢？

李浪把招聘这件事放在了比以往更重要的位置上。2016年，他亲自担任公司的人力资源部部长和首席面试官。然后，他参照了很多大公司的招聘流程。除了常规的简历筛选、各种笔试，他发现，集体面试通常是一个更高阶的考察方式，能综合快速地考察出应聘者的领导能力、组织能力、应变能力、决策能力、反应能力以及个人见识等。于是他决定亲自参与所有的集体面试环节。

在这之后，蚂蚁物流大大提高了识人的精准度。李浪曾经非常自豪地说："如果蚂蚁物流有什么值得学习的，那集体面试一定是非常重要的一课。"我们一起来看看蚂蚁物流的三个集体面试方法。

角色扮演面试法

角色扮演面试法就是让应聘者根据公司要求，扮演一个特定的角色，公司通常会根据自己的岗位要求设定题目。

2019年，我带队去蚂蚁物流访学时，他们正好在进行角色扮演面试，要求应聘者扮演销售人员。面试官让应聘的小哥哥、小姐姐们现场随机选定物品，随机选择销售对象。结果，有的人卖自己身上的衣服，有的人卖机器人，有的人卖毛绒玩具。有的人面向所有人销售，有的人向面试官销售，有的人建议面前的人买给女朋友。后来面试官告诉我，蚂蚁物流是一家强销售导向的公司，所以所有进公司的员工都要过"扮演销售角色"这一关。

沃尔玛是一家服务导向的公司，这家公司可能就会有更多服务场景中的角色扮演测试。比如，让你扮演一个收银员：你明明已经下班了，但是前来结账的人要求你继续服务他，不然就要叫经理来。这个时候，你要如何应对呢？

各位企业创始人、管理者、HR（人力资源工作者）可以思考一下，你所在企业的基因是什么，想强调的能力有哪些，什么场景最需要员工 hold（控制）住，然后往这些方向去设计你的集体面试。下面是角色扮演面试法的优缺点（如表2-1 所示）。

表 2-1 角色扮演面试法的优缺点

优点	缺点
1. 与实际工作关联度高。 2. 短时间内测试多种能力素质。 3. 尤其适合测试应聘者的冲突管理能力。 4. 能深入观察应聘者。	1. 部分应聘者不适应，表现模式化、刻板化。 2. 需要应聘者熟悉目标岗位的实际工作环节。 3. 需要花费较多时间、精力设计题目。

无领导小组讨论法

无领导小组讨论最早是德国军队选拔军官时使用的，在二战期间被广泛用于各国军官的选拔。战争结束之后，这一选拔人才的方式被带到了企事业单位中。

目前，在世界 500 强企业中，有 80% 的企业在使用无领导小组讨论。无领导小组讨论又叫无主持人讨论，通常由 5~7 个人组成一个小组，讨论 30~60 分钟，共同解决一个难题。

无领导小组都讨论些什么呢？议题的设置很重要。大家讨论的问题通常没有标准或者绝对正确的答案。在这个过程中，面试官会观察应聘者能不能给出掷地有声的结论，有没有勇气拍板决策，能不能超出常规思维并得出相反的结论，能不能发现问题的本质，等等。

蚂蚁物流的无领导小组讨论有一个常用的题目：一个20人的团队，因为一两个人的失误，被罚款10万元。那么请大家讨论一下，该如何在团队内分配这笔罚款。

蚂蚁物流的人力副总裁尚鑫告诉我，她在观察应聘者时，会考察两个维度：第一，作为负责人，部门被处罚了，领导是否有担当；第二，团队如何做到合理分配这一次的罚金，并在分配之后找出原因，激发下一次"不再犯错"的动力。

唯有变通，才是在无领导小组讨论中获胜的不变法宝。其实企业也没有定法，多数都是在观察中去选择自己需要的人才。

在这里，我也多分享一些公司的考题。例如，建设银行的考察题目是："假如你是一个董事长，你要选择办公室主任，你觉得谁合适？选项分别是薛宝钗、贾母、王熙凤、林黛玉。"强生公司的面试题目也非常有趣："小沈阳适合做销售吗？"再比如，"如何把平底鞋卖给火星人？请集体讨论后，做出一个营销方案"。

在小组讨论结束后，组员必须达成一致。在讨论时，大家必然是各有各的观点，各有各的见解，最终看谁妥协、谁坚持、谁能说服别人。

这就涉及讨论的过程了。谁决策、谁控制时间、谁妥协、谁拍板、谁最后输出这个方案，都是我们作为面试官可以考察的点。下面是无领导小组讨论的优缺点（如表2-2所示）。

表 2-2　无领导小组讨论的优缺点

优点	缺点
1. 面试官能够考察多种素质。 2. 应聘者能充分展示自己。 3. 贴近工作实际。 4. 应用领域广泛。	1. 时间成本高,持续时间长。 2. 评价受分组因素干扰。 3. 应聘者存在做戏、表演、伪装的可能。

管理游戏法

管理游戏就是带有一定管理性质的游戏。在管理游戏中,面试官会让几个应聘者共同完成一些游戏任务,比如搭积木、设计故事等。

我所看到的蚂蚁物流采取的管理游戏是:虚设分公司。假设我们要创业啦,这个公司里有 4 个岗位:董事长、董事长助理、人力总监、业务总监。你们会把票投给哪 4 个人?

这个题目很有趣,这个比拼又很残酷。你们可能想象不到,最终,这 4 个岗位中得票最多的那 4 个人,就是真实世界里胜出的 4 个人。剩下的人,直接淘汰出局。

阿里巴巴也会采取游戏的方式来选拔人才,方式是打得州扑克。阿里巴巴会把相应的人力专员放到得州扑克游戏当中,让他们观察每一个应聘者,判断应聘者是冒险派,还是谨慎派。

所以,管理游戏面试法,针对性很强,但自由发挥的空间非常大。

在我看来，你永远无法像识别一幅画一样去识别一个人，所以制造生动的场景，用真人秀的方式去识人，是最精妙的方法了。

⬇

要点回顾：蚂蚁物流的集体面试有哪三个主要方法？

一、角色扮演面试法，考验应对。

二、无领导小组讨论法，考验配合。

三、管理游戏法，选拔特长。

思考题

　　你会在面试中提问一些与工作毫不相关的问题吗？下一次在面试重要岗位的时候，请你尝试提前准备一个小游戏或者小互动，看一下效果吧。

"空降兵"的平稳着陆：
BOSS直聘的用人之道

> 作为一名公司创始人、很多企业家的陪跑者，我对高级人才的"选、用、留"之痛，深有感触。刚刚就位的空降高管往往觉得自己身边荆棘密布，随时在接受同事和下属眼神的拷问，时常被"次元壁"包裹，进退两难。

最担心"空降兵"这件事的人，当然是老板。

老板费尽心思或付出高昂代价请来人才，满心期待他能力挽狂澜，结果半年不到，"空降兵"水土不服，曲终人散；更有甚者，一石激起千层浪，引发老员工军心动荡，甚至从上到下集体哗变。这样的例子不胜枚举。有的公司刚刚委任了一个副总裁，一个多月后，三个总监辞职，还带走了他们条线下的大部分员工。

为此，我们在嘉宾商学的学员中做过一个匿名调查，以便评估"空降兵"的"存活率"。调查结果其实非常不理想——失败案例比成功的多数倍。后来我又看到了一项由中国某机构做的非正式调查的数据：中国民企引进空降高管的失败率高达80%。由此看来，这是一个相当普遍的问题。即使在一些知名大企业，"空降兵"被引入后，也常常以失败告终，难逃"阵亡"命运。

然而，对高速发展的企业来说，"空降兵"是必不可少的。当年的一代枭雄拿破仑，正是由于委任了错误的元帅而导致滑铁卢的惨败。他不是没有识人之能，只是在诸多老部下阵亡之后，可以提拔的人实在无法选择。现实情况是，一方面，在企业规模扩张阶段，现有梯队的供给能力显得捉襟见肘；另一方面，更常见的是，当扩增一个新的业务时，企业更需要专业的人才。而纵观全球商业史，空降的人才开拓局面、点石成金的例子有很多。

比如郭士纳，在空降到IBM后，他通过大刀阔斧的变革，带领IBM走出困境，起死回生。比如关明生，他空降到阿里巴巴，帮助阿里巴巴渡过重重难关，成为阿里巴巴历史上的大功臣。

在"空降兵"进入公司后，管理者面对普遍存在的高失败率应该如何做，才能让他平稳着陆呢？我总结出三个关键方法。无论是正在尝试任用一个空降的高管，还是自己刚刚被委以重任，你都不妨尝试一下。

实施单点突破

喜欢运动的人都知道，在剧烈运动前，各种热身动作是必不可少的，这是对我们身体的一种缓冲。我们的心肺功能需要慢慢提升，膝盖中需要储备润滑液，脚踝、手腕需要活动开来，肌肉需要拉伸。

在每一个肌肉群经历启动过程之后，整个身体才可以扛住量变与质变，进而接受一场艰苦的挑战。而创业是一场从精神到身体的多重马拉松挑战，尤其在用人方面，企业万不可急于求成。

所以，这里要讲的第一个方法是单点突破。要让刚刚进入公司的空降人员从一件具体的事做起，避免上来就"一把抓"。这个具体的事，可以从基础工作中寻找，其目的是在资源有限的情况下，尽可能快速地找到突破口。

当然，当"空降兵"刚加入时，无论他的能力和专业有多么强，其对于公司的具体业务内容自然不会太熟悉。所谓做多错多，这时最好的办法就是聚焦单点，全力突破，做深做透，在一件事上展示能力，建立威信。

在这个问题上，BOSS直聘的做法非常值得参考。BOSS直聘的创始人赵鹏是一位人力资源和雇主品牌专家，他曾经在嘉宾商学App的视频案例课中分享过这样一个案例。多年前，BOSS直聘准备新设首席运营官职位。新增重要岗位是一件非常考验组织协调能力的事，因为当时有很多高管怀疑这是因人设岗，误解会造成首席运营官无法开展工作。赵鹏采取的做法叫作"解剖麻雀"，他让这位即将入职的高管A先生以普通运营人员的身份加入一个普通的站点。

这位A先生就这样在基层跟比自己小10多岁的"新兵们"一起参加培训,做一样的工作,开一样的晨会。在一段时间后,A先生熟悉了业务,带动了队伍,顺理成章地成为站点负责人,继续捋流程、树文化、招新人、带团队。几个月后,当这个站点被培养得"枝繁叶茂"之时,赵鹏才公布这一重要决定。

对于如此重要的架构调整和人员安排,赵鹏使用这种策略,不仅让决定更有说服力,还显示出领导者用人的决心。

树立弱势群体心态

千万不要以为一个重金引进的人才就能拯救你羸弱的短板。虽然所有人都听说过他的辉煌战绩,但那时的"天时、地利、人和"不同于今日。而刚刚进入公司的他,不过是一个"弱势者"——刚加入公司,不熟悉文化,不了解业务,不懂同事,不会黑话,却被报以极高的预期……

所以,作为用人者,你需要给"空降兵"准备的第二份礼物是弱势群体心态,比如,适当允许犯错。如果作为老员工,他可能被冠以"认知的诅咒",你认为他应该了解你所了解的一切。但事实是,他是一张白纸,需要你们带领他绘制地图。

比如,降低预期。核心团队不是选出来的,而是剩下来的。他需要经历一个从"选出来"到"剩下来"的过程,时间会给出答案，但没有时间，就没有答案。新人需要适应期，很多时候，你需要坚信最初的判断，给新人一个适应和试错的时间。不要指望一匹千里马，刚一来就能风驰电掣。

其实，回到我们上一个例子中说的那个 BOSS 直聘的"空降兵"，A 先生在"解剖麻雀"的过程中也不是一帆风顺的。前三个月，他的成绩单惨不忍睹，第四个月，才略有起色。在第六个月时，他的团队惨遭折戟，人员流失率全公司第一。

如果你是老大，这个时候你会继续容错吗？赵鹏说，他深知干部的培养需要时间，信任与容错的期限还没有结束。一年后，A 先生的团队人人业绩优秀，团队"枝繁叶茂"。

对新加入的"空降兵"，你可以因为信任他的能力，对他提出高要求、高期望，但前提是，你一定要把他当作弱势群体，宽容适当的失败。

主动平衡新老关系

在职场中，有一个概念叫作"立鹤效应"。这是指当有着卓越的学历背景和工作经历的人物被委以重任并空降时，公司的老员工对他往往有排斥，出现情绪上的抵触。其实在很多组织中，当新人出现时，公司如果掌握不好火候都会发生这种尴尬。

新人在加入后，短时间内往往难以适应新的组织文化。更重要的是，有时候"老资历们"更可能对新人敬而远之，甚至为保护自己的领地而在背后拆台。更何况作为"新来的"，新人一般都希望自己能在短时间内做出成绩，正所谓"新官上任三把火"，这样一来，"空降兵"的立鹤效应会更突出。

如何避免立鹤效应呢？这里就需要运用平衡的艺术。第一步是管理者要主动搭桥让"鹤"提前融入群体。如果一个 CEO 想引入某个"空降兵"，CEO 不应当擅自拍板决定。在"空降兵"正式加入之前，其就需要开始与管理团队交流。CEO 甚至可以询问团队其他人的意见，再决定是否将他引入。

这样做的好处是，"空降兵"能提前多维度地了解公司情况，避免产生心理落差；老员工也有了心理准备，参与了决策，甚至熟悉了"空降兵"的优缺点，对共同的目标更加明确。

第二步是建立合理的薪酬体系，维持公司生态平衡。"空降兵"往往是公司在成熟后高薪引入的人才，薪资水平很有可能高于元老。现有的薪酬体系和生态平衡被打破，企业应该如何避免公司生态破坏和人心紊乱？

一方面，老员工的年功价值是需要肯定的。公司可以设立"忠诚度奖金"，将员工的在岗年限和薪酬合理挂钩。这笔奖金是公司与成员之间的"熟知成本"，年限越久，文化熟知度、资源掌控度、业务了解度就越高。在淘汰制度盛行的今天，公司里能剩下的员工，都不会太差。

另一方面，新员工的"高薪"设计中，可能需要埋下更多的绩效要求和项目激励。严苛的条件可以让高薪和高权限更加

"服众"。毕竟，他是被请来成就大业的。

⬇

要点回顾：如何让"空降兵"平稳着陆？

一、实施单点突破，让"空降兵"从一件事情做起。

二、保持弱势心态，公司做好预期管理，允许"空降兵"适当失败。

三、平衡新老关系，注意前期沟通和权益平衡。

思考题

　　你是一个主动进取的人吗？如果是，你在不同的群体（哪怕是临时小组）里感受过立鹤效应吗？你当时是怎么给自己解围的？

轻松留人：
西贝的理想主义管理模式

> 我时常听到企业家学员跟我吐槽，说公司的重点培养员工会毫无征兆地提出离职。管理层在某些员工身上投入了大量的时间、精力并为他们提供了在公司内十分有限的机会，可是这些并没有换来期待中的忠诚度。我们常说，现在的企业竞争在很大程度上是人才的竞争，若如此，接下来这一案例中的企业在此方面实在称得上是"战斗力强悍"，强到曾经让其他公司派来的卧底直接倒戈。这家企业到底是如何做的呢？

得十良马，不如得一伯乐。知识经济时代，人才早已成为企业的第一生产力，人才的流动如果频繁，不仅会给公司增加很多成本，还会削弱企业核心竞争力。

怎么才能留住人呢？价值观，文化建设，优化管理，明确目标……在这一节里，我们会陆续讲到很多制度建设方面的案例。但是对多数企业来说，最直接的方式其实还是高薪福利。这并不是因为那些方式不被重视，而是因为那些制度建设比给钱更难做到。

我们这里介绍的这家企业在留人方面显得与众不同，因为它通过激励和激活员工的梦想，收获了令人羡慕的忠诚度。据说，曾经有一家公司派卧底到这家企业，后来卧底因为激励策略太振奋人心，都不愿意回到原来的公司了。

这家有吸引力的企业就是西贝。西贝通过激励策略成就了人才，也被人才成就。10年时间里，西贝业绩增长了十几倍，到 2021 年，西贝开设了超过 400 家直营门店，拥有 2.5 万名员工。

西贝创始人贾国龙认为"人才是西贝唯一的资源"，他说"激活人的关键，在于激发一个人内心渴望的机制"。突如其来的疫情，让我们看到西贝也经历着一场史无前例的考验。然而，就是在如此艰难的情况下，西贝的员工还是会一起学习，所以激励的效果可见一斑。

那么，西贝的激励机制到底是如何构建的呢？总结起来，这可以概括为 9 个字"正动机，训行为，考结果"。

正动机，铸造梦想工程

美国管理学家贝雷尔森和斯坦尼尔认为："一切内心要争取的条件、希望、愿望、动力都构成对人的激励。"所以，我们如果想要激励一个人，找到他的动机至关重要。西贝就铸造了一个人才动力系统，叫作梦想工程。

曾经，西贝上海中心分部的副总厨提出了一个非常具体的梦想，希望在西贝的平台上能实现。他说自己不甘心做"千年老二"，希望有一天能够创业做老大，以创业分部老大的身份去开店。

西贝管理层知道后，为他创造了条件。后来，他成了西贝快餐项目的第一个创业经理——超级肉夹馍项目经理。现在，他正在努力实现他的下一个梦想——用10年时间开500家西贝超级肉夹馍店。

不知道你注意过没有，西贝的很多门店里都有梦想墙。每一个员工都把梦想写在上面，除了员工自己写的，下面还有员工的助梦人，也就是其直接上级写的内容。助梦人会收到这个梦想，他有责任帮员工实现梦想。

西贝让员工的梦想变成更加可实现的目标，员工也会在工作当中更加积极主动，更有主人翁的意识。

训行为，营造竞争环境

作为管理者，你可能有过这样的经历：和员工一起树立一个宏大的目标，开始的时候所有人干劲儿十足，"鸡血"满满，但是没过多久，"鸡血"就变成了"鸡汤"，最后员工甚至变成混吃等死的状态。

虽说动机是内部驱动力，但是，动机要想持续转化为行为，还是需要外部环境刺激的。自然界就是一个"适者生存"的大型竞争现场，有危机感，有紧迫感，生命才变得更有价值。企业也是一样，管理者要营造一个良性竞争的环境，员工才会在心态上积极向上，在行为上争先恐后，这样人才的价值才能最大化。

为此，西贝营造了一个人才竞争环境，叫作"西贝赛场"。2015年，贾国龙宣布，所有开店3个月以上的门店都要进入赛场，赛场每季度竞赛一次。有趣的是，竞赛不比营业额和利润，比的是顾客满意度、员工积极性和门店基础管理。这样做的目的是什么呢？西贝说这是为了培养一支"动力十足，训练有素，并且人生喜悦"的非凡团队。

在西贝赛场里，公司把员工当成运动员，希望可以激发所有员工的潜能，训练他们的能力，让员工在超越别人的同时，超越自己。

不只西贝有赛场，其实很多公司都有自己的赛场，比如麦肯锡的知识贡献率评价体系，再比如后面我们还会专门讲到的腾讯的赛马机制。赛场能让员工在做事的时候更注重以结果为导向，同时更注重自身的学习和知识储备，为自己的长线发展做好准备。

考结果，灵活的奖惩机制

西贝还有一个有趣而大胆的"玩法"，叫作"自己述职，自己要钱"。

2019年1月，西贝总部召开了一场为期15天的会议，所有部门进行年终述职，讲讲自己2018年干了什么，取得什么成果，该拿多少钱。这是怎么做的呢？部门参照前一年的标准，自己在会上公开报出来，15位西贝分部总经理和总部的大约20位副总和贾国龙一起在现场提意见。

从表面上看，这个方法的问题在于，有谁会给自己少报钱呢？怎样保证诚实？这不会给公司增加额外的成本吗？

首先，奖金是有标准的，今年发放的奖金要参照上一年的标准，所以这不是拍脑袋随便说的。

其次，会议有群体效应，大家是在一起讨论的，这就让想报高的人不敢随意报，让不敢报的人也能大胆说出奖金数额。一个分部总经理曾感触："把钱的事情放到桌面上一起讲，你知道多挑战人吗？"所以，在人性上，大家是不可能胡乱报、瞎报的。

最后，奖金是有监督的，当你说出来的奖金期望与贡献不匹配时，大家可都听着呢，一定会指出来，然后讨论出一个合理的奖金。

通过这个机制，西贝给员工发放公正合理的奖金，对员工来说，这一决策有一定的自主性，更能促进员工努力。公司让员工拿贡献要奖金，还能让员工主动把下一年的任务领走，准备抢下一年的奖金，这样就形成了一个良性循环。

同时，这样可以避免汇报中的作弊行为，西贝对于诚信非常看重，就这一事项会进行严肃的管理，坚持底线原则。曾经一个招聘部门的员工汇报自己一年招聘了多少人，结果公司发现其汇报的数据严重造假，"灌水"至少50%，针对这一情况，公司不但取消了其年终奖，还把这个十几人的项目组解散了，整个部门的人全部被辞退，包括分管的副总裁。

到此为止，从动机到行为再到结果，从梦想工程到西贝赛场再到奖惩机制，西贝建立了一套完整的激励系统，让员工在西贝的平台上实现自己的梦想。员工有了动力，工作更加努力，最终获得价值感和成就感，自然就愿意留下来和西贝共同奋斗。

但是，我还是要提醒你，我们留人的目的是打造企业的核心竞争力，不能什么人都留，更不能为了留人而留人，而是应该留下能为企业创造最大价值的优秀人才。不适合企业发展的人才，该淘汰就应该淘汰。

⬇

要点回顾：通过西贝的案例，我们学到了激励员工梦想的哪些思路？

一、正动机，铸造梦想工程。
二、训行为，营造竞争环境。
三、考结果，灵活的奖惩机制。

思考题

　　你认为，西贝这种激发员工敢说敢想的方式，可以为团队带来什么积极的改变？如何降低由此制造的管理难度呢？

保持创造力：
谷歌的"天鹅绒监狱"

> 企业创新的源泉来自每个员工的创造力，但个人的创造力是一个很难控制的变量，金钱和压力往往在这件事上帮不上忙。很多企业为了搞创新，使劲砸钱提高员工福利，但收效甚微。如果说有什么外界因素能够管用的话，那么我们毋宁说是软环境。不同的环境下，人的创造力明显不同。这个案例中的企业开创了一种如今被全球科技企业效仿的企业文化，这种企业文化可以保持员工创造力，而它也被认为是全球创新力最强的企业之一。

到底什么样的环境才能激发创造力？也许对于谷歌的办公环境，你已经有所耳闻。

《快公司》和埃森哲联合发布的"2020创新者最佳工作场所Top100"榜单中，谷歌总排名第二，在科技类企业中排名第一。谷歌到底是怎样做的？如何才能营造一个激发员工创造力的环境？

谷歌创始人之一拉里·佩奇曾经说过，"好主意"再加上"卓越的执行"，就一定可以创造奇迹。而且拉里·佩奇坚信，让员工像奴隶一样干活儿，是不可能有效率的，因此公司要想尽办法调动员工的主动创造力。

为了获得这些"好主意"，谷歌的企业环境才逐渐演变成今天的样子。而且，这个软环境有一个非常鲜明且形象的名字——"天鹅绒监狱"。

想出这个名字的是一名谷歌的员工。他说，在这里工作的时候，他们在物质层面和精神层面上都会感到非常舒服，大家心甘情愿地在这里贡献自己的智慧和力量。不知不觉中，他们就被这座高墙"囚禁"起来了。而他们对这一切，又浑然不觉，所以它应该叫作"天鹅绒监狱"。

唯有打造一个宽松舒适的环境，才能让员工努力地去创造。如今，这个理念已经被大部分企业经营者接受，然而，谷歌到底是如何打造"天鹅绒监狱"的呢？我们用三个"W"来拆解。

Where（何地）：精心设计不同团队的偶遇

好的创意在哪里产生？

其实，谷歌在创立初期的时候，创始人就一直在思考，如何给员工提供更好的环境，更高的福利，让员工既能舒服地工作，又能提高工作效率。于是，谷歌请来了很多美女按摩师，举办厨艺大赛，等等。

起初，这一系列的福利让很多谷歌投资人很生气。他们说你到底想干什么，为什么这么浪费钱？然而，在谷歌20多年的发展历程当中，这些福利不减反增。谷歌的能量也在这个过程中，得到不断的提升。那些投资人最终也认可了这种运营福利的模式。

这一切的设计到底有多用心？举个很有意思的例子。比如关于零食小吃，谷歌有一个"60米原则"，就是每一个员工离零食的距离都不超过60米。这是一个很近的距离，如果有人饿了，或者只是想放松一下，那么他走60米就能去吃些零食放松一下。所以，我们可以看到，谷歌有很多微型厨房、食品口袋，员工随时可以在感觉累了的时候去拿点儿巧克力、果仁、咖啡，这一过程毫不费力。

不仅如此，这个设计还有更深层次的意义。这些食品与休息区离所有员工都不超过60米，并且在各个团队的交会处。不同团队的人，在去吃点儿东西或者休息一下的时候，会在这里相遇、聊天。很多好主意、有趣的想法在交流碰撞中产生和落地，创造力就这样被激发出来了。

美国著名社会学家、芝加哥大学商学院社会学和战略学教授罗纳德·S.伯特认为，创新往往出现在社会群体的结构间隙，站在这种间隙中的人提出更有创意的想法的可能性更大。

这种间隙，我们称为结构洞。它是一个信息流动的缺口，我们占据了这洞，就占据了异质性的信息。这个食品与休息区就是一个结构洞，不同的人在这里交会，就会获取跨界的信息。

这听起来非常神秘吗？其实，在我们的日常生活中，结构洞这种设计思想是非常常见的。很多社区、社群，甚至商学院，都使用了结构洞的理论，利用信息的碰撞衍生出自驱的发展力量，逐步做大做强。

我创办的嘉宾商学，就是一个应用了结构洞理论的典型案例。在企业家最喜爱的嘉宾派课堂中，不同行业的人贡献自己领域的经验和见解，行价值之旅，获破界之识，得莫逆之交。当跨界的人们共同学习、思想相互碰撞的时候，很多灵感、模式、组合就产生了。我常跟同学们说："在嘉宾商学的场域中，我们不生产智慧，但我们激发智慧。"嘉宾商学作为中国商学教育的"近场"实践，也在2022年入选了《哈佛商业评论》拉姆·查兰管理实践奖。

回到谷歌这个案例，当结构洞存在的时候，我们去精心设计一场偶遇，就等于精心设计了好产品出现的可能性。

When（何时）：让员工有自由、整块的时间

以上我们列举了微型厨房、食品口袋这些和吃有关的福利。其实，谷歌的福利多如牛毛，比如，修车、美甲、理发、干洗等。谷歌不仅把这些服务引入了公司，还真心希望员工去使用它们，比如谷歌会代表员工和供应商谈一个比较大的折扣。

员工可以用比自己外出购买更低的价格来解决自己必须做的日常琐事。这看起来是一项纯粹的服务，但这个服务的意义非常深远。因为这样，员工就能把周末整块的时间解放出来，一旦解放了这些时间，员工就有时间去思考、去创新、去做新

的项目了。很显然，你不可能指望一个忙到平时没时间剪头发、洗衣服的员工，周末还会有空闲的大脑和强烈的意愿来主动思考下周的计划。

在此前提下，谷歌会给员工一定的自由思考和自由工作的时间，让他的好创意能够落地。举个例子，曾经有一个谷歌员工想到了一个很好的创意：结合用户过去所有在谷歌浏览器的搜索信息，做一个搜索排名，然后把智能联想结果显示出来，推送给所有正在搜索的新用户。

随后，几个工程师一碰时间，用自己的自由时间开发出了一个叫Google Suggest（谷歌建议搜集）的功能。比如，用户输入了"天"这个字，浏览器会联想到"天气预报"4个字，并且，下拉菜单会给用户一个选择，让用户直接点到天气预报里去进行检索。

这个功能如今已经被广泛应用，它可以让搜索引擎的使用者对于信息的重要程度产生一个预判，给大家提供方便，同时还创造了很多的广告机会。其实，不只是Google Suggest，Google Now（谷歌即时）、Google News（谷歌新闻）等，都是员工在自由时间里创造出来的好产品。

也许你此刻正在想，如果公司给了员工大把自由的时间，而他们不把这些时间用于思考工作怎么办呢？

这个问题其实很好解决，解决方案就是一个完美的考评机制。在谷歌，这个机制就是它的OKR（目标与关键成果法管理和360度环评。(这方面的具体内容,我们在后面第五章的维尔福案例中还会有非常详细的解析。)

Who(何人):打造分享创意的非正式组织

Google Suggest诞生的这个故事还体现了"天鹅绒监狱"的另一个优点。这个"好主意"是由一个人首先提出的。在这之后,他找来了一支工程师团队,大家共同把创意落地。这看起来是一个很需要协调的过程。但在谷歌,这个运作模式非常简单。

谷歌有一群喜欢分享自己创意和想法的人,他们组成了一个非正式组织。这种非正式组织最早是在霍桑实验中被提出来的,它指的是在一个公司里,拥有同一兴趣、同一理念的人组成的小组。

在一个公司里,如果有这样一个活跃的非正式组织,员工的创造力和创造的积极性就相当于进行了重新洗牌,公司会由此衍生出一个新的自驱型创造集体。在Google Suggest的案例中,这个提出想法的人就在非正式组织中公布了自己的创意,而帮他把创意落地的伙伴也是他从这个组织里找到的。

在这个案例里面,这一切看起来容易,但是我们可以想象,公司为了促成项目的分享交流,鼓励员工提出好的创意,在公司内部建立和运营一个非正式组织,并且要把它活跃起来需要花费多大的力气。

我们上面看到了结构洞理论，公司制造了分享的机遇，我们也讲到了用集体采购服务给员工提供更多的思考时间。在员工有自己的思考，也有碰撞的机会之后，这个非正式组织就成了让碰撞产生火花的催化场所，它激励员工互相分享，方便让分享直接转化为创新成果。

⬇

要点回顾：谷歌如何通过打造"天鹅绒监狱"来保持员工的创造力？

一、通过精心设计小福利，让不同的团队偶遇。

二、用集体采购解决员工日常所需，让员工有更多自由时间。

三、创建一个分享创意的非正式组织，形成创新的另一个场域。

思考题

你的团队是一个有创造力的团队吗？如果认为创造力不够，你能否通过增加些"成本可控"的小福利来解决这一问题？

与用户零距离：
海尔的"人单合一"

> 管理学大师彼得·德鲁克曾说过，企业存在的唯一目的就是创造顾客。我们必须通过为用户创造价值来获取收益，这其实是再浅显不过的道理。很多企业把"为用户创造价值"这句口号贴在公司最显眼的位置，却没人真正去想怎么做到。更令人担忧的是，我们在日常的调研中发现，在实际行动中，企业的自我中心意识非常顽固，别说大企业了，就连小企业也存在这个问题。在这个案例中，我们将揭示海尔是如何通过顶层设计拥抱和贴近用户的。

从服务业到制造业，从 B 端到 C 端，"以用户为中心""为用户创造价值"在今天已经成为绝大多数行业的共识。但世界上最遥远的距离就是"知道"和"做到"之间的"路"。很多企业把"为用户创造价值"变成了束之高阁的口号，究其原因，企业不是不想做，而是不知道从哪做起——企业与用户的距离太远了。

在这个层面上，海尔集团前董事局主席、CEO 张瑞敏有一个追求。他说："互联网时代的企业一定与市场、与用户零距离。"为了实现"零距离"，海尔打造了一套"人单合一"的倒三角组织机制，这几乎完全颠覆了传统公司的组织结构。也正是在这一组织机制下，海尔开发新品的速度提升了一倍，保持了十几年的业绩稳步增长。这个"人单合一"的思路虽然有着鲜明的制造业标签，但是它的核心设计思路非常值得推广。

用倒三角重构话语权，让基层说了算

我们首先需要解释一下概念。"人"指的是员工，"单"指的是市场目标，这个市场目标不是狭义的订单，而是广义的用户需求。"人单合一"指的就是让员工和用户需求能够融为一体。

你可能认为，这看起来仍然太过虚无缥缈。没关系，我们继续来看海尔是如何落实的。

2005年，海尔已经是一个全球"巨无霸"了，全球营收超过了400亿元。也正是在那个时候，海尔意识到自己距离用户仍然不够近，大刀阔斧的改革由此开始。这场持续多年的改革可以分为两个阶段。

第一个阶段，叫作"倒三角"组织（如图2-1所示）。大家知道，传统的组织结构是个"正三角"，顶端站的是最高决策者。接下来是高层、中层、基层。在组织中，位置越高的人权力越大。

但是，海尔是颠倒过来的。它把8万多名员工拆分成了2 000多个小组织。在海尔，这些小组织叫"自主经营体"，在后来又叫"小微"。它们就像一个个小微企业，人不一定多，但可以独立运作，拥有高度的自治权。

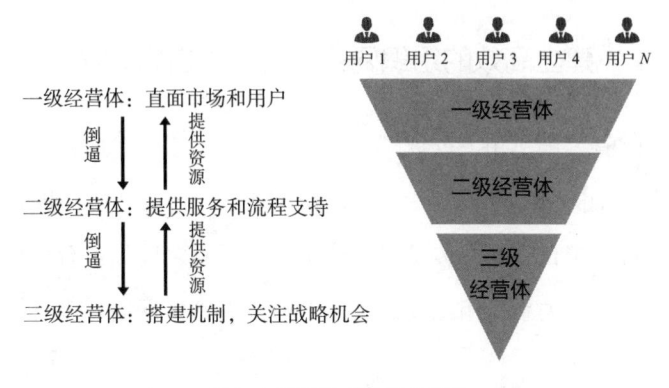

一级经营体：直面市场和用户
　倒逼↓　↑提供资源
二级经营体：提供服务和流程支持
　倒逼↓　↑提供资源
三级经营体：搭建机制，关注战略机会

图 2-1　海尔的"倒三角"组织

这些自主经营体，一般分为三个级别。一级经营体站在组织结构的顶端，也就是倒三角的最上面，它们离用户最近。对于是否选择开发某项产品或服务，它们拥有决策权。当它们决定开发某项产品或服务时，它们可以倒逼二级经营体为其提供资源和服务。

二级经营体有点儿像公司的职能部门，包括人力资源、财务、质量体系、供应链等。这看起来有点儿违反常理，二级经营体为什么愿意提供服务呢？原因很简单，海尔在机制设计的时候说了，二级经营体的收入来自一级经营体。如果不提供服务，二级经营体就拿不到钱。同样，二级经营体也会倒逼三级经营体。

在"倒三角"组织中，海尔实现了一个目的：谁离市场最近，谁离用户最近，谁就拥有话语权。

建立高效的组织网络，让员工自由碰撞

随着"倒三角"的成熟，海尔又进入了第二个阶段：网状组织（如图 2-2 所示）。也就是说，海尔不再有"级"的概念了。每一个自主经营体都是一个节点，节点之间通过合作建立错综复杂的关系，组织变成了一个有疏有密的网络。

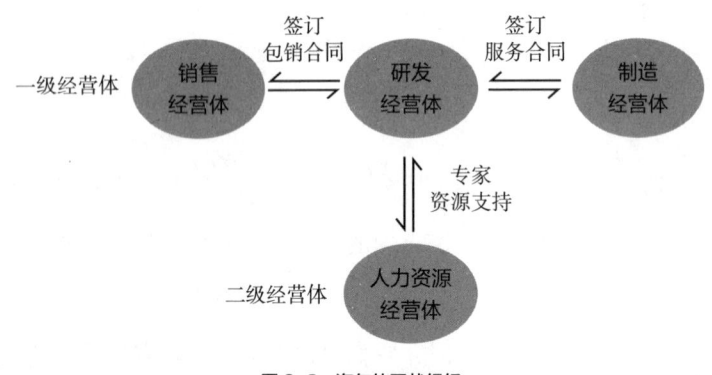

图 2-2 海尔的网状组织

单独说"经营体"这个概念可能有点儿抽象，讲个小故事，你可能就理解了。在 2011 年以前，中国三、四级市场用户都非常喜欢"三天一度电"的两门冰箱，不喜欢三门冰箱。这时，海尔内部处于一级的某研发经营体（我们暂时代称其为 X 小队）发现，这种差异出现的主要原因是耗电量有差别，而不是门的多少。

这个 X 小队坚信只要抓到了这个需求点，就一定能率先打开这个细分市场。于是，在 2011 年 2 月的时候，X 小队

找了一个销售经营体Y小队，他们就这一事项进行商讨并且达成了共识。之后，X和Y两个经营体签订了一个包销合同，形成了一个内部协作同盟。

在解决了下游的销售问题之后，X小队接下来就要沟通中游的制造部门了。X小队通过协调内部专家资源给出了一个"三天一度电"的三门冰箱方案，并在第一时间把这款全新产品交给了制造经营体Z小队。

同样，X小队又与Z小队签订了服务合同，以保证这款全新产品能按照他们的计划及时交付。同时，Z小队也参与了这款新产品的策划。在研发设计之初，研发、制造、销售，X、Y、Z三个小队就集中在一起，从用户的实际需求出发，同时保证细节可落地，保证在这一次的项目推进当中不走弯路。

随后，这个制造经营体Z小队在青岛、合肥、贵州规划出了三条生产线来承接这个项目，并且锁定4月中旬作为生产交付的目标时间。

当年4月底，在三个经营体的协同之下，新产品上市只用了不到3个月的时间，远远短于过去8个月上市一款新产品的周期。这款完全切中市场痛点的冰箱成了爆款。在产品上市的一个月内，海尔"三天一度电"的三门冰箱的销售业绩是5.9万台，7个月后销售接近50万台。

在倒三角结构中应做好三件事

讲到这里，我们可以看出，这些小队已经在网络中形成了自主且活跃的主体，把一个庞大到容易僵化的组织重新打散。而且在这个打散与重新结合的过程中，海尔还设计了三个机制。

机制一：改变组织，让每个人都围着用户转。

海尔的模式把企业分成了很多小的团体，你可能认为他们之间的交易合作确实有一点儿复杂。但是，这个模式能带给我们的借鉴是关于话语权的，你不妨想一想，在你的公司中，哪个部门的权力最大呢？

如果你进一步根据自己公司的实际情况去做一张权力地图，在你的公司里，那些离用户最近的人处在哪个位置呢？离用户最近的人有权力去"倒逼"后续的流程，为用户提供服务吗？读到这里，你不妨先停下来思考一下这些问题，你也许会品出不少结论来。

当然，改变了组织形式，我们还需要改变激励方式，否则组织还是转不起来。第二个机制正是用来解决这个问题的。

机制二：改变薪酬，让每个人都能分享增值。

在海尔，每个自主经营体都要明确自己的用户，以及要实现的目标，并根据目标的完成情况获得相应的收益。与此对应，每个人也是一样，为用户创造的价值越多，获得的收入就越多。

　　这看起来很常见，是的，当今绝大多数公司都有明确的阶梯薪酬，这只需要聘请一个人力资源专业的毕业生就能设计出来。海尔到底有什么不一样呢？海尔的创新在于进一步细分。在海尔，每一个自主经营体都要制订自己的"三预"，分别为：预案、预算、预酬（如图2-3所示）。

什么样的团队可以达成？

单
第一竞争力目标

预案　预算　预酬

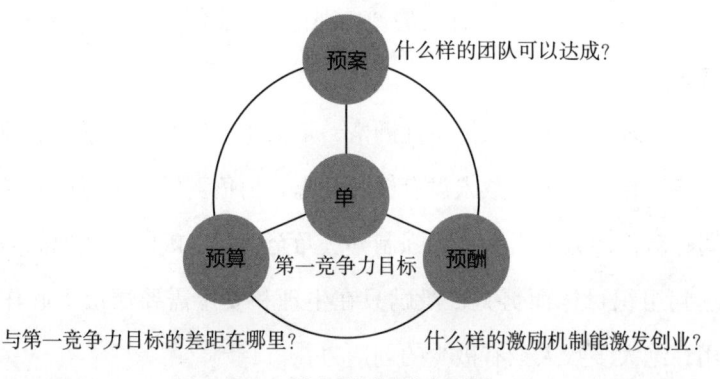

与第一竞争力目标的差距在哪里？　　什么样的激励机制能激发创业？

图2-3　海尔创新薪酬的"三预"

　　"预案"就是完成目标的方案，"预算"就是完成目标所需要的资源，"预酬"就是完成目标后可以得到的报酬。这个"目标"不是简单的目标，而是"第一竞争力目标"。也就是说，在制定目标的时候，团队要对标国内外的竞争对手，制定出在全球有竞争力的目标。

　　用海尔人的话来说，"第一竞争力"就是解决用户难题的能力。在这里，你也许很容易想到，在这样一个高度自主的环境下，这对于人性与责任感的考验非常高。所以，在我看来，在海尔的这套体系中，第三个机制恰恰巧妙地解决了"自觉"这个问题。

机制三：释放人性，让每个人成为自己的 CEO。

人性是复杂的，对于人性，学界也有不同的假设。例如，美国著名行为科学家道格拉斯·麦格雷戈对人的基本假设做了区分，提出了有名的"X 理论-Y 理论"（Theory X and Theory Y）。

X 理论认为，人类本性懒惰，是厌恶工作的，会尽可能地逃避工作；绝大多数人没有雄心壮志，怕负责任，宁可被领导骂；对待多数人，必须用强制办法乃至惩罚、威胁，使他们为达到组织目标而努力；激励只在生理和安全需要层次上起作用；绝大多数人只有极少的创造力。

但是，Y 理论就不同了，其认为人的本性并不厌恶工作，如果给予适当的机会，人们都会爱上工作，并且渴望发挥自己的才能；多数人愿意对工作负责，并且多数人始终都在寻求发挥能力的机会。

在我看来，这套"人单合一"体系的本质就是激发了人性当中善的一面，只要你愿意承担责任，你就会有机会。

在这个案例的结尾，我想引用张瑞敏的这样一番话，这番话非常完美地诠释了这套体系的优势与必要性："组织里的每个员工就像一粒沙子，传统的管理方法是控制和监督，然而，攥得越紧，沙子越从指缝里漏出来。现在我们不是去履行这种控制员工的管理思想，而要去搭建各种各样的平台，这些平台相当于把手掌伸平了，托着的沙子肯定比攥着的时候要多。但是每粒沙子要跟其他沙子黏在一起，就是'纵横连线'。这样，沙子能够实现自我发展，而且不会从手掌上掉下去。"

⬇

要点回顾：为了把企业与用户的距离无限缩小，海尔采取了什么机制？

一、改变组织，让每个人都围着用户转。
二、改变薪酬，让每个人都能分享增值。
三、释放人性，让每个人都成为自己的CEO。

思考题

你是你公司里最了解用户的人吗？如果答案是否定的，你怎么才能让那些最了解的人帮你来做决策和运营？

销售效率倍增：
新潮传媒的体系催化

> 销售业绩不好，也许并不是因为产品有问题，或者员工的沟通谈判技巧不够。仔细拆解管理层面，你会发现，很多销售人员平均只有不到1/4的时间用于销售业务本身，其他时间大都淹没在重复性劳动和行政事务中。一套卓越的销售体系，可以让同等的人力配置产生更多的有效工作，收益则会产生质变。这个案例正体现了销售体系的效率对于工作效率的乘数作用。

IBM创始人托马斯·沃森曾经一针见血地说出这样一句话："一切始于销售。没有销售，就没有美国的商业。"

其实，对于全世界的商业，又何尝不是如此？在发达的商业网络中，销售的重要性正在水涨船高。与之相对应的，很多企业在销售过程中面临的困境也变得更加复杂，比如获客的周期长，获客的成本高，销售人员和销售团队的管理难题，包括销售人员自身的工具需求。

美国一家管理服务提供商Salesforce近年来做的一项调查研究显示，45%的销售人员认为工作的主要难度在于过于复杂烦琐的行政事务。这些参加调查的销售人员用在面对面地与客户（或者潜在客户）沟通的时间，平均只有22%，加上邮件、电话等非面对面形式，也不过36%，在剩下的时间里，员工大都被淹没在各种重复性的劳动和行政事务中。

你为这个数字感到惊讶吗？你不妨去问一下你的销售团队，仔细计算一下他们的时间。"销售力"是每个企业都想要具备的能力。能够拥有一个高能的销售团队，而不只是一两个销售单兵，是每个企业都非常渴望的。

在这个案例里，我们要讲述的企业是一家完全以销售为导向的广告传媒公司——新潮传媒。在电梯传媒这个领域，它的发展速度排在第一，规模在整个行业排名是第二，有6 000名员工分布在全国各地。下面讲述的核心管理工具，都来自新潮传媒创始人张继学在嘉宾商学App视频案例课程中的讲述。我将他的课程做了些整理，从体系、流程和理念三个角度，逐一剖析。

建立"分级对等"的客户管理体系

销售型公司有一条不变的原则：客户为大。其实不只广告业，新兴技术领域的华为、阿里巴巴也都在讲客户第一。那么，客户为大的时候，我们要如何管理客户呢？

首先是要建立客户管理体系。针对不同的客户，我们要分级管理。对于不同级别的客户，需要接触的深度、交付的价值体量是不同的。因此，我们要用不同的交流方式和管理方式去对待客户。

美国学者雷奇汉做过一个研究，企业从最重要的 10% 的客户那里获得的利润，往往比企业从最次要的 10% 的客户那里获得的利润多 5～10 倍，甚至更多。因此，我在这里需要强调，如果你的企业到今天还没有做客户分级，我建议你马上去做。

新潮传媒的分级方式其实很简单，它把客户分为头部、腰部和脚部三类（如图 2-4、图 2-5、图 2-6 所示）。

- 行业排名第一或第二
- 广告投放占市场总收入 30%~40%
- 对应销售等级：大区

图 2-4　头部客户特点

- 季节性投放
- 广告投放额度 50 万～100 万元
- 对应销售等级：子公司

图 2-5　腰部客户特点

- 规模较小
- 对投放价格不敏感
- 对应销售等级：地推

图 2-6　脚部客户特点

对应客户，新潮传媒将销售分为6个等级，分别是普通销售人员、子公司销售副总经理、子公司销售总经理、子公司总经理、大区总经理、区客总经理和董事长（如图2-7所示）。

- 第六级 董事长（张继学）
- 第五级 区客总经理
- 第四级 大区总经理
- 第三级 子公司总经理
- 第二级 子公司销售副总经理
- 第一级 普通销售人员

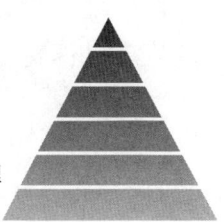

图2-7 新潮传媒销售体系等级

这样公司就可以将客户和销售人员一一对应，建立起"分级对等"的客户管理体系。分级对等，是指针对不同等级的客户决策人，对应不同的销售人员与服务。具体是怎么对应的呢？

不同级别的客户，有不同级别的最终关键决策人，比如头部客户需要从普通销售人员到董事长的六级决策人，腰部客户需要三级关键决策人，而脚部客户只需要一级关键决策人，也就是销售人员可以直接决策（如图2-8所示）。

头部客户——六级决策人

腰部客户——三级关键决策人

脚部客户——一级关键决策人

图2-8 客户对应的关键决策人

分级对等的客户管理方式，有助于整个公司提高销售效率，让公司更科学地去分配资源，进而实现价值最大化。

建立"动作标准"的员工销售流程

马克·吐温曾说过这样一句话："领先的秘密在于开始行动，开始行动的秘密在于把复杂的大宗任务分解成为可以操作的细小工作，然后开始实施第一项内容。"

销售环节的链条非常长，当中涉及的细节特别多，非常冗长和烦琐。每个销售人员少则管理十几个客户，多则管理上百个客户。所以，我们很有必要标准化管理销售的动作，让销售的每一步都按照我们的标准动作去执行，这样销售也能养成一个习惯，形成肌肉的记忆。

新潮传媒把销售动作分解为以下9个标准动作（如图2-9所示）。

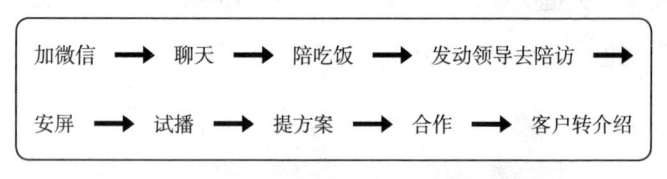

加微信 ➡ 聊天 ➡ 陪吃饭 ➡ 发动领导去陪访 ➡
安屏 ➡ 试播 ➡ 提方案 ➡ 合作 ➡ 客户转介绍

图2-9　新潮传媒销售的9个标准动作

9个标准动作是以客户为中心进行拆解的，那么我们可以更细化，拆解每天的标准化动作（如图2-10所示）。

```
看家书 ➡ 开晨会 ➡ 整理当日拜访计划 ➡
当日完成三个有效面访 ➡ 发动领导陪访 ➡
复盘面访 ➡ 录入CRM（客户关系管理）系统
```

图2-10　销售人员开门7件事的标准动作

当然，每个公司可以根据自身的情况分解销售，然后确定到底要做哪些动作。在这里，我要提醒读者的是：你需要明白分解动作的目的是什么？

答案毫无疑问是便于销售管理。因为你可能面临一个庞大的销售团队，每个人动作不清晰的话，这就很有可能导致目标变形，或者动作变形。所以，这些节点是为了控制过程使用的。

阿里巴巴的中供铁军可以说是销售界非常典型的模范了，他们自然也有阿里巴巴的一套标准动作，他们的动作只有三步，叫作"定目标、盯过程、拿结果"。当然，这三步下面，还有很多更精细的动作。这方面的资料其实很多，有兴趣的读者可以自己延伸阅读一下。

建立"上下同欲"的绩效管理理念

我们现在知道了公司需要做客户分级，需要建立相应的客户管理系统，公司也有了标准化的销售流程。接下来，公司要定绩效了，这个绩效体系需要做到上下同欲。

新潮传媒在绩效管理上，建立了一套 PDCA 的考核方式，PDCA 是计划（plan）、实施（do）、检查（check）、调整（adjustment）的首字母组合，分别代表工作的 4 个阶段，它是一套循环改善提升的工作方式（如图 2-11 所示）。PDCA 是典型的复盘工具，很多公司也在运用，大家可以在产品落地、项目实施、经营管理分析时，广泛参考使用。

图 2-11　PDCA 循环复盘工具

新潮传媒每个月会帮助员工计划工作，定绩效目标。每个员工把绩效目标和他的上级、上上级的目标对齐，然后实施。员工每月按照定好的目标去完成业绩，领导每个月也会和员工做绩效面谈，改进绩效方案，最后调整绩效目标。这就是一个检查和调整的过程，每个月都如此循环调整和精进。

我们刚才提到了上下同欲，新潮传媒对于这个词的执行非常到位。首先，新潮传媒关注每个员工。管理者会仔细弄清每个人的目标是什么，这个月希望赚多少钱，或者达成什么样的业绩。然后，他们会根据这个目标去倒推这个员工需要实现多少客户的连接,需要有多少的转化率。

比如,员工 A 这个月期望实现 10 万元绩效,拿到 1 万元奖金。那么倒推下来,管理者就能根据经验帮他算出,A 一共需要接触多少客户,怎么运作这些客户才能实现最大的转化,甚至能推算出转化率会在什么范围内。在这个过程当中,公司帮助员工进行拆解,从而形成一个上下同欲的绩效管理过程。

当然,做绩效管理,我们不能不提淘汰。新潮传媒就是应用 271 定律来进行淘汰的。最中心的是 20% 的优秀员工,70% 是及格员工,10% 的不及格员工是淘汰的备选项(如图 2-12 所示)。

对于这 10% 的不及格员工,上级负责人还是会给一定的机会的,会帮助这些人提高业绩。如果过了三个月员工还是达成不了目标,那么对不起,公司就要将他无情地淘汰了。在 2020 年初的时候,新潮传媒裁员 500 人这个消息曾经在大家的朋友圈刷屏。后来,张继学出来解释说:"我们并不是因为疫情裁员,而是履行公司的一个正常的 271 淘汰制度。"

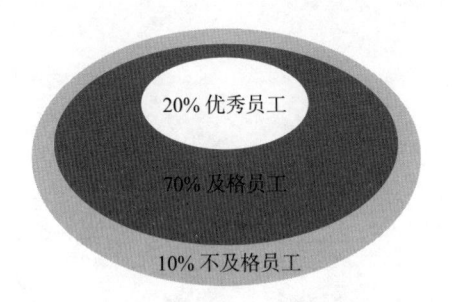

图 2-12　新潮传媒的 271 淘汰制度

⬇

要点回顾：新潮传媒如何建立高效运作的销售体系？

一、建立"分级对等"的客户管理体系。

二、建立"动作标准"的员工销售流程。

三、建立"上下同欲"的绩效管理理念。

思考题

　　你尝试找一名销售人员聊聊，看他每周有多少时间在拜访客户。如果认为这个时间太少，你就想想，怎样才能在不影响公司与运营的前提下，优化他所承担的事务？

冲破科层束缚：
华为的铁三角模式

> 公司规模扩大了，各部门之间的协调却出现了问题，销售端说产品不行，产品端说技术跟不上，技术端又说需求没说清楚……这是很多公司必经的发展阶段，产生问题的主要原因是管理体系搭建没有跟上组织的扩大和发展。我们回顾各家企业的发展过程，发现即使是华为这样优秀的企业也是在经历了惨痛教训之后，才摸索出了一套让组织分工明确，让各部门目标一致且能灵活运转的方法。至今，这套方法在被很多企业学习和应用。

一箭易断，十箭难折。道理虽然动听，却不是处处如此。很多公司规模扩大了，分工明确了，但是各部门协调出现了问题，产生抱怨其实也正常，毕竟，很多时候做销售的不一定懂产品逻辑，做产品的也不太精通技术，而多数技术人员也不太懂前台业务。

这看起来是难以克服的成长的烦恼，度过了天天扎在一起、"通信基本靠吼"的创业阶段，各个部门有了独立的办公室、楼层甚至不同地区的总部，各自为政，业务也就很难灵活应变。有一个经典的定律可以解释这种现象，叫作"华盛顿合作定律"，这是指：一个人敷衍了事，两个人互相推诿，三个人永无成事之日。

怎么解决这个问题呢？公司通过组织设计来突破科层制（如图2-13所示）这个壁垒。我们今天已经把这一套分级架构制度运用纯熟，以至于默认它是必不可少的企业组织形式，但其实并非如此。科层制这个概念最早是由德国社会学家马克斯·韦伯提出的，又称为"官僚制"，即通过层级来分配组织的权力，根据职能和职位进行参与者（员工）的分工和分层。

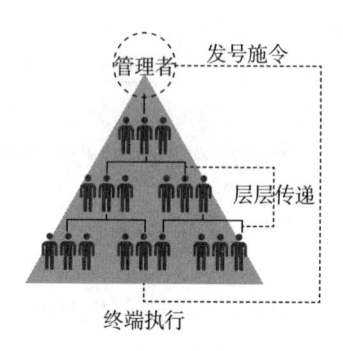

图2-13 科层制管理结构

在这套体系内，纵向上，员工遵循等级制度原则，下级受上级的管理监督；横向上，员工每个人各司其职。整个组织就像一台"德国制造"的精密机器，有效运转起来。在整个20世纪中，科层制和官僚集权理论可能是影响最大的理论之一，科层制组织也被视为与工业化大生产相适应的最为理想的组织结构。

但是，今天我们已经步入信息化和数字化的时代。科层制显然会有一些不太适应的地方，比如在科层制的管理下，我们的组织会显得过于机械，运转得过于线性，同时缺乏灵活性，很难及时地调配组织交付，及时响应客户要求等。

为了解决这个普遍的问题，华为花了整整10年的时间不断地去探索、试错和积累经验。最终，华为形成了一套非常有效的方法。这个方法还被很多企业学习和应用，它就叫"铁三角"。在这个案例中，我们会看到铁三角是如何冲破科层制的弊端，为我们创造高效率，让组织变得更加健康的。

从"单挑"到"团战"，指令性调配人才

任正非有句名言："让听得见炮声的人去呼唤炮火。"他的言下之意就是，让离客户最近的人去做决策。但是，如果仅有一个人离客户最近，并且仅由他自己去做决策，那显然是远远不够的。

其实，这背后有一个故事。2006年，华为经历过一次惨痛的教训。华为苏丹代表处在一次投标当中失利了。当时，华为的竞争对手采用的是太阳能和小油机电共同发电的"光油站点"，而华为采用的是大油机电。

竞争对手的运营效率更高，客户当然会采纳一个相对低成本和高效率的方案。华为显然就失利了。其实，这次失利非常令人遗憾。因为，客户在和华为员工沟通的时候，已经说过这个要求了。但是，对接员工没有很好地将其传达给负责产品设

计和交付的团队，这是一次信息沟通的失利和遗漏。

为什么会遗漏呢？因为整个过程完全由客户经理一个人单独和客户沟通，其再和产品经理、交付经理沟通。这样容易遗漏信息，还形成了一个尴尬的局面，就是客户线不懂交付，交付线不懂产品，产品线又只关注报价。

最后，每个人只关注自己那一亩三分地，这就会出现很多不专业的情况，解决方案不能很好地满足客户需求，一个大订单就这样流失了。

在这个事件之后，华为立即吸取了教训，组成了三人小组：由客户经理、产品经理和交付经理三个人组成团队进行决策，这就是所谓的华为铁三角团队。

这里面有一个技术细节：这三个不同的部门有这么多团队成员，怎样挑选合适的人呢？华为解决问题的办法是指令性调配人才，从不同的岗位按需把人才调配到这个铁三角小组当中。

这三个人一旦被挑选出来，就会形成一个非常紧密的作战小组，他们一起去见客户，一起去做产品，一起去谈交付，一起工作，甚至要一起生活，进而形成一个非常严密的绑定关系。

从"集权"到"分权"，把握授权可控度

回到华为苏丹代表处失利的案例，我们深挖一下华为失利

的原因是什么。其实华为在一线的这名员工离客户很近，但是他没有决策权，而有决策权的员工又不在客户身边，所以这样会形成一个时间差。当机会来临的时候，团队无法在现场决策。

对此，华为痛定思痛，决定把这个决策权下放到一线，这就是开篇说的那句名言——"让听得见炮声的人去呼唤炮火"。

但是，权力是一把双刃剑，历来如此。在建立分权体系的时候，公司需要考虑很多变量，比如受委托的执行人决策失利了怎么办，放权过度了怎么办。

这就需要公司对权力加以约束了。华为非常重视授权的可控性，任正非的做法是"授权而不彻底放权，对权力加以监督和干涉"。以此为前提，华为的授权有三个原则。

第一个原则叫带责授权。一个员工一旦获得了一项权力，就相应地获得了一项责任，责任也是自动获得的。所以，这个员工一定要对自己的责任负责，这就避免了员工滥用职权。

第二个原则叫单项授权。这就是把权力限定在特定的一个项目，特定的一个活动，特定的人身上。一旦这个项目结束了，这项权力也就被撤销了。这就保证了决策人和项目之间关系的灵活性。

第三个原则叫条件授权。这就是只在特定的条件下给一个人授予一定的权力。比如，这次华为苏丹代表处失利了，需要有人去善后，成立一个善后小组，那么华为会暂时给这个善后小组的领头人一个授权，等他处理完这件事情，他的权力也就随之结束。这是控制时效性。

其实,不光是华为,我们身边也有一些优秀的企业案例,让我们看到了充分授权给一线员工带来的好处。比如,在海底捞,你吃火锅的时候,会有笑容可掬的服务员来为你服务,他不光态度好,而且是有一定权限的,比如,送你一道菜,或者给你这一顿免单等。

海底捞授予员工一定的权力,也赋予了员工更强的责任心。员工会从真正意义上更好地为顾客服务,让顾客通过他喜欢这个公司,喜欢这个品牌。

从"响应"到"出击",协同专业性技能

现在我们的精英部队已经组建好了,决策权限也已经前置设定好了,团队可以出击了。我们组建这个精英小组的目标是打胜仗,是打赢一场"战争"。所以接下来,我们需要讲一讲这个小组是如何聚焦销售目标,并赢得一个客户的。

任正非认为:"铁三角并不是一个三权分立的制约体系,而是紧紧抱在一起生死与共、聚焦客户需求的共同作战单元。它的目的只有一个:满足客户需求,成就客户的理想。"

铁三角团队是如何做到的呢?华为铁三角团队的成员要先在一起研究客户,充分地研究客户的业务,研究出这个链条上,每一个客户关键人的决策范围,他们的职责,梳理客户的公司

组织结构图，并且熟悉整个客户公司的运作流程。

这个铁三角的设计初衷，是让小组在面对客户的时候，要做到主动地出击，而不是被动地响应。为此，在做组织设计的时候，公司要根据自身的业务以及客户的需求去思考。公司需要知道自己到底在面对什么样的客户，客户的真实需求是什么，结合客户的需求，公司要搭建什么样的组织和团队去应对。公司只有充分地了解对方，才能做到"知己知彼，百战不殆"。

最后，有两个点需要提醒一下各位读者。一是，虽然我们在前面说了科层制的问题，但在一个比较大的组织当中，科层制还是一个基础的组织方式。因为它能够层层明确分工，根据不同的职权范围，把大家的岗位安排得更加科学。这个铁三角的小组织，更多的是一个灵活应变的方式。二是，铁三角只体现了华为的需求，公司管理并不一定限制在"三"这个数字上，其核心思想是把最需要的部门在一个项目中拧在一起。

⬇

要点回顾：如何设置跨越科层的灵活小组？

一、从"单挑"到"团战"，指令性调配人才。

二、从"集权"到"分权"，把握授权可控度。

三、从"响应"到"出击"，协同专业性技能。

思考题

　　你的业务面向的是什么样的客户？你如果要成立一个核心小组，这个小组至少需要几个"角"？

创新永动机：
腾讯的赛马机制

> 如果我自己够强大，那么我能打赢我的只有我自己。互联网时代，创新正在打破原本由品质和成本构筑的生产逻辑。在创新的语境下，"冗余""消耗"这些词变得不再难以容忍，抓住机遇比节约资源更重要，不遗余力地创造各种可能性才能获得现实性。"如何保持创新活力"是每个组织都要面对的终极命题。前面讲"天鹅绒监狱"是从企业文化的软环境出发让创新思路自由生长，在下面这个案例中，我们一起来看腾讯如何从机制建设这个硬环境出发，让创新永不停歇。

在企业组织管理的过程中，创新体系的构建主要包括三个层面：创新活动的组织、创新资源的配置、创新成果的扩散。在这个过程中，每个企业的侧重点不一样。

在整个体系的搭建中，腾讯是最鲜明且具有特色的一个，它所创建的"内部赛马机制"如今正在被诸多互联网企业使用。在过去20多年的发展中，赛马机制使得腾讯在每次遇到瓶颈时，总有一支优秀的团队站出来，帮助整个公司渡过难关。

这个机制的核心精髓在于不遗余力地激发企业的基层创新活力，保持全员创新的自驱力，允许通过适度浪费来试错，使用内部的竞争来保证创新成果在落地前做到尽善尽美。我们从上述三个层面来分析腾讯的赛马机制，或许你也可以参考这个机制的内核思路，并根据自己的需求，搭建自己公司内部的赛马场。

组织体系：开放渠道，谁提出，谁负责

　　听起来很简单的事情，往往做起来很难。现在新兴公司都在强调扁平化管理，除了提高管理效率外，公司这样做也是希望激发基层的创新活力。但问题在于，实施扁平化管理以后，公司如何释放和引导来自基层的创新资源？

　　同时，我们要认识到，开放式的创新环境容易把基层创新导向歧途。第一个风险是创意泛滥化。如果提出创新思路只是一个简单的表达过程，这个过程就有可能变成一个低成本的投机行为。对管理层来说，这也加大了遴选的难度，创新的中枢则会陷入瘫痪。第二个风险是推诿责任。提出意见永远比提出建设性的改进思路容易得多，这个思路如果涉及自己的利益，就更少有人会提。所以，如果提出创新思路只是一个"我动动嘴，你们来干活儿"的过程，这往往就会变成责任推诿，阻力重重。

　　如果基层拥有高度的自由，却没有足够的自律和相应的责任，公司想要的活力可能就会变为一盘散沙。腾讯解决这个难题的方式是"谁提出，谁负责"。2002年3月，腾讯公司迎来了QQ的第一亿个注册用户。与今日几乎所有高增长的互联网

产品遇到的瓶颈一样，如何利用现有流量高效率地变现，成为当时腾讯必须面对的瓶颈。

就在这个时候，一名普通的产品经理——许良看到了一家韩国网站的会员虚拟换装服务模式，他把这个模式的优点撰写为需求发送给公司领导层。就这样，腾讯发展历史上著名的"阿凡达计划"诞生了，这个计划的牵头人正是许良。QQ秀，这个现在看起来很普通的功能当时使得腾讯关键的战略性产品"Q币"实现落地，由此，QQ会员、QQ秀以及Q币构成了一个独立的、闭环式运转的QQ世界。

在腾讯的管理体系中，一直深埋着这一机制的基因。在公司决策上，腾讯有固定的总办会议制度，在这个核心层的会议上，决策并非靠表决产生。在部门业务事项上，腾讯一直采用"谁主管，谁提出，谁负责"的责任机制。

资源配置：容忍失败，适度浪费

这是互联网组织思维带给我们的最具颠覆性的启示。在我这些年接触的传统行业与互联网行业的企业经营者身上，我发现大家对于"浪费"一词的理解构成了一道明显的价值观鸿沟。

在传统企业经营中，目标管理是常见的管理手段。在工业时代集约型发展的逻辑里，我们通常的做法是将一个大目标分解成各个不同的子目标，子目标交由企业内的各个团队去分头落实，保证每个团队的任务和使命都不尽相同。

但以腾讯为代表的互联网企业颠覆了这种发展逻辑。典型的例子是现象级手机游戏《王者荣耀》的诞生过程。2014年，手机游戏市场开始"大火"，腾讯代理的PC端（电脑端）游戏《英雄联盟》在全球掀起电子竞技热潮。通过把这款游戏搬到手机上，腾讯当时已经具备了同行无法比拟的先天优势。在已经处于寡头地位的前提下，腾讯没有放弃忧患意识，而是认为如果没有足够强大的赛跑对手，就应该用同样的平台设置同样的规则，自己跟自己赛跑。在开发《英雄联盟》同类手机游戏的过程中，腾讯一面授命内部最强大的光子游戏工作室开跑，一面在内部调整组织结构，把几个弱小的团队合并成为天美游戏工作室，紧跟其后。最终，作为后备力量的天美胜出，到2017年，天美的作品《王者荣耀》一骑绝尘。

以传统标准来看，腾讯的内部赛马机制是"资源的浪费"，甚至"过于残酷"。这一点，你只需要检索一下那些年两款游戏在不同渠道上推广所使用的资源就可以看出。

当然，这个例子的意义不在于让所有企业都如此大费周章地去搞竞争和竞赛，这种管理思路的内核在于，在公司内部尽量还原真实的市场经济的丛林法则，有效地让合适的资源分配到最合适的地方去。

其实就算是小企业也可以使用这种方法，比如在竞赛过程中，它们如果没有大企业那样的大量资源可以调动配置，也可以通过企业内的虚拟货币，模拟资源的虚拟购买与市场化竞赛。

成果扩散：兄弟爬山，胜者通吃

我们之所以时常赞扬那些伟大的企业和企业家，一个重要的原因是其坚韧与果决。因为比起颠覆别人，颠覆自己要难得多。

我先举一个小例子。假如你用大半年的时间平整出了一块土地，在3月时播种下春小麦，眼看着它们在你的精心呵护下发芽成长。到了6月，天气预报说今年雨水丰沛，而多雨天气可能更适合其他作物生长。面对这个消息，你会做什么？是细心照料好你的小麦，防止它们被淹，并期待雨水让自己用更少的劳动换得更多的果实，还是抓紧另开一小块田地？

腾讯的做法是：直接把稻种洒满整片麦田，让它们自由生长，自由竞争。

自诞生之初起，微信的主要竞争对手就是腾讯内部另一个强大的产品——手机QQ。这个诞生于2003年的产品，在微信还没有出现时，就已经稳稳占据了移动社交60%的市场份额，而且其中大批用户是"90后"新兴消费群体。

但是，面对当时小米的挑战，腾讯并没有力推手机QQ，而是先后布局了多个团队，对标国外的社交软件Kik进行新产品开发。其实在微信的开发过程中，腾讯内部始终存在争议，反对者认为一个公司没必要做两款类似的App，甚至有人直接在公司高层会议上建议停掉张小龙的项目。

张小龙曾经坦言："当时最想干掉微信的不是米聊，而是手机QQ。"说句玩笑话，腾讯的果决倒是实现了那句台词："我急眼了，连自己都打。"

当新的机遇来临时，公司不要纠结于自己过往取得的成果，不要试图以改良来应对革新。现在很难说，要不是微信诞生了，手机QQ会不会被米聊"拍死在沙滩上"。如果是那样，今天还会有腾讯这家公司吗？

这个时代唯一不变的就是变化本身。当前，腾讯在转型产业互联网的过程中，已经在重新考量创新的组织形式了。但腾讯的内部赛马机制，今天已经形成了一个教科书式的模型，向我们证明了，高质量的内部竞争足以筛选出让整个市场认可的产品。今天我们看到，很多优秀的产品和企业都在进行类似的竞争，比如vivo与OPPO之间残酷的"亲兄弟内战"，比如小米的生态链产品彼此角逐。

⬇

要点回顾：企业在构建内部赛马机制时，有哪些要点？

一、建立开放创新的渠道和明确的责任体系，谁提出，谁负责。

二、依实际情况搭建内部的丛林法则，容忍失败，适度浪费。

三、面对变革，不要拘泥于已取得的成就，要敢于颠覆自己。

> **思考题**
>
> 　　在一个小团队里，两个人可以"赛马"吗？如何在不过度浪费资源，且不伤害积极性的前提下，让最小的单元展开竞赛？

第三章 强

领导力
宝典

开篇

―

是什么让人们下定决心跟随一位领袖？为什么人们对一位领袖心怀鄙视、抗拒服从，却能对另一位死心塌地、跟随到底？在现实的世界里，"领导理论家"与"成功的领导者"之间的区别到底在哪里？

纯粹依靠纪律、规则、流程把流水线弄得井井有条的年代已经过去。我们这个时代更多的价值来自创造性的工作，而越是知识工作者占比高的组织，越是重视创造力的企业，领导力越能发挥其价值。这也正是"领导力"这个词在当下这个时代如此受人追捧的原因。

"领导"与"管理"，两者之间的差别远不只在文字层面。管理者的权力是被赋予的，不管主体是另一个更高的职位还是管理者自己的资本；而领导者的权力是由自身生发出来的。换句话说，有些被赋予权力的管理者永远不会成为领导者，而有些人虽然没有任何外力，却随时可以领导别人。

遗憾的是，连全球公认的"领导力之父"沃伦·本尼斯都无法准确定义领导力，他说："领导力就像美——你很难定义它，但当你看到它时，你就知道那是美。"因此，我选择了下面的这些实际案例，在不同的场景还原不同领导者的行事方式，希望各位读者能在这里看到领导力，体会领导力。

学习力：
马斯克的腾飞之翼

> 在快速变化的时代，新商业模式和新技术不断涌现，消费者行为也在变化之中，领导者不会还想着靠旧经验一劳永逸。"学习型组织"这个概念的提出者阿里·德赫斯说："比你的竞争对手学习速度更快，可能是唯一可持续的竞争优势。"领导力意味着感召他人、精准洞察、积极进取。要做到这些，领导者需要通过不间断地学习来更新自己的认知，下面，我们来看看如何塑造学习力。

在嘉宾商学，我们强调最多的就是带领大家求变应变、敏捷学习，这也是我希望嘉宾商学与其他商学院形成的鲜明区别。

我们这里要讲的第一位商界领袖——埃隆·马斯克，尽管有很多奇思妙想和实践突破，但在我看来，他的领导力来自其超乎常人的学习力。

埃隆·马斯克是很多行业的突破创新者，支付界的PayPal（贝宝）、电动汽车界的特斯拉、火箭界的SpaceX（太空探索技术公司）、脑机接口技术公司Neuralink实际上都是他超强学习力的成绩单。员工评价他说，公司里的任何一个职位如果空缺了，他都能上去补位，而且比原来的人干得还要好。

在年仅12岁时，埃隆·马斯克就设计出一款太空游戏软件，并赚到了人生的第一桶金。他热爱读书,身边还有一群科技专家做顾问。一个粉丝问过马斯克,为什么他能如此快速地学习到这么多前沿的知识。他说:"我常常感到自己的大脑在超负荷运行。我鼓励大家努力超越自己的局限,我认为大多数人能学到的东西远比他们认为的要多,人们都低估了自己。"

设想一下,一个门外汉如果想在未来可见的时间内掌握制造火箭的技术,那么他应该怎样做呢?仅靠自身的天赋和周围人的帮助肯定是不够的,其还需要在短时间内消化大量复杂、深奥的知识。下面我们来看看,一个人要怎样才能做到涉猎知识范围广,同时快速学习新知识。

删繁就简,把握基本原理

马斯克说过:"把知识看作一棵语义树很重要,在进入叶子与细节之前,请确保你了解基本原理,即树干和大树枝,然后扩展开来。"在马斯克的大脑里,知识是分主次的,而最重要的知识是"基本原理",是一定要掌握的,其他细节不过是基本原理这棵树干上的枝叶。查理·芒格也说,学习不是要追求更多的知识,而是要寻找更好的决策依据。这个更好的决策依据就是基本原理和规律。

事实上,把握基本原理不仅是马斯克的学习方式,还是他的思考方式。他正是利用基本原理进行分析,才发现了自建火箭的可行性，进而解开了民间公司无法自造火箭的死结。

最初，马斯克想购买俄罗斯人的火箭，没想到俄罗斯人想要敲这个互联网大佬一笔，他们的报价是马斯克预算的二倍，马斯克团队只好铩羽而归。在返回美国的飞机上，几个同事开始喝酒消遣，马斯克却突然亮出了他制作的电子表格，兴奋地说："兄弟们，我觉得我们可以自己造火箭。"

几个工程师酒酣耳热，以为马斯克在做白日梦，但等他们细看这个表格时，他们发现，马斯克将火箭的主要组成部件都拆解了出来，并且详细列举了建造、装配、发射一枚火箭所需的成本，依照他的设想，他们可以在成本可控、技术可实现的前提下，建造一枚中型火箭。

马斯克能这样拆解问题，正是因为他回归了建造一枚火箭的基本原理：一枚火箭，最基本的组成部分不就是一个个零件吗？建造一枚火箭，最基本的步骤不就是生产零件和组装零件吗？只要能把各个环节的技术突破了、成本控制住了，他们就能造出高性价比的火箭。有些零件的技术难度太高，那就借助外力。成本太高，那就寻找替代方案。团队只要把基本原理抓住，剩下的问题一个一个攻克就好。马斯克就这样造出了第一枚民间火箭。

在 SpaceX 每周的例会上，马斯克对于所有工程师的要求就是，基于物理学基本定律解决问题。如果你打算告诉马斯克某件事情没有办法做到，那么你必须从最基本的原理出发，逐步解释这为什么行不通。他总说的一句话就是"让最基本的物理原理说话"。

"我经常说，我们可以类比从基本原理出发的物理方法，也就是说不要人云亦云。你应当将事物归结到最根本的真理上，从根本出发，进行推理。这能让你很好地判断，某个想法是否真的行得通。"在一次接受采访的时候，马斯克这样简单描述了他的知识观。

作为企业领导者，我们尤其需要从琐碎的事务中抽身出来，抓本质、看大局，也尤其需要从基本原理出发思考问题，攻破经验无法攻破的难题。前面说了，除了个人消化掌握知识的能力超强之外，马斯克还有一个强大的顾问团队。

利用外脑，吸收他人智慧

孩提时代的马斯克特别爱读书。那时的他性格内向，总是沉浸在自己的世界，基本靠自学获得知识。但在创业后，马斯克开始意识到，这些作者的大脑就是移动的知识宝库，而且经过他们大脑加工的知识，更能精准地解决问题。于是马斯克招募了一个又一个顶尖人才，并且开启了自己的"十万个为什么"模式。

和马斯克合作过的一位工程师凯文·布罗根说，马斯克会在SpaceX工厂里拦住一个工程师，然后不停追问他关于阀门或某种特殊材料的问题。刚开始，大家以为老板在考自己，后来才发现，老板是想要学知识。他会不停地提问，直到学会对方所掌握的知识的 90%。

实际上，马斯克在决定造火箭后，就搬到了洛杉矶，就是因为洛杉矶有很多世界顶尖的航空业人士，可以帮助他完善想法。顺便说一句，嘉宾商学的标杆企业深度访学课程"嘉宾派"就是这样，行价值之旅、获破界之识、得莫逆之交。创新的结构洞理论告诉我们，你和同行者跨界的幅度越大，你们越容易碰撞出创新的点子。

当然不是每个人都有这么多的时间和精力，有这么多的脑力学那么多知识。实际上，作为一个庞大集团的领导，马斯克的时间完全不会比普通人多。他看书、储备知识并不是天马行空，他只是更善于选择学习哪些知识。

为用而学，善于知识选择

其实，从中学时代起，马斯克的学习方式就变得很"精明"，学知识就是为了用，对自己没用的知识，就算能赢得荣誉，或者大家都感兴趣，他也不会投入时间。

高中时，对一些科目，比如南非语，只要考试分数及格，他就满意了。但对有些科目，比如物理和计算机，他会尽其所能取得最好的成绩。大学时，他一边攻读商学学位，一边研究物理学，也是带有很强的目的性的。那时，他要改变全人类居住环境的梦想已经很明确，而这个梦想需要靠物理学研发产品，靠商学将产品推向市场。

　　创业后，马斯克的学习方式更是为解决问题而学，为公司发展而学。动力学、能源学、工程学等都被用在了 SpaceX 和特斯拉的产品研发中，没有无用的知识。

　　在这个知识爆炸的时代，我们很容易陷入"知识焦虑"，好像世界上随时随地都有新的知识产生，不学就落伍了。其实，这么多知识，真的对你有用吗？你是不是在盲目追逐知识的过程中，成了知识的奴隶？我们应该学学马斯克对知识的选择，在学习之前先思考一下，要通过这次学习达到什么目的。

⬇

要点回顾：马斯克学习能力超强的三个关键点是什么？

一、删繁就简，把握基本原理。

二、利用外脑，吸收他人智慧。

三、为用而学，善于知识选择。

思考题

　　"为用而学"是一种很常见的学习方式，可是为什么大多数人的学习效率很低？我们怎样才能改变被动接受的困境，主动出击去选择那些自己真正需要的知识呢？

创新力：
乔布斯的封神之路

> 企业不仅要能够解决各种各样的问题，还要考虑未来的增长。这就离不开我们今天要讲的主题——创新力。创新理论鼻祖约瑟夫·熊彼特说过："创新应当是企业家的主要特征，企业家不是投机商，也不是只知道赚钱、存钱的守财奴，而应该是大胆创新、敢于冒险、善于开拓的创造型人才。"一个领导者如果不具备创新力，那么他的企业几乎是在等死。在这一部分，我们要讨论的这个人，从来都没有停止过创新。

微软曾经一度陷入低谷，有一个根本的原因：史蒂夫·鲍尔默的保守领导。他认为"在微软，没什么比Windows（微软视窗操作系统）更重要"，因此整个公司不愿意去创新。今天的微软又能重回大公司创新榜首，也恰恰是因为现任CEO萨提亚·纳德拉坚持创新，他说"我们需要把创新放在首要位置上"。

同样出身硅谷，有着同样的名字，苹果公司的创始人史蒂夫·乔布斯却是鲍尔默的反面。他用iPod（苹果便携式数字多媒体播放器）颠覆了音乐，用iPhone（苹果手机）颠覆了手机，用iMac（苹果电脑）颠覆了电脑，他一生的热情都在于创新和创造，正是他的创新改变了我们生活、工作和娱乐的方式，他甚至改变了这个世界一部分的运转方式。

在很多人眼中，他是个天才，创新能力与生俱来。但是，任何能力都需要一个不断精进的过程。仔细观察乔布斯的成长路径，从微小的创新到伟大的创造，从小小的电源接口到改变世界的 iPhone，他的创新可以分为三个不同的层次。

初阶："窃取"他人灵感，创新产品功能

乔布斯的创新力并不是一步登顶的，在创造出像 iPhone 这样伟大的产品之前，他提出过许多产品功能上的创新，有些看起来微不足道，它们却是乔布斯创新力的基础。

苹果电脑上曾经有一种电源接口叫"MagSafe"，它是一块连接笔记本和电源的磁铁，你知道这个小接口的奥秘吗？我们来看看在计算机杂志 *MacWorld* 中，乔布斯是怎样介绍这一功能的。

> 我们还有一个很酷的新功能，它叫 MagSafe。在座有多少人的笔记本电脑被拽得飞起来过？也许是你的宠物，或是你的孩子，又或是你的室友，当他们无意间踢到你的电源线时，就会发生这样的事。我现在告诉你，因为我们，这样的事不会再发生了，因为新的笔记本电源接头以磁吸的方式与笔记本相连，这就是 MagSafe。当有谁再踢到你

的电源线时，MagSafe 就会直接从笔记本上脱离……

这个功能是不是很精妙？但是，这个功能其实是乔布斯从日本电饭煲上"窃取"来的。一直以来，日本电饭煲都采用磁铁锁设计，当有人踢到电源线时，这个设计可以防止滚烫的电饭煲掉到地上伤人。

乔布斯说过："并不是每个人都要种粮食给自己吃，也不是每个人都需要做自己穿的衣服，我们说着别人发明的语言，使用别人发明的数学。我们一直在使用别人的成果。使用人类已有的经验和知识来创造是一件了不起的事。"

不只 MagSafe 如此，一些轰动世界的功能创新，也是乔布斯通过"窃取"灵感做到的。例如，大名鼎鼎的麦金塔（Macintosh）图形界面，曾被人称为"工业历史上最严重的抢劫"（如图 3-1 所示）。

图 3-1 麦金塔图形界面

1979年12月，乔布斯两次参观施乐旗下的帕洛阿尔托研究中心。在第二次参观中，他多次让施乐的工作人员向他展示全部核心技术。就这样，他亲眼见识了施乐图形界面的炫丽图像和字体效果。

随后上市的苹果麦金塔电脑模仿了施乐的图形界面，这是一种抄袭，但也是一次创新。因为除了图形界面以外，这台麦金塔电脑首次定义了今天我们看到的个人电脑的全部要素：主机、显示器、键盘、鼠标。如果不是这次"窃取"，那么或许今天我们也不知道鼠标是什么。

无数人都控诉这是一次抄袭，对此，我也不做过多评论。当时，乔布斯这样说："毕加索不是说过吗？好的艺术家复制作品，伟大的艺术家窃取灵感。在窃取伟大灵感这方面，我们一直是厚颜无耻的。"

乔布斯常常带领员工去参观博物馆、看展览，希望他们能从中获得启发。他认为，只靠盯住一件东西冥思苦想，并不能带来思维上的突破。用不同的创意"轰炸"大脑，才可以激发创造力。

所以，你如果也想做功能性创新，就在日常生活中多多留心观察，看看伟大的作品中有什么可以"窃取"的，最好能够及时记录下来。当你拥有足够多的素材时，或许你也能获得乔布斯初阶的创新力。

当然，如果乔布斯的创新只是"窃取"，我们就不会说他是这个世界上最伟大的产品经理了。

中阶：把握用户需求，创新用户体验

即使你觉得"窃取"灵感显得不那么高级，我相信你也不会否认乔布斯对用户体验的创新。

今天，全球的音乐市场都发生了翻天覆地的变化，传统的打包售卖模式被颠覆，渠道因此分散化。10多年前，我们哪怕只喜欢一首歌，也不得不买整张专辑，而现在，无论你用什么平台听音乐，你都可以只购买一首歌曲，而不是整张专辑。这一切都来自乔布斯以用户需求为基准的创新。

乔布斯观察到，大多数人因为无法购买单曲，不得已去下载盗版。于是，他用天才般的谈判技巧成功说服了包括索尼在内的五大唱片公司，在iTunes（苹果应用软件）上卖歌曲，而不是专辑，彻底改变了音乐行业，更改变了我们听歌的习惯。

再比如，iPod Shuffle（iPod数字音乐播放器）创造的全新的用户体验。2005年，乔布斯在MacWorld Expo（麦金塔世界博览会）活动中首次推出iPod Shuffle时说："它比一包口香糖更小、更轻。"

当时，大多数音乐播放器的操控非常烦琐，屏幕非常小，想在上面找到喜爱的歌曲播放实在麻烦。而iPod Shuffle没有屏幕，只用随机播放来听音乐的体验，对人们来说非常新鲜。发售后仅仅一年，iPod Shuffle 的销量就超过了 1 000 万部。

其实，这一切只因为乔布斯一个小小的决定——去掉屏幕，但这个决定背后是他对用户需求的深刻把握。他注意到 iPod 上面的"随机播放"功能非常受欢迎，他清楚地知道这是因为人们喜欢惊喜，懒得设置播放列表。

因此，当设计团队试图把 iPod 设计得更轻便时，乔布斯提出了一个疯狂的建议——"干脆把屏幕去掉吧"。整个团队都还没反应过来，乔布斯又坚定地说了一遍："去掉屏幕。"

他说："用户根本不需要找歌曲，歌曲可以随机播放。毕竟，所有的歌曲都是用户自己选的，他们只需要在碰到不想听的歌曲时按'下一首'跳过去就好了。"从此，iPod Shuffle 就以"生活是随机的"作为广告语诞生了。

如果乔布斯身上有什么值得领导者学习的，那就是时刻关注用户的需求，体验的创新就来自这里。

高阶：融合已有元素，创造伟大产品

虽然 iPod 让苹果和乔布斯再次站到了时代的潮头，但是毫无疑问，乔布斯的高光时刻是 2007 年 iPhone 的发布会。

说 iPhone 重新发明了手机，毫不夸张。在 iPhone 出现之前，智能手机还是"大屏＋键盘"的时代，而 iPhone 这样一

款屏幕超大、只有一个Home键（回到主屏幕的功能键）的手机，远远超出了人们对"手机"的认知。

iPhone上市时，大批"果粉"在全美各个iPhone销售门店提前排队，希望在第一时间用上这款新时代的手机。那一年，乔布斯被《财富》杂志评为"年度最伟大商人"。

乔布斯到底做了什么，才创造出这么一款颠覆性的产品呢？我们先来回顾一下iPhone发布会时，乔布斯是怎样说的。

今天我们要发布三款革命性的产品。第一款是一部触控式的宽屏幕的iPod，第二款是一部革命性的移动手机，第三款是一部突破性的上网设备。三款产品，一部宽屏触控式的iPod，一部革命性的手机，一部突破性的上网设备；一部iPod，一部手机和一部上网设备——你们懂了吗？这不是三个独立的产品，而是一款产品，我们叫它：iPhone！

发现了吗？乔布斯已经偷偷告诉你了，创新的答案就是融合，而不是组合。融合是要恰到好处地组合在一起，就是把每一个产品的优势结合在一起，同时，规避单一产品的不足。如果你认为简单的产品组合就能实现颠覆式创新，那就大错特错了。

事实上，乔布斯一开始找到摩托罗拉合作了一款名叫

ROKR 的手机，配有摄像头，内置 iPod。

如果你用过当时这款手机，你就会知道，这款手机既没有苹果迷人的极简风格，又没有摩托罗拉手机一贯的超薄造型。用一个字来概括它的特点就是：丑。而且它下载音乐极其困难，内存容量非常小。《连线》杂志曾经嘲讽说："你们管这叫未来的手机？"

乔布斯知道后怒不可遏。在一次苹果内部会议上，他对周围的人说："我受够了跟摩托罗拉这种愚蠢的公司打交道。我们自己来。"

在之后的研发过程中，乔布斯找到康宁公司，用金刚玻璃作为 iPhone 的手机屏幕，融合 MacBook（苹果笔记本）的多点触控技术，并且在设计上不断打磨，这才有了我们后来见到的 iPhone。它从手感、质感和美感方面多方位到达电子产品美学巅峰，征服了所有人，也彻底颠覆了手机的形态。即使在 10 多年后的今天，无键盘、全屏幕、多点触控也是智能手机的主流，这正是乔布斯曾经对手机的定义。

遗憾的是，iPhone 是乔布斯的巅峰之作，也成了乔布斯的绝唱。如果说 iPhone 是科技史上技术和艺术融合交织的交响乐，那么乔布斯就是这部交响乐的指挥，虽然指挥已经离场，但是这部恢宏的交响乐依然回响在电子科技行业的金色大厅。

⬇

要点回顾：从苹果身上，我们可以看到创新的哪三个层次？

一、"窃取"他人灵感，创新产品功能。

二、把握用户需求，创新用户体验。

三、融合已有元素，创造伟大产品。

> **思考题**
>
> 　　你的企业客户业务正面临什么用户需求，有哪些是所有同行都不敢或者不愿尝试去满足的？你也许可以想办法颠覆这个情况。

变革力：
杰克·韦尔奇的制胜法宝

> 不管是哪种类型的创新，它都意味着扔掉旧业务或旧模式。因此在能"创"的同时，还需要善"变"。专门从事组织变动研究的欧洲权威专家迈克尔·贾勒特认为，成功的变革是组织对外部环境变化的理解和反应、建立组织的内部能力，以及富有远见卓识的领导力三者的结合。在他出版的《变革力》一书中，他提出的核心观点便是，变革力是当今全球商业世界里所有佼佼者都具备的核心特质。而在商业世界里，最能为这个词代言的，当属"全球第一CEO"杰克·韦尔奇。

从成为通用电气公司百年历史上最年轻的董事长兼CEO开始，杰克·韦尔奇用20年的时间，使通用电气公司的资本增长了30多倍，达到4 500亿美元。2001年，杰克·韦尔奇卸任通用电气公司CEO一职时，在公司内部做了一场卸任演讲。在这场演讲中，他分享了自己认为关乎企业未来的10个准则，诸如诚信不只是守法、变革不是坏事、顾客导向精神是伟大企业的特征、自信是最重要的领导才能、失去最优秀的前20%的人才是领导的失败，等等。

在这场演讲中，关于变革，他这样说："要一直认为变革是好事，别因为担心自己不能掌控一切而夜不能寐。变革不是坏事，有了变革，每一刻都有新的机会。变革不是危机，你们要跨越变革，显示你们的领导力，让你的组织不至于在它面前陷入瘫痪。变革有可能会让组织里人心惶惶，要勇敢做出变革，并且享受这些激励人心、令人兴奋的事件。这将转换为一个公司的强大优势，要好好把握它。"

在我看来，在杰克·韦尔奇执掌通用电气公司的20年时间里，变革是他最突出的作为。如果你想在商业游戏中继续玩下去，想要"赢"，你就必须拥抱变革。他是典型的变革派，他领导的通用电气公司被评为全球最有价值的公司，他推行的"六西格玛"标准、全球化和电子商务几乎重新定义了现代企业。下面我们就来梳理一下杰克·韦尔奇的变革力制胜法宝。

找出问题的根源，树立变革的靶子

1981年4月，45岁的韦尔奇成为通用电气公司最年轻的CEO。当时的通用电气公司，无论是资产规模还是股票市值，都是美国排名第十的大公司，是当之无愧的明星企业。

但一上任，他就干了一件别人无法理解的事。他大刀阔斧地砍掉了还在赚钱的产品线，比如烤箱、熨斗，到最后几乎卖掉了整个通用电气公司。

他之所以要这么做，是因为当时美国家电市场中出现了来自亚洲国家的强劲对手，竞争环境越来越激烈。通用电气公司的家用电器和消费电子业务疲弱不堪，尤其是电视机制造业务，利润已经萎缩。虽然管理层和员工对这样的环境还毫无知觉，但杰克·韦尔奇清醒地看到了。除了发现业务本身存在的问题，韦尔奇还找到了问题背后的根源：官僚主义。

他回顾这段经历时说："我们必须变得更有竞争力。20世纪70年代日本人就在和我们分蛋糕了，作为一个国家，我们已经开始变得混乱，整个决策系统并不起作用。当时那是一个在决策上优柔寡断的系统，是我们在二战时期建立的系统，所有这些都是从战争的军事管理中总结出来的，这些等级制度、官僚主义、拍马屁、说漂亮话，真是太糟糕了。我们必须摆脱这一切。"

爱因斯坦说：不能在制造问题的层面去解决问题，而要上升到更高层面去解决问题。正是因为没有停留在问题的表面，而是准确找到了问题和背后的根源，韦尔奇才能提出清晰的愿景，明确变革的目标。

提出清晰的愿景，明确变革的目标

1981年12月，韦尔奇和华尔街分析师们见面，第一次公开表明了他会把公司带向何方。他说，未来的赢家将是这样一些公司：能从事真正有前途的行业，并做到行业数一数二。这里的"数一数二"不是说说而已，而是必须体现在效率、成本控制、全球化经营等各个方面。

对通用电气公司来说，这个实实在在的要求意味着，某项业务如果做不到数一数二，就必须被整改或出售。

接下来，围绕"数一数二"的目标，韦尔奇果断进行了全方位变革。执行这个战略的头两年，通用电气公司卖掉了71项业务和生产线，5年内裁掉了1/4的员工。

这当中，也有很多阻碍和非议。当一家熨斗工厂被关闭时，著名记者华莱士就说，通用电气公司只是因为利润不够高就解雇了800多人，这是把钱看得比人更重要。被采访的员工说，感觉自己遭到了背叛，还有一位宗教界领袖谴责韦尔奇不道德。

但是，在杰克·韦尔奇看来，当时的消费者已经偏爱塑料熨斗而不是金属熨斗了，金属熨斗被淘汰是迟早的事。所以，公司与其在陷入困境之后整顿，不如主动放弃已经过时的业务。只有这样，企业才能离"数一数二"的目标更近。

对于华莱士的控诉，他也提出了自己的辩解："你能为员工做的最好的事就是，尽早让他们意识到，自己是全公司能力最不足的人，所以他们就能够提早准备其他出路，然后早日跳槽到适合自己水准的公司，这在我看来才是一个更善良的公司应该做的。"

在变革中，韦尔奇很快发现，官僚和守旧情绪在公司随处可见。如果团队整体缺乏变革的积极性，"数一数二"的目标就根本不可能实现。

他在核反应堆部门找到了突破口。在这个部门，很多人都立志把全部生命投入核能应用的事业，期待用智慧改变世界。20世纪70年代，部门销售业绩也很好，平均每年能卖出三到四座核反应堆。

但在1979年，三哩岛核事故发生后，美国公用事业和政府部门重新评估了核电投资计划，这个核反应堆部门就再没接到过新订单。接下来的两年，这项业务亏损2 700万美元。

部门领导没考虑这些现实情况。他们表现出盲目的乐观。他们在提交给韦尔奇的计划中竟然预计，今后每年能得到三份核反应堆的新订单。

韦尔奇直接泼了盆冷水说，接下来不会再有来自美国的订单，请用新的产品思路来重新制订计划。

经过一轮又一轮的讨价还价，这个部门终于在几个月后拿出了新计划。他们把力量集中到对先进反应堆的研究上，并且开始了核燃料和核技术服务业务，部门净收入从1981年的1 400万美元增加到1983年的1.16亿美元。

后来，这个故事被韦尔奇在公司内部反复引用，他想告诉大家，不管你是什么样的人，你都可以成为通用电气公司的新英雄。你需要做的只有一点：抛弃成规，面对现实，立刻行动。

选用关键人才，推动变革的实施

韦尔奇认为口号和讲稿不会带来变革。只有在所有关键职位上都有合适的人才时，变革才能真正走上轨道。在这方面，韦尔奇有两条主要准则特别值得借鉴：一是，招募和提拔忠诚的追随者以及能适应变革的人；二是，清理并剔除反对者，即使他们有不错的业绩，公司也在所不惜。

1984 年，丹尼斯·戴默曼被任命为通用电气公司的 CFO（首席财务官）。当年，即使请上千名员工提交 5 个 CFO 的备选名单，肯定也没有一个人会提到戴默曼，就连他自己对这次任命也感到十分意外。他当时只是一个普通的部门经理，从来都没向董事会汇报过。

韦尔奇究竟看中了戴默曼什么呢？情况是这样的，通用电气公司的财务部门十分庞大，却自行其是。这个部门控制着整个公司的财务运转，自己却十分官僚，它不想改变公司，也不想改变自己。这个系统已经卡住公司脖子多年。

戴默曼和其他几名候选人不同的是，他身上没有官僚主义的作风。他不但才华横溢，而且勇气十足。业务上，他可以今天跟你聊怎样更快地卖出一个熨斗，明天就去分析最复杂的交易。

韦尔奇机警地察觉到，只有戴默曼才能打碎官僚主义的财务系统。在担任财务总监的开头 4 年，他改革了财务管理制度，还改革了审计部门，把审计人员从"公司警察"转变成业务部门的支持者，财务系统也焕然一新。

杰克·韦尔奇把公司经理分为 4 类：一是能实现目标并认

同公司价值观的；二是不能实现目标但认同公司价值观的；三是不能实现目标且不认同公司价值观的；四是能实现目标但不认同公司价值观的。只要是认同公司价值观的，即便不能实现目标，韦尔奇也会把他留下来，给他改进的机会；但如果不认同公司价值观，即便实现了目标，他也会被解雇。

今天，很多中国公司，比如阿里巴巴，也无比强调价值观，我的案例宝典课里都有专门讲述。可见，共识，是无比重要的。

⬇

要点回顾：杰克·韦尔奇在变革力方面最突出的三个亮点是什么？

一、善于找出问题背后的根源，树立变革的靶子。
二、能够提出清晰的愿景，明确变革的目标。
三、能够选用关键人才，推动变革的实施。

思考题

　　仔细想想，当前你最希望推动的变革是什么？分析一下阻力，你有什么雷霆般的方式来解决它吗？

教导力：
稻盛和夫的培育之道

> 通过变革，领导者可以带领企业应对挑战，不断前行。但就算一头雄狮，也不能带领一群绵羊获得胜利。领导者在前行的过程中需要同路者，需要一群有着共同理想、理念、追求的人通力合作。而优秀的领导者，能够在这个过程中担当一个好教练、好老师的角色，让员工不断成长。作为全球最著名的管理者之一，稻盛和夫身上有非常多的特质，在这个案例中，我们单独从"教导力"这个角度来看，领导者应该如何通过教导、培育，让更多的人和自己一路同行。

人的思维方式可谓千差万别。如果公司里每名员工的思维方式都各不相同，那么他们"力的方向"就无法一致。如何让所有员工实现统一思想？有人依靠制度保障，有人依靠文化灌输，有人则在选人时严格把关。对比之下，稻盛和夫的方式更加直接，他选择教导。

他自己这样论述这一点：每个人都有自己的特点，他们的想法、个性各不相同。而所谓企业，正是形形色色的人聚在一起所形成的商业团体，企业需要维持运作，也需要不断发展。为此，我一直不断做员工的思想工作，阐述经营目标。

在他看来，最为困难的工作就是向员工阐述企业的理念方针并使其接受和履行。他一有机会就会苦口婆心地对员工念叨

"咱们公司以这样的方式方法，朝着这样的方向迈进。希望大家能够理解和明白"，"我认为，作为人，应该具备这样的思维方式"……

这种教导的结果也十分明显，他不但创办了两家世界500强企业，还通过传授自己的经营思想和知识，培养、影响了无数个企业家和管理者。很多取得卓越成就的人，包括孙正义、任正非、张瑞敏等，对他都推崇备至。我自己也是一个稻盛和夫的"铁粉"，拜读了他几乎所有的著作。对于稻盛和夫的教导力，我总结了以下几个方面。

形成系统、完整、普适的思想体系

首先，从输出内容上看，稻盛和夫构建了一套系统的、完整的，而且具有"普适"意义的经营哲学体系。

稻盛和夫的经营哲学源于京瓷、日本电信运营商KDDI两家世界500强企业的实践，其中既有站在哲学高度、教人们应该坚持什么的"活法"，又有贴近现实、教人们应该怎么做的"做法"。

在"活法"上，稻盛和夫坚持人的动机要至纯至善。这投射在经营上，关键的两个字就是"利他"。动机越纯粹、高尚，你就越有号召力，越能经受住考验。

或许很多人还不知道，大名鼎鼎的稻盛和夫虽然已经取得了巨大的成功，却曾被人们取笑是"挑战风车的堂·吉诃德"。这源于20世纪80年代的一场电信巨变。

面对电信私有化的浪潮，稻盛和夫宣布进军通信行业，挑战当时日本的国营垄断巨头电电公社。当时，电电公社的规模是京瓷的20倍，而且，京瓷一直在陶瓷行业深耕细作，很难与电信产生协同效应，跨界的风险很大。

面对巨大的争议，稻盛和夫在反复追问中得到了答案。掌舵京瓷多年，他更加坚定地认为，事业成功的关键，就在于有没有以"纯粹之心"倾听市场的声音，以了无私心的态度做正确的事。经过反复自省自问，他确定，他的动机就是降低日本多年居高不下的通信费，这是为民众谋福利。于是，他做出决断，一定要做，由此拉开了创建KDDI的帷幕，成就了一个世界500强企业。

解决了"活法"，"做法"就水到渠成了。以高尚的哲学思想为基础，稻盛和夫强调人的主观能动性，并创造出经营十二条、会计七原则、阿米巴等经营方法。这些都成为他培育员工的丰富养料。

稻盛和夫在经营十二条（如图3-2所示）中告诉大家，要明确事业的目的与意义，设定具体目标，追求销售最大化和经费最小化，定价即经营等。或许有人说，这些都是稀松平常的道理，并没有什么过人之处。但恰恰就是这些简单朴素的方法让稻盛和夫取得了成功，还给他的员工带来了平安和幸福。

1	明确事业的目的与意义	2	设定具体目标
3	胸中怀有强烈愿望	4	付出不亚于任何人的努力
5	追求销售最大化和经费最小化	6	定价即经营
7	经营取决于坚强的意志	8	燃烧的斗魂
9	拿出勇力做事	10	不断从事创造性的工作
11	以关怀坦诚之心待人	12	始终保持乐观向上的心态，抱着梦想和希望，以坦诚之心处世

图 3-2 稻盛和夫经营十二条

当然，稻盛和夫只有一个，大部分人都无法像稻盛和夫一样总结出一套系统、完整的哲学体系。不过，只要善于总结，你同样可以拥有属于自己的思想和方法。

打造平等、简单、透明的"布道场景"

看完了输出的内容，再来看输出的方式。从输出的方式上看，稻盛和夫打造了一个平等、简单和透明的"布道场景"。

稻盛和夫的话语体系中没有高深莫测的表达，他习惯使用朴实无华的语言、简单易懂的故事和直白的公式，这样容易口口相传，增强了教导的效果，拓宽了教导的广度。

他有个简单的公式，人生的结果 = 思维方式 × 热情 × 能力，道出了成功的秘诀。从这个公式，我们可以看出，能力只是成功的一个要素，需要与思维方式和热情相乘才能发生蜕变，这道出了后天努力的重要性。

稻盛和夫以"螃蟹只会比着自己的壳打洞"来阐述企业规模完全取决于经营者的器量。为了让干部和员工切身体会"定价即经营",他反复讲述一个开乌冬面摊的例子:用什么样的鲣鱼干和海带熬制高汤,材料费一共多少钱,相对于成本,又该如何定价。

在语言上,稻盛和夫追求通俗易懂。在教育场景上,稻盛和夫也不拘一格。京瓷公司是一个酒文化盛行的公司,工作之余,大家很喜欢喝酒聚餐,这被稻盛和夫命名为"空巴"。正如他强调的,"离开工作场合,大家就不要有上下等级的分别,推杯换盏即可"。

在狭窄的空间里,热热闹闹,肩膀碰着肩膀,膝盖碰着膝盖,大家一起喝着酒,涮着火锅,诉着衷肠。时间久了,潜移默化,大家越来越熟悉,并越来越认同稻盛和夫的经营哲学。

知行合一,创造"实践哲学的道场"

在明确了内容与输出的方式之后,我们来看看应用层面。有人问稻盛和夫,怎样才能把自己的想法渗透给全体员工?稻盛和夫给出了这样的答案:您必须达到值得员工尊敬的水平。他用自己的行为创造了一个实践自身哲学的道场。

有句俗语叫"破锅配破盖"。如果自身品行不高尚,实力不过硬,能力不够强,你与大家一起喝再多的酒,也不能传达自己的思想感情，更谈不上赢得员工的尊敬。

经常为稻盛和夫撰书的日本作家北康利，这样评价稻盛和夫："他必须依靠自身高精度的决断维持领导力，部下就像追随常胜将军一样追随他。稻盛依靠敏锐的'嗅觉'在商场上不断取胜，这也是他向心力的来源。"

稻盛和夫用实际行动告诉大家，他取得的成绩都是拼命干出来的。他这一生勤勉努力，坚持用百米的速度跑马拉松，成为努力工作的一面镜子。

稻盛和夫日日反省，做事公正，不为私利。之前提到，他力排众议成立 KDDI。因为工作太累，他患上了令人痛苦不堪的三叉神经痛，但他并未持有 KDDI 的任何股票。他 78 岁掌舵风雨飘摇的日航，也是殚精竭虑，同样以"我每周只有两三天在日航工作"为由不收取报酬。他的行动感动了员工，他也得到了员工的尊敬。

不过，仅凭个人魅力，领导者还不足以让员工真正与企业血肉相连、荣辱与共。先请大家思考一个问题：员工到企业工作的目的是什么？员工基本的需求是挣钱养家糊口，境界再高一些，就是要实现个人价值。

稻盛和夫完成了这两点的统一，他坚信企业应立足于"追求全体员工物质和精神两方面的幸福"，这恰恰是能引起员工共鸣，并使他们愿意追求的东西。

企业经营状况好时，稻盛和夫会给员工加薪发奖金，经济形势不好时,他也绝不裁员。20世纪70年代,石油危机爆发,经济低迷,大量企业为求自保,纷纷裁员。其实,稻盛和夫也考虑到如果订单减少、人员过剩,这不但会提高企业成本,还会降低士气。但他坚持不裁员,而是让部分员工继续在一线工作,部分员工从事辅助工作并参加培训。通过这种方式,他保留了所有员工。

⬇

要点回顾:稻盛和夫的教导力秘诀可以分为哪三个层次?

一、形成系统、完整、普适的思想体系。

二、打造平等、简单、透明的"布道场景"。

三、知行合一,创造"实践哲学的道场"。

思考题

你的人生哲学和最坚定的人生信条是什么?你尝试过把这些结合到你的日常管理和经营中吗?试一下,这也许会产生令你意想不到的效果。

反思力：
任正非的省思要领

> 前面我们讲了领导者如何创新、变革，如何引导和培育别人跟随自己。下一步就是反思了。《权力与领导》的作者詹姆斯·克劳森认为，"做一个会反思的领导者"是保证领导力的前提条件，是基础的领导观。领导就是管理能量，首先是管理好你自己的能量，然后是管理周围人的能量。我非常认同这一看法，在带领团队前行的过程中，领导者是否善于反思、总结经验，特别重要。所以，接下来我们来分析一下任正非的反思力。

反思就是对自己的思维和行为进行评估、分析和调整。通过有效地反思，我们能持续给自己评估和反馈，从而知道自己哪些地方做得好，哪些地方做得不对，意识到自己的优势和不足，发现问题并及时改正。

反思能够让个人进步，让企业发展，让国家兴盛。对领导者来说，反思力更是带领企业不断成长的必备能力。与此相反，一个领导者如果不懂得反思，那么无论是他自己还是组织，都会走下坡路，甚至走向没落。

作为一个企业领导者，任正非的反思能力极强。任正非曾说"我天天思考的都是失败"。事实上，华为能有今天的成就，离不开他的不断反思。正是因为在不断的反思中调整、变革、颠覆，他才能领导这家公司披荆斩棘，穿越多次危机，不断发展和壮大，员工数从6人到20万人，年收入从2万元到8 588亿元（2019年）。华为一度成为在全球500强中排进前50的跨国企业。

任正非有一次在高层会议上说："只有长期坚持自我批判的人，才有广阔的胸怀；只有长期坚持自我批判的公司，才有光明的未来。自我批判让我们走到了今天；我们还能向前走多远，取决于我们还能继续坚持自我批判多久。"他的反思并不仅仅停留在自身的层面上。从个人到组织，任正非的反思力可以分为三层，这三个层次与华为的发展密切相关。

自我反思，主动担责

曾子说："吾日三省吾身。"这就是强调人要进行自我反思。华为的创立，跟任正非的自我反思也密切相关。

年轻时的任正非十分有才华。他是一个科技工作者，在部队工作时就申请到多项发明专利，研制出了空气压力天平。1982年，他还被选为军队代表，参加了中国共产党第12次全国代表大会。39岁的这一年，任正非选择了转业。他去了南油集团，并获得了电子公司副总经理的职位，南油集团是当时深圳最好的企业之一。

多重打击随之而来。他刚到公司不久，就遭遇了生意上的失败，被人骗了200多万元，背上了一笔看起来毫无偿还希望的债务。那是20世纪80年代，对绝大多数人来说，连1万元都是个天文数字。任正非很快被南油集团开除了，妻子也不愿和他共同面对巨额的债务，选择了离婚。

上有退休的老父、老母要赡养，下有一儿一女要抚养，他还要兼顾6个弟弟、妹妹的生活。从这一连串的不幸中，任正非开始了深度的自我审视和反省。任正非在《一江春水向东流》中对当时的反思这样回忆："我后来明白，一个人不管如何努力，永远也赶不上时代的步伐，更何况在知识爆炸的时代。只有组织起数十人、数百人、数千人一同奋斗，你站在这上面，才摸得到时代的脚。"

在这样的反思中，他深刻感悟到"人要感知自己的渺小，行为才开始伟大"。慢慢地，他改变了过去的孤傲，也是在那个时候，任正非看到了交换机的机会，创办了华为。他不再自己做专家，而是成为组织者，团结大家的力量共同去做事。

2018年，华为内部进行了自我批判和反省。任正非还做了题为《烧不死的鸟是凤凰，在自我批判中成长》的讲话。华为内部处罚通知显示，任正非被罚100万元。一份经过董事会常务委员会讨论的处罚决定显示，罚款原因是分经营单位出现了经营质量事故和业务造假行为。在高管罚款名单中，总共有5个人，除任正非外，其他人各罚50万元。

在企业出现问题时，任正非并没有把责任推给其他人，而是主动反思自己在其中的责任，这就是善于反思的领导者所具有的特殊魅力。

纵观历史，那些优秀的领导者，没有一个不是在反思中度过一生的。有着无数丰功伟绩的曾国藩每天都会事无巨细地把当天发生的事情记录下来，然后进行检讨。美国开国元勋本杰明·富兰克林每天睡觉之前都会审视自己是否做到了他对自己的要求。

引导下属，建立自省意识

一个人会自我反思，我们只能说他是一个优秀的人才，而一个领导者，就必须能引导下属反思。

任正非总是教导员工要不断反思。他说："人生就是通过不断地总结，形成一个一个的网点，进而结成一个大网。你如果不善于归纳总结，就会像猴子掰苞谷一样，掰一个，丢一个，你最终将没有一点儿收获。大家平时要多记笔记、写总结，不想进步的人肯定就不会这么做。不进步还不安分，牢骚怪话满腹，这样的人我们不接受。如果你不善于归纳总结，你就不能前进。"

华为手机能有今天的成就，要归功于任正非带领下属的反思。早在2003年，华为就设立了手机部门。但是当时，华为大多是为欧洲和中国运营商做定制版，很多版本不带华为的标志，因此大部分人都不知道。2007年，iPhone横空出世，打破了手机市场格局，以火箭般的速度成为世界第一。诺基亚、摩托罗拉等功能型手机迅速在市场中消亡，智能手机成为主流。

然而，直到2010年，中国包括华为在内的几家手机品牌，还抱着运营商定制机的"大腿"。运营商采购的数量虽然大，但是压价很严重，品牌商不得不压低成本，牺牲手机的质量和功能。因此，消费者对这些手机品牌严重不满。

任正非意识到苗头不对。2010年12月3日，他召集200多名高管开了一个座谈会。在会议上，任正非引导大家对终端产品进行反思。他说："我认为在终端上，我们创新不够、能力不够。自己要抓住自己的优势，要做出几款好的产品。"

为了引导高管们进行反思，任正非不断发问："要好好想想，我们的战略是什么，怎样才能胜利？采取什么样的战略需要你们自己想明白，到底是你们先把规模搞得大一点儿，还是先把利润搞多一点儿，这个不要我来给你们判断，否则你们CEO不应该拿这么多钱。你们现在提升自己的竞争能力是最重要的。"

在任正非的引导下，团队最终明确了华为在终端上做品牌、主动进攻的战略，这次会议也被称为华为终端的"遵义会议"。华为手机的起飞就是从这一次会议开始的。

带领组织，形成惯例和制度

一个领导者的能力，最终体现在组织上。一个具备卓越反思力的领导者，能够打造一个善于反思的组织。而任正非正是这样一个领导者，他号召员工不停地进行批判和自我批判。

任正非说："自我批判是拯救公司最重要的行为，世界上只有那些善于掌握自我批判的公司才能存活下来，世界是在永恒的否定之否定中发展的。如果不坚持自我批判这个原则，华为绝对不会有今天，没有自我批判，华为就不会认真听取客户的需求，就不会密切关注并学习同行的优点，就会以自我为中心，很快被淘汰。"

为了将反思精神贯彻到公司，任正非带领整个公司开展过许多场集中反思大会。曾经，任正非在研发体系举办了一场反思大会，大会标题叫《从泥坑里爬起来的人就是圣人》。

在现场，任正非把由于工作不认真、测试不严格、盲目创新造成的大量废料，以及研发、工程技术人员奔赴现场"救火"的往返机票，成箱成盒地包装成特殊的奖品，让"得奖者"上台，一个一个领奖。任正非甚至建议"得奖者"把这些废品抱回家去，与亲人共享。

更难得的是，任正非不但带领员工进行自我批判，进行反思，也鼓励员工对他进行批判。2018年，在一次人力资源的会议上，各级管理者在开放性的讨论中"炮轰"任正非，列出整整十大"罪状",甚至有些直指任正非的核心思想。

面对批评,任正非也很坦然。他自信十足地说:"一个公司如果真正强大,就要敢于批评自己,如果是摇摇欲坠的公司,它根本不敢揭丑。正所谓'惶者生存',不断有危机感的公司才一定能生存下来。"

上面说的那次罚款事件,很多人以为只是在华为的年度工作会议上开的玩笑,没想到真的发文兑现了。实际上,任正非时常在组织内开展"自我批评",目的是强化自我批判的价值观。华为曾经在1999年、2000年和2013年都进行过几次大规模的自我反省。

一个领导者,要时不时地停下来,带领组织共同反思。

⬇

要点回顾:在华为诞生和发展过程中,任正非的反思力可分为哪三个层面?

一、自我反思,打破自我防御,主动担责。
二、引导下属,建立自省意识。
三、带领组织,形成自省的惯例和制度。

思考题

　　你的反思处在哪个层面？你尝试过带领你的团队或者公司进行反思吗？

复原力：
柳井正的成功引擎

> 看完了领导者如何"升级打怪"、带领团队勇猛冲锋之后，我们该看看公司怎么"回血"了。无论计划多么周全，团队多么紧密，在发展的过程中，失败不可避免。面对挫折和打击，有的人一蹶不振，有的人反而把危机当契机，变危机为转机，超越逆境、卷土重来。要想从失败中站起来，快速复原，就显得特别重要。环顾全球企业家，出类拔萃者总是能渡过难关，他们身上有一项重要的能力——复原力。

在心理学中，复原力是指个体从逆境或挫折中恢复的能力。你可以想象一块海绵，无论我们怎么揉捏它，它总是可以复原到最开始的形态。复原力强的人，跌倒后爬起来的次数，总会比他人多一些。

在这一部分，我们要介绍的这位领导者，是拥有复原力的典型代表。马云曾经称他为集"创新""智慧""勇气"于一身的人。他把自己的人生叫作"一胜九败"的人生，因为他认为失败是成功的伴侣，没有那"九败"也就不会有最终的"一胜"。他就是著名服装品牌优衣库的创始人柳井正。

回顾他的人生经历，我们可以发现，他的人生其实没有大起大落，而是在克服一个又一个挫折时，取得了成功。柳井正到底经历了哪些"败",又如何从这些失败中获得复原力,转败为胜,如何把个人的复原力注入组织?下面我们一一剖析。

掌控情绪:做自己情绪的主人

面对失败和挫折,很多人无法快速恢复的一个重要原因就是情绪失控。优衣库创始之初,人们对它的印象是"便宜没好货"。顾客在买回优衣库商品后,甚至会特意把优衣库的标牌剪掉。

为了倾听消费者的不满,柳井正在全日本的报纸和杂志上刊登广告:以100万日元征集对优衣库的不满。结果,征集到的消费者意见有近10 000条,几乎都是涉及商品质量的。

近10 000条的意见,像一大盆冷水泼向柳井正,每一条冰冷的负面反馈都像渗入了毛孔,寒意直达柳井正的内心深处。但他在意识到自己的负面情绪后,并没有被负面情绪困住,而是正视问题、转换角度看问题。最终,他反而把握到一丝通往未来的光亮:价格低不可能成为优势,能够提供低价格、高质量的产品,才是优衣库的立身之本。

从这个角度看,10 000条针对质量问题的意见,倒成了了解公司产品的重要途径。优衣库的立身之道也由此萌芽。随后,在生产管理方面,根据顾客的意见,优衣库不断做改进和提升,不断追求低价格、高质量的极限,才有了现在我们熟悉的优衣库。

柳井正说:"不要惧怕失败,要研究,要改善。因为在一系列失败中,孕育着下一次成功的胚芽。"失败是理所当然的、不可避免的——这是柳井正的心智模式,也是他能摆脱负面情绪的根本原因。

建立同理心:从顾客的角度出发

同理心是指对他人的理解与共情。它可以帮助我们正确理解他人的意图,感受他人的情绪,更有技巧地和他人沟通。

很多时候,人们遭遇失败或者挫折就是因为缺乏同理心。比如,企业家在推销产品、投放广告时,经常容易犯的错误,就是只考虑产品特点,忽视了看广告的人。表达者无论声音多大,如果接收者不愿意聆听,信息一样无法传达。这样的广告就是失败的典型。

柳井正就犯过这样的错误。为了体现自家产品优势,表现优衣库可自由退换货的服务特点,广告中,一个家庭主妇在优衣库收银机前一边说"这件衣服我不喜欢,给我换一件",一边把穿在身上的衣服当场脱了下来。

广告播出后,不但没有促进销售,还引起了轩然大波。很多顾客感到非常不舒服,来投诉。女性人权保护团队也提出了抗议,广告只好提前停播。在分析这次失败的原因时,柳井正发现，这则广告虽然表达了优衣库可自由退换货的服务特点，却没有考虑观众的感受。

无法让消费者认同的广告，就是失败的广告。通过与消费者共情，柳井正确立了这样的理念：服装原本是没有个性的，只是通过某个人巧妙的穿着，才展示出独特的个性魅力。调整后的广告片邀请了音乐家、演员、学者和普通民众，这些不同职业、个性鲜明的人在电视广告中呈现他们的商品体验，并用淡定的语调告诉人们，优衣库的商品是怎么回事儿。

新的广告中，没有激烈的音乐，也没有对商品的重复强调。优衣库想告诉观众的东西都包含在片子里，等待观众去接收。最终，这则广告取得了成功，不仅大幅提高了产品销量，还有效提升了优衣库的品牌价值。优衣库从一个单纯的服装零售商，上升到被大家认可的"新型日本企业"。

要与消费者共情，从对方的角度去感受，一旦对方感受到了你的同理心，他们会感到自己被尊重，自己的诉求被聆听，也会更愿意聆听你的声音。一旦沟通效率提升，很多过去困扰你的问题也会迎刃而解。所以，拥有同理心，与他人共情，也是提升复原力的重要因素。

为员工赋权：给组织注入复原力

优衣库的真正成功是从销售摇粒绒衫开始的，摇粒绒衫连续三年销量增加，并带动了其他商品的销量。由于业绩高涨，一部分员工产生了错觉，认为做生意很简单，只需要及时补货就行，门店似乎就是自动售货机。

然而，优衣库的业绩在到达顶峰后，开始走下坡路。那些抢购优衣库摇粒绒衫的人，那些因为买了优衣库服装到处撞衫而觉得不爽的人，渐渐远离了优衣库，连媒体也开始质疑，"优衣库是不是不行了"。

柳井正认识到，公司业绩下滑，就是由于摇粒绒衫太成功了，新产品的开发没有跟上。在获得成功后，公司内部的保守主义倾向便开始滋生。成功反而成了孕育僵化、保守化、形式化的温床。

为了充分激励员工，柳井正启动了一系列改革：改变总部和门店的上下级关系，变为双向对等关系；建立"超级明星店长制"，充分信任员工的成长性，鼓励店长自主经营，在遵守基本原则的前提下，店长可以像个独立生意人那样，经营自己的门店。

店长负责制充分调动了员工的积极性和主动性。店长成为主角，成为生意场上的真正经营者。在这个过程中，公司也培养了一部分优秀的人才。也因为店长负责制的开创性，柳井正和他不断精进的团队逐步带领优衣库走出日本，走向世界。

所以，复原力不仅可以从个体中获得，也可以从集体中获得。在公司业绩下滑、遇到低谷的时候，柳井正选择信任员工，为员工赋权，通过改变公司的运营机制促进员工的主动性，激发员工的能力。从集体状态的提升中，员工获得复原的力量，从而带领公司走出困境。

复原力不只可以从自身获取，也可以从与他人的共情中获得，而高级的复原力来自更广阔的集体的力量。

↓

要点回顾：柳井正的复原力经过了哪三次提升？

一、掌控情绪：做自己情绪的主人。

二、建立同理心：从顾客的角度出发。

三、为员工赋权：给组织注入复原力。

思考题

还记得你的上一次受挫吗？你是怎么从其中复原的？找到那个关键点，形成你自己的复原力吧。

承责力：
董明珠的必胜经验

> 作为管理者，每个人都会对"责任"这个词有不同方向的理解。但全世界最受推崇的管理学大师彼得·德鲁克认为，管理就是责任。管理者要对一摊事儿、一群人、一个结果负责。把责任归到外部或者其他人身上，在心理学上被称为"受害者心态"。很多公司中经常出现推诿、踢皮球、找理由等情况，这在本质上就是领导不敢承责。

说起董明珠，大家的印象可能是她在媒体上"争强"的一面，比如和雷军的10亿赌局，比如强势代言格力电器。但这样一个"争强好斗""四处树敌"的人，却成功带领格力电器从一个年销量只有2万台空调的地方企业，变成今天年销售额超2 000亿元的世界500强企业。

全世界最早的现代成功学大师拿破仑·希尔曾经说过："主动执行是一种极为难得的美德，它能驱使一个人在不被吩咐应该去做什么事之前，就能主动地去做应该做的事。这个世界愿意对一件事情给予大奖，包括金钱与名誉，那就是不找借口、主动执行。"

我非常认同这一观点。也正是因此，我认为，在强硬的外表之下，董明珠的领导力中最鲜明的一点就是她的承责力。她对责任的自觉承担以及她对工作的主动执行，才是她最终获得成功的根本原因。她曾经说过："企业家最大的特质是别人不做的，你要去做；别人不愿意承担的，你去承担。"从这个视角，我们来看一下董明珠的领导力。

思维基础：长线考量，结果导向

培养承责力的第一步，就是要理解什么是真正的承担责任。很多人往往会把责任和不好的结果联系起来，认为承担责任就是找个倒霉蛋"背锅"。但是，这是对承责很大的误解。真正的承责力，是保障结果的心态和能力。

董明珠刚加入格力的时候，干的是营销业务员的活儿。她的第一项工作是被派去开拓安徽市场。董明珠遇到的第一个难题就是清理经销商的欠款。当时，企业和经销商的合作模式是"先货后钱"，由企业先发货，等卖得差不多了，经销商再给企业回款。这种模式给企业带来了很大的资金压力。董明珠刚到合肥的时候，就遇到了当地有名的老赖——牛老板。当时，他欠了格力电器42万元的货款，前任业务员催了好几次都没有成功。

其实，董明珠完全可以不用理会这笔烂账，因为这是前任业务员留下来的，即使追回了欠款，她也无法获得提成。但是，责任心强的董明珠没有置公司利益于不顾。她觉得，从短期来看，自己的利益也许会受到损失，但是从长远来看，自己一定可以收获更多。

这笔债一追就是40多天。这段时间，董明珠几乎天天去牛老板公司堵他，据说连牛老板的员工都被董明珠的毅力打动，经常帮她通风报信。最后，牛老板被逼得没有办法，只好答应董明珠，让她去仓库搬货，这才帮助格力挽回了巨额损失。

复盘一下董明珠追债的过程，我们可以发现董明珠身上有两个关键特点。第一点是"长线考量"。董明珠知道"追债"这件事，在眼下是负收益，但长远来看，有利于让格力电器的现金流保持稳定。而稳定的企业也更容易获得经销商的信赖，这将为打开安徽市场形成助力。

第二点是"结果导向"。董明珠想要实现的是"追回债务"这个结果，而不只是在执行"追债"这个任务。所以，培养承责力的第一步就是跳出"受害者心态"，养成"长线考量"和"结果导向"的思维方式。

执行方式：分析目标，寻找突破点

在思考模式成熟之后，我们再来看一下如何有效地保障结果。这是让承责力成为习惯的很重要的一步。因为只有不断地完成目标，我们才能形成正向激励，让自己和团队不断体会到承担责任带来的成就感，并最终形成一种习惯。

上面我们已经提到，"结果导向"是非常重要的思维方式。所以，当我们接到任务时，第一件事情就是要明确我们想解决什么问题，想拿到什么成果。

董明珠初步在安徽市场取得成绩之后，收到了朱江洪的邀请，他邀请她一起考察江苏市场。他们在南京却感受到了前所未有的尴尬局面：作为中国"四大火炉"之一，南京本该是格力大展拳脚的地方，但是格力空调在南京几乎没有知名度，甚至很多商场都没有上架格力空调。董明珠和朱江洪调研之后发现，主要原因是南京市场的业务员几乎没有做什么"售后"，经销商在关键时刻常常找不到人，久而久之，消费者也就对格力品牌失去了信任。

在明确了问题之后，董明珠就被任命为南京市场新的负责人，开始重振南京市场。市场很大，但自己的品牌知名度几乎为零，该怎么重振呢？这时候就需要学会"分析目标，寻找突破点"。

董明珠首先对空调大市场进行了分析，拆解问题难点。当时中国正好走出"电荒"困境，空调使用有了基础保障，也迎来大增长的窗口期，这是天时。而其中，炎热的南京夏天又热又长，更是空调消费的主力城市，这是地利。同时，南京作为江苏的省会，居民的购买力和购买意愿很高，空调在这里可以被定义为基础电器，这是人和。

天时、地利、人和俱全，而格力电器又有过硬的产品质量和不逊于同类产品的性价比，这些都让董明珠认定，南京市场潜力无穷。

在完成基本分析之后，董明珠开始寻找突破点。她决定先从南京的大商场入手，只要能突破一个大商场，她再去和其他经销商谈，就会顺畅很多。在综合分析地理位置、知名度和过往合作情况之后，董明珠锁定了南京太平商场。

太平商场的经理姓雷，是一位看上去憨厚可靠的女士，两人见面之后，董明珠并没有急于跟对方谈销售的话题，而是先向她了解格力空调在这里的销售情况，这个话题果然打开了雷经理的话匣子。

一番交流之后，董明珠发现，格力空调在太平商场的主要问题是当地业务员的架子大，货到了三个月，业务员才露一次面。另外，因为南京有很多本土的强势品牌，格力空调根本卖不动。

董明珠听完立即做出承诺："从明天开始，我每天都会来这里帮你们卖空调，一定帮你们把空调卖完，我说到做到。"

之后的时间里，董明珠果然信守承诺，她一有空闲时间就会去太平商场帮忙卖空调，甚至因为去的次数太多，大家都开玩笑说她是商场的"编外营业员"。在董明珠的努力下，原本堆在仓库里的格力空调竟然真的都卖出去了。

而董明珠的"说到做到"，也让她与雷经理建立了深厚的信任关系，虽然当时正值深秋，但雷经理还是从董明珠手里进了一批价值20万元的格力空调。有了太平商场的成绩，董明珠之后又顺利拿下了南京的其他经销商。

领导力形成：以身作则，打造企业承责文化

2017年，《商业伦理杂志》刊登了一篇关于领导力的论文，论文通过样本研究发现：如果领导者正直而充满社会责任感，那么员工也会更加愿意主动承担责任。这一点，在格力的企业发展中也能够得到验证。

2015年，在中国制造业高峰论坛上，董明珠第一次喊出了格力的新口号：让世界爱上中国造。从"好空调，格力造"到"让世界爱上中国造"，我们可以感受到格力在企业责任上发生了变化。前者是对消费者负责，而后者上升到了一个更高的层面。

2020年，新冠肺炎疫情期间，格力集团开始生产口罩、测温枪等一系列防疫用品，而且价格低廉。例如，格力的N95口罩只卖5.5元一只，而当时市场上的N95口罩已经卖到了50元一只甚至更高。董明珠在事后的采访中说："口罩、口罩设备、护目镜、测温枪等防护物资，这些都不赚钱。格力做口罩，只是体现作为大企业的一种社会价值。"

这些都是董明珠和格力身上社会责任感的体现。但是走到

这一步，格力其实并不容易。20世纪90年代初的格力，员工懒散，贪腐严重。而改变的契机是一场格力经营部的人事大震荡。因为不满当时格力电器总经理朱江洪的提成改革，经营部的很多骨干集体出走。在格力风雨飘摇的时候，董明珠再一次站了出来，担任经营部部长，开展了一系列的"整风运动"。

首先，董明珠决定先从公司的工作氛围入手。她制定了严格的工作规范，例如上班时间不准随便吃零食，不得随意离岗等，规定执行起来不讲任何情面。这里面还有一个小故事。在公司刚开始推行工作规范的时候，董明珠不小心发生了意外，摔伤了肋骨。在知道这件事后，同事们立即去医院探望她，对此董明珠非常感动。但是她出院的第一天，就对这些同事进行了批评和罚款。因为他们探病的时候，恰好是工作时间。

董明珠说："制度必须是刚性的，是不讲条件和不讲人性化的。制度怎样规定就该怎样执行，这样才能达到令行禁止的效果。"

其次，董明珠整顿了公司和经销商体系中的贪腐、裙带问题。1995年夏天，全国各地都出现了高温天气，空调供不应求。有一个经销商就找到了董明珠的哥哥，希望能够通过他的关系多拿货，并向他承诺可以给他2%的提成。她的哥哥立即就答应了下来，当他给董明珠打电话的时候，他却遭到了拒绝，不管她的哥哥怎样软磨硬泡，董明珠都只有两个字："不行。"同时，她马上打电话给找关系的经销商，告诉他："从现在开始,格力停了你的货。"因为这件事,她的哥哥和她断绝了关系,整整 20 年都没有联系过。

也许在很多人看来,董明珠这件事做得很傻。但董明珠心里清楚,她只要开了这个口,其他经销商就会模仿,好不容易建立起来的规则就会崩溃。

就这样,董明珠以身作则,让一系列严苛的规则得到了落实,使格力原本的"浑水"变得清澈。同时,她也让员工意识到,遵守规则、保持责任感,才能发挥自己更大的价值。

↓

要点回顾:董明珠是如何以承责力来带动整个团队的?

一、思维基础:长线考量,结果导向。

二、执行方式:分析目标,寻找突破点。

三、领导力形成:以身作则,打造企业承责文化。

思考题

回顾一下你的团队最近一次出现的大问题。在内心中你是怎样归因的?在共同总结中你主动承担了多少责任?

钝拙力：
方洪波的儒道心经

我们翻看全球商业史恐怕也难再找到这样的故事，两家企业兜兜转转几十年，不仅成为同行业的双寡头企业，还各自在公司内部同时培养出顶尖的掌舵人。讲完董明珠，我们着重讲一下她的老对手方洪波。

他们有很多相似之处：两人都是20世纪90年代初从体制内辞职，只身下海闯广东；都从基层做起，在企业发展过程中力挽狂澜；都在2012年这一年接过权杖，继而把各自企业送上了世界500强企业的榜单。

从外显的人格特质来看，他们又完全不同，董明珠像烈火，刚猛炽烈；方洪波则如水，平静无形，却能瞬间斩金断石。

方洪波和我是安庆老乡，他于我来说亦师亦友，除了日常交流外，嘉宾派还在 2017 年和 2021 年两次到美的访学，我们带领学员面对面向方洪波请教、求证，大家进行讨论和反思。在我看来，方洪波就是典型的具备中国传统文人特质的领导者，这不仅是因为他出身于安庆传统的书香世家且自己喜爱读书，更是因为他的领导风格非常鲜明地融入了典型的中国出世文人的性格特质。

中国传统文化强调领导者的"圣贤"品质。以曾国藩为典型案例，我们可以看出传统中国文人成为领导者所具有的坦诚质朴、谨慎谦卑、果断决绝等特质。这其中一大部分品质今天在西方管理学理论中也越来越受到重视，这实际上也就是为何典型的中西方领导者之间，外部表现相通，内在逻辑却不同。

因此，在这部分的最后，我将通过方洪波的经历与几个美的的实际案例，从中国文化视角来探讨中国文人特质的领导力。借用梁启超概括曾国藩的词，我把这种领导力称为"钝拙力"。

大道至简的理念体系

美的与格力这对老对手，在发展的数十年时间里屡有摩擦发生，在各种专利战、营销战中攻守角色也时常转换。但其中有两次火药味十足的事件，鲜明地显示了董明珠与方洪波处世之道的区别。

第一次是 2016 年全国两会期间，格力电器在广东代表团驻地首都大酒店召开新闻发布会。董事长董明珠在这一特殊场合直接发难，公开称美的学术造假、侵权和窃取商业机密，还为现场媒体分发了一份数十页的打印资料"这些年，美的做过的事"作为证据。

2017年的《财富》杂志回顾了这一事件。面对美的的10万名群情激愤的员工，方洪波下了一道命令，要求他们"唾面自干"，从此骂不还口，打不还手。方洪波称，这样做的原因是他认为这件事情从长远来看根本不值一提，而中国建立起成熟的商业文明尚需时日。

第二次是2020年，美的与格力一同参与中国移动的招标项目，后者被中国移动以弄虚作假为由取消中标资格。随后，格力官方发文质疑美的弄虚作假，董明珠还亲自上阵发微博"公平的营商环境不能光靠政府，企业也要遵纪守法"。类似的事件重演时，方洪波干脆都没有出面，只是经由企业在媒体上发布了"第一次且仅有一次的回应"。

两个事件，彪悍的董明珠都站在台前，硬把竞争对手拉进旋涡中心，但方洪波都等在幕后，保持着冷静与不争不辩的态度。

曾国藩曾说过："唯天下之至诚能胜天下之至伪，唯天下之至拙能胜天下之至巧。"在传统儒家思想的影响下，中国式领导力的核心理念其实并非取巧的权术，而是取简的钝力。

2011年，方洪波从创始人何享健手中彻底接过权力的前夕，美的的营收刚刚突破1 000亿元，公司也正处于发展过程中最凶险的阶段。知名媒体人秦朔发表文章《美的"盛世危言"》，直接指出美的此前为了冲击1 000亿元大关留下的诸多问题。

何享健与方洪波在针对几个问题订单进行深入分析后，发现在以规模增长为主导的模式下，片面的营收增长掩盖了低利润的事实，产品存在严重的低水平竞争问题。方洪波提出了清晰的改革思路：一是从以规模为中心变为以产品为中心，二是从注重销量变为注重毛利。

看起来最简单、最笨拙的方式，执行起来难度远高于"巧"办法，但这通常也最有效。正如金庸在《神雕侠侣》中形容绝世武功和传奇兵器时所写的那样：重剑无锋，大巧不工。这个简单的思路获得了何享健的认可，他在这之后放心地进行了权力移交。方洪波以此为指导的大刀阔斧的改革，也成为其执掌美的的新起点。

"内圣外王"的决断基础

"内圣外王"一词首见于《庄子·天下篇》，这一理念在儒家思想和中国哲学中都居于核心位置，对中国文人有深远的影响，与"修齐治平"的思想一脉相承。这体现在领导者的思维上，是指用圣人的标准要求自己，而后对外用"王者之政"。

2022年5月,在持续的新冠肺炎疫情和多重因素的共同影响下,美的集团开启了大裁员。这已经不是方洪波第一次因裁员陷入舆论旋涡了,也正是因此,作为管理者的方洪波常给人一种书生气质与杀伐果断相结合的矛盾形象。

1997年,美的空调业务出现大幅度下滑,方洪波临危受命,被提拔为空调营销总经理。上任伊始,他做的第一件事就是大裁员和大换血。从一线销售到30多位大区营销经理,包括董事会成员的亲属、美的建立初期的元老等,凡是被认为人浮于事的员工,全部被扫地出门。

为了填补这些岗位,他先后招聘了19批学生,每批15人,由自己亲自面试,亲自培训,手把手地重新组建一个营销团队。谁都没想到,原来的一个谦卑书生,竟然有如此狠辣果决的手段。

更大规模的裁员发生在2012年,方洪波在接任美的集团董事长后,本着此前所定下的两大理念,对美的采取了外科手术式的改革。其中,最鲜明的一项就是产品线的调整和相对应的裁员。

在半年的时间里,方洪波几乎停掉了原来的所有非白电业务板块,砍掉的产品型号超过7 000个,停掉了30多个产品平台,甚至还关闭了10多个工业园区和制造基地。在他上任前,美的员工总数接近20万人,其中管理人员就有近2.5万人。他用一年的时间将管理岗位削减到了原来的3/5,总裁员人数更是达到7万人。

在创始人何享健的支持下，美的与方洪波整整熬了3年，美的终于获得重生，开启了高速发展道路。但在当时，方洪波所面临的来自各方的舆论压力远大于现在。

实际上，中国历朝历代都不乏从文人成长为军队统帅的领导者，从诸葛亮到班固，从范仲淹到于谦，从他们的故事中我们可以看到儒雅与铁腕、悲悯与杀伐相结合的状态。在方洪波对美的的管理中，我认为这正体现了以"修身正己"为基础的果决领导风格。上任之初，除了大裁员和砍业务线外，他的另一个大动作就是"去官僚化"的体系改革。

2017年那次到美的访学，美的的组织架构给我和全体学员都留下了深刻的印象：从一线员工到方洪波只有4个层级——经理、总监、副总裁、董事长。这个组织结构，比当时很多创业公司都要扁平。

还有，比如在方洪波彻底接手之前，美的的办公大楼有高管专用电梯和高管小食堂，方洪波在掌权后第一时间就取消了这些特殊待遇，并且规定副总裁以下不准配秘书。

当然，作为管理团队的最高层，方洪波自己更是一直以身作则。方洪波日常午餐就是在美的大楼的大食堂，与普通员工一起吃同样的工作餐。不管去哪里出差，他也都是只身行动，自己买机票，自己预订酒店。

很多人认为方洪波是个"狠人"，然而我觉得，只有对自己够狠才能在使用权力的时候下狠手、出重拳。方洪波正是这样以圣人的标准要求自己和高管团队，其才在员工中成为具备"王者"之风的领导，这也成为他每一次杀伐决断的基础。

谦卑敬畏的处世之道

说完儒家，我们再看一下道家强调的领导力。老子在《道德经》中说："不自见，故明；不自是，故彰；不自伐，故有功；不自矜，故长。"也就是说，人不固执己见才能明察秋毫，不自以为是才能明辨是非，不自夸自满才能成就功绩，不妄自尊大才能成为领导者。

在中国文化的体系下，谦卑是一种重要的领导力。1992年，方洪波辞掉二汽的国企工作进入美的集团，在企业内部报纸《美的报》当了一名通讯员。整整20年后，他从企业故事的记录者成为企业发展的书写者。在这条成长路径上，谦卑的领导力不仅让他个人成为家族企业放心的接班人选，也赋予了美的集团一种谦卑务实的气质。

1996年底，何享健就考虑过提拔方洪波来担任销售公司总经理，但出乎他意料的是，方洪波拒绝了，他觉得自己还没准备好。1997年，当何享健再次要求方洪波担任改为事业部制以后的空调营销总经理时，他才硬着头皮上任。

2012年，他在刚刚接任董事长一职之时，接受了原《赢》

周刊记者的采访。他说:"每一次升职我都几乎没有自信去承担……就像一个深夜回家的孩子大声唱着歌只为壮胆,我就这样一站又一站为自己打气热身——因为明天总会来临,没有人能够逃避。"

在每一次被赋予新的使命时,他都保持着谦卑的敬畏之心,因敬畏而谨慎。谦卑敬畏之心不但让他对职责更加谨慎,也让他对使命更加忠诚。哪个企业的领导者不希望职业经理人具备这两个品质呢?

在这位谦卑的领导者之下,这家企业对商业环境、时代变化始终保持着敬畏。这种领导力的优势在美的收购库卡的案例上得到了完美体现。

2016年,正当美的准备进军欧洲市场之时,方洪波看中了一家德国的机器人制造商——库卡。但在地缘政治等复杂国际因素的影响下,当时的中国企业海外并购环境已经开始变得恶劣。比如针对这起并购,就有欧洲政界人士表示担心,此次收购被视为德国"第四次工业革命"核心的相关技术流入中国。

面对这种担心,美的的决策是放低身段,充分尊重库卡员工和决策层的意愿,公司开出了"难以拒绝"的价格并给出了"不干预"的承诺——在今后7年半的时间里保留现有岗位和工厂厂址,而且在此期间不会退市或重组该公司。这次收购的成功,成为美的海外发展和加快数字化转型的重要一步。

2018年春节前夕,美的的市值突破4 000亿元,方洪波在全集团发表跨年讲话："我们今天还面临着很多困难，在未来的征程中，还会有更多困难等待着我们去克服，我们必须对时代的变化保持敬畏和谦卑，要敢于变革创新，才能避免被时代洪流所淹没的命运。"

也正是由于谦卑，方洪波和美的对新技术、新趋势、新势力保持着敬畏，企业得以保持着领先的位置。在嘉宾派两次赴美的访学的过程中，方洪波本人都给予了极大的支持，他说很重要的一方面就是因为，嘉宾派的很多企业都代表了新变化与新势力。

他在2021年给嘉宾派学员授课的过程中表示："放眼过去300年，商业文明的进步都是新旧势力斗争的结果，从燃油汽车 VS 马车，再到如今新能源汽车 VS 燃油汽车。新势力相信所有东西都可以改变，所有的危机、挑战和困难都是机会，旧势力、旧行业都纷纷被颠覆。美的要做新势力，接纳和拥抱新思维，不能成为旧势力的陪葬品。"

道家讲的是"知其雄，守其雌"，是说人知道自己很强大却能够保持谦卑，这样才能理解、欣赏、倾听、包容，这样才能领导别人。中国历代贤相名臣受此影响，都具有谦卑、恭谨的品质，那些身居高位但仍然能保持如履薄冰、小心谨慎的人，通常能在大的风波中善其身、成其事。

安庆老乡的视角

安庆是一个出文人的地方，中国清代文坛上最大的散文流派"桐城派"不仅出自这方水土，更对安庆的后代文人有着深远的影响。近代以来，陈独秀、张友鸾等不少文人志士都以办报为起点，并在后面的人生中取得了不同的成就。

我曾问方洪波，你的灯塔是什么，他回答说："有两个，我的家乡安庆和杰克·韦尔奇。"我想，这一回答代表了他作为"出世文人"的两面，杰克·韦尔奇是全球享有盛名的传奇企业管理者，这是他个人的努力方向。而老家安庆与安庆的文化是他内心的起点，为了铭记这个起点，他常做两件事：一是坚持读文学类图书，二是每次回老家都要在老井前掬一捧水。

我想，正是因为有这些清晰的灯塔作为指引，方洪波才在商界多年仍保持着文人性情，也让他在当今商界保有其独特的领导力。

第四章 新

IP 化生存指南

开篇

——

在移动互联网时代，我们随时能感受到周围的信息在爆发式地喷涌，人们的注意力却总是在碎片化地游离。虽然制造和发布信息变得容易且便利，但要抓住稀缺的注意力资源、圈出自己的消费群体，却总如井中捞月。

这让想靠品牌运营占据市场一席之地的企业感到无所适从。究其原因，信息过剩带来的用户行为的碎片化，再加上人工智能和大数据技术精心构造的信息鸿沟，已经让在这个时代中的品牌的成长逻辑发生了巨变。传统模式通过内容汇聚形成流量池，品牌将流量引到后端对接商业的过程太长，用户的消费冲动往往在内容消费阶段就已停止，最终我们发现内容与后端商业没有明确关系。

在遍寻突破路径后，很多前沿商业探索者给出了非常一致的答案——IP化生存。道理其实很简单，鲍德里亚早就在其著作《消费社会》中指出，人们对物的消费，实质上是消费物所承载的符号意义。不同的是，借助互联网技术，当代商业又为这个符号延展出了全新的生命力。我在这里挑选8个案例，通过这些案例全面拆解一个IP从初建到培育的全过程。在这里，你还会看到品牌或组织如何让这个IP具有不朽的生命力。

焕发生机：
故宫的 IP 定位重生

> 我们正进入一个泛 IP 化时代，一方面，旧的品牌形象工程无法胜任全新的粉丝运营逻辑；另一方面，IP 化可能也是 ROI（投资回报率）最高的事情了。所以我们可以看到，传统意义上由影视、文化、内容公司做的 IP 化运营正在被越来越多的企业使用，下面我们要看的这个案例不是大家传统观念中的企业，但我认为它可以称得上是一家超级企业。

我们先来讨论一下什么是企业 IP 化。在我看来，企业 IP 化指的是通过挖掘企业品牌与掌舵人的特性，赋予其性格色彩、文化内涵、价值观。品牌 IP 持续输出优质内容，不断引起用户好奇、共情，获得良好产品体验，进而使用户"路转粉"，最终提升品牌价值。企业 IP 化的第一步，就是做好 IP 设计。在这方面的佼佼者当属中国第一文化 IP——故宫。它独到的 IP 设计心法，让原本古老的 IP 重新焕发了生机，受到各圈层民众的追捧与喜爱。它的设计之道可以给很多企业，特别是拥有传统文化资源的企业，带来很多启发。

在 2013 年以前，老百姓眼里的故宫还是高高在上、庄严肃穆的形象。民众觉得它离自己的生活很远，只是一个供游客瞻仰、参观的名胜古迹。2013年后，故宫"画风"大变。它放开了夜游故宫的权限，让民众体会到了别样的文化魅力。接续着这场"线下活动"的热度，故宫文创产品新意百出。例如，印有"朕就是这样的汉子"等俏皮语录的折扇在朋友圈里刷屏，故宫色口红在一天内就卖出了8万支……

人们印象中"正襟危坐"的故宫，渐渐飞入寻常百姓家。在这之后，从百年炸鸡老店到NBA球鞋，从数码潮玩到轻奢彩妆，全球各大品牌争相与故宫IP联名，故宫IP俨然已经成为商业顶流和爆款产品的发动机。

故宫是如何做的，其又能给其他企业带来哪些借鉴呢？我们"由里及表"把它的IP设计拆解为三个基本要素，分别是核心层、内涵层、表现层。与三个要素相对应，我们把这个IP设计的过程也分为三步。

找准价值观，明确IP定位

正如前文所述，这几年，故宫"变"了，无论是由严肃变活泼，还是由传统变现代，都是变的表象。各位读者是否想过，在这些表象背后，故宫真正的改变是什么呢？在我看来，答案是"价值观"，正是因为"灵魂"变了，故宫才焕发了新的生机。

故宫前任院长单霁翔曾说过："过去我们谈起故宫博物院

来，经常非常自豪地说一些世界之最，比如，故宫是世界最大规模的宫殿建筑群；故宫收藏的中国文物藏品是世界上最多的。这些当然是值得自豪的，但这些是最重要的吗？我觉得可能不是。最重要的是，你要把你的文化资源融入人们的社会生活。你说你的馆所宏大，但70%的范围都不开放；你说你的藏品多，但99%的藏品都不拿出来展览。那么，这么多世界之最有什么用？"

故宫"画风"大变，是因为单院长打破了故宫固有的"高高在上，只是一个单调的中国文化符号"的形象，树立了崭新的价值观，那就是——成为人民的故宫。

因为要成为人民的故宫，所以要"开放"。故宫现在的开放面积已经突破80%。午门雁翅楼是紫禁城最大规模的建筑群，在过往几十年里，那里都被当作库房，现在却成了故宫最火的展厅。而以前的故宫会怎样说呢？故宫是国之重器啊！管理的第一要务是"安全"，而文物在库房才安全，开放面积越小，文物展览范围越小，自然越安全。

故宫要成为人民的故宫，让普通民众也能受到中国文化的熏陶，所以它要"亲民"。每个月，故宫都会举办免费的文化培训，到全国各地举办文化创意展，还为深夜排队买票的游客提供了2 500杯水和800多盒方便面。听听民众的声音："这地方几十年没这么热闹了！故宫原来这么有人情味儿！接地气！"故宫哪里还是往日正襟危坐的模样？

就这样，在"人民的故宫"这一价值观的指导下，故宫找到了"开放""亲民"的定位。

说到价值观，我还想给大家介绍一个将价值观融入IP设计的典范，那就是漫威宇宙。在这个宇宙里，有蜘蛛侠、美国队长，还有科学怪人等近百号IP人物，他们性格各异，可观众并不觉得"违和"。因为他们拥有统一的价值观——个人英雄主义精神。

价值观是一个IP的灵魂，有了价值观的指引，IP的打造就有了战略方向，IP也有了统一的内核。

深挖文化资源，构建IP内涵

当然，有了灵魂，有了战略，明确了IP设计的方向，下一步，我们该思考的是，怎样去构建IP的内涵。

构建的前提是找到可用的文化资源范围。故宫IP的形成，离不开本身强大的传统文化资源的积淀。

由文物衍生的各种文创产品，像兰亭笔墨盒、玉玺巧克力，散发的是故宫文物的文化感染力；《我在故宫修文物》纪录片，展示了默默耕耘的文物修复者的工匠精神，是从人物和故事的角度挖掘故宫的内涵；故宫开放夜游、开放进宫赏雪景，是让民众从切实的场景中感知故宫的文化内涵。

故宫的这套打法告诉我们，IP内涵需要以文化资源为寄托，我们可以从物、人、场景、故事这 4 个维度出发去寻找（如图 4-1 所示）。

| 物 | 人 | 场景 | 故事 |

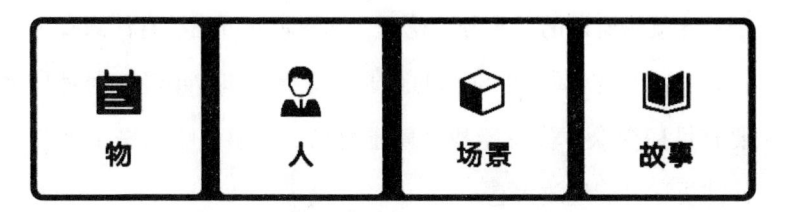

图 4-1　如何更好地挖掘文化资源

看到这里你可能在想，故宫背靠中华传统文化，文化资源本就丰富，但作为一个普通企业，其文化根基与故宫根本没有可比性。但我要告诉各位读者，文化资源的多少，取决于你有没有充分挖掘。你注意到了吗，故宫里随意溜达的猫都能被 IP 化。那些猫可不是慈禧或者孝庄的宠物。

单霁翔在一次演讲里提到，故宫猫是他的特殊手下，它们站岗、放哨、巡逻，到点儿了还交接班，所以整个故宫没有一只老鼠。故宫猫的软萌形象一出，"吸猫"的年轻人就近乎疯狂了，天南海北的人都寄猫粮过来，甚至还有人专门拟出一份故宫撸猫打卡路线。

其实，与故宫恢宏和厚重的文化历史相比，故宫猫真是毫不起眼的元素，但是故宫能发现它们独特的文化价值，用它们的生机与轻松来调和庄严的历史，这别有一番感染力。在故宫猫的形象火爆朋友圈后，故宫趁热打铁，推出了故宫猫系列文创，深化 IP 的价值。而这一系列文创的开发工作，正是由嘉宾商学校友、洛可可创始人贾伟带领 800 名设计师完成的。

这就是所谓的"充分"挖掘，你的企业可能没有什么有年头儿的"老物件"，也许你的企业本身都还非常年轻，但是只要有目标受众，你总能找到属于自己的故事，哪怕一个细节，你都要尽可能地放大它。

毫无疑问，无论我们树立怎样的价值观，挖掘怎样的文化内涵，如果最终输出的 IP 形象抓不住用户的注意力，那也是白费力气。所以，在这个方法论的最后一步，我们来讲一下怎样打造吸睛的形象。

制造反差，树立鲜明形象

前面说过，从心理研究的结果来看，反差明显的事物可引起情绪的高水平唤醒，令人记忆深刻。在无数的历史正剧里，皇帝都是正襟危坐的形象，如果故宫再延续这种形象，用户就不会产生任何记忆点。怎么办呢？故宫建立 IP 的做法是反着来——皇帝高高在上，那我们就让他"下凡"，皇帝与现代生活格格不入，那我们就让他穿越到用户身边。

2014 年，"故宫淘宝"在公众号上发布了一篇文章——《雍正：感觉自己萌萌哒》，以雍正的宫廷画像《雍正行乐图》为原本，用动态图表现雍正帝在民间生活的场景，配以"朕就是朕，颜色不一样的花火"等搞笑文案，让雍正帝一改往日严肃正统的形象，变得生动有趣。这篇文章让平均阅读量4位数的"故宫淘宝"有了第一次10万+。2016年，一则《穿越故宫来看你》H5（媒体广告页面）刷爆了朋友圈，片中的永乐帝朱棣戴着墨镜，跳着骑马舞大唱rap（说唱）。他不仅一路自拍臭美，还把照片发到QQ群与妃子互动。让网友直呼"好刺激"。而这种刺激，就源于反差造成的冲击力。

这种反差化的人设构造方式，也经常被用在好莱坞商业IP的塑造上。我们以漫威塑造英雄人物为例，蜘蛛侠、美国队长等超级IP共同的人格特点是强大，但他们又有脆弱的一面，比如蜘蛛侠在生活中自卑怯懦，美国队长在变身之前是一个体弱多病的贫穷男孩。

⬇

要点回顾：在故宫焕发生机的过程中，IP设计有哪些秘诀？

一、找准价值观，明确IP定位。
二、深挖文化资源，构建IP内涵。
三、制造反差，树立鲜明形象。

思考题

趁热打铁，赶紧想一下你的企业里有什么文化、背景、实物甚至操作细节是有可能被 IP 化的？就算你现在还不打算立刻使用它们，你也可以先把这个资源保存起来。

奠定基础：
初音未来的 IP 设计从零到一

> 卢梭曾经说过，现实的世界是有限度的，而想象的世界是无涯的。但现实是这样，如果让你发挥想象力设计一个 IP，你虽然拥有无限的发挥空间，却可能无从下手。在现实中，我们也看到，很多企业推出了各种各样的 IP，包括玩偶、吉祥物等，但这些都只是摆设，激发不了用户的任何兴趣。我们看完了故宫如何把古老的 IP 擦亮，后面我们开始从更小处着眼，看一下如何从零到一创造一个新 IP，下面我们来看看初音未来的 IP 设计案例。

很多人可能不了解初音未来这个 IP，我先说一下这位"女生"有多受欢迎。初音未来是一个虚拟人物，她是由克理普敦公司（Crypton）设计的虚拟歌手。但在她出道至今十余年的时间里，她已经在世界各地举办了超过 60 场全息投影演唱会，火爆程度不亚于真正的一线明星。不仅如此，由她演唱的单曲《告诉你的世界》发行地区超过 200 个，创下了世界纪录。目前，初音未来这个虚拟人物的"身价"高达 6 亿元人民币。

也许不关注二次元的你，对她并不了解。但你应该听说过知名弹幕视频网站"哔哩哔哩"，也就是 B 站。B 站成立之初的名字叫作"Mikufans"，而 Miku 正是初音未来的英文名。B 站最初的用户，很大一部分都是因初音未来聚集到一起的，初音未来在二次元圈内的影响力由此可见一斑。

这个大 IP 是如何设计出来的呢？我们下面仔细进行拆解。

设计极具文化特色的人物外表

其实初音未来的诞生纯属意外。她最早是雅马哈公司开发的一款名叫 Vocaloid 的音乐软件，只要人们在软件中输入旋律和歌词，软件就能自动合成歌曲。

但软件的使用门槛实在太高，所以其销量一直非常差，销售代理商克里普敦希望设计一个拟人化的形象来为这款产品代言，于是就有了现在的初音未来。

受到日本二次元文化的影响，初音未来的创作借鉴了大量动漫元素，克里普敦社长伊藤博之曾这样描绘这个形象的设计灵感："我认为它应该像动漫一样。"

初音未来之所以能成功，在很大程度上是因为她的外形设计。16 岁的设定，1.58 米的身高，是日本文化里对于"初恋女孩"的想象"共识"。独特的双马尾设计，源于 20 世纪 90 年代获得"最佳双马尾奖"的美少女战士；裙子和靴子的数字设计，参考了程序中的可视化音频线条；葱绿的配色，则仍然保留了雅马哈 DX7 合成器的品牌形象配色。

以这个形象为基础，设计者给初音未来从里到外赋予了二次元文化最鲜明的符号。对于为她配音的声优，设计者更是千挑万选，最终选择了声音兼有甜美与独立感觉的藤田咲。这个形象在推出之初就非常明确地定位在一个群体——日本"御宅族"。

在日本文化中，御宅族是一群对于动画、漫画、游戏非常狂热的人，在年轻人中，他们的占比极高。初音未来正是迎合了他们的文化爱好，因此初音未来获得了庞大的粉丝基础，才逐渐让自己的影响力跨越圈层，不断扩大。

这种通过迎合文化建立爆款 IP 的情况其实非常多见：《西游记》的道、佛文化反映了中国人千百年来的信仰；J. K. 罗琳笔下的哈利·波特迎合了西方世界对巫师文化的想象；《变形金刚》里的机械文明隐藏着人们对未来科技的美好向往。

如果你想要打造爆款 IP，那么设计一个具备当代文化特点的角色或故事，一定必不可少。只有外表还不够，人物和故事都需要有足够的内涵。

巧用情感表达，设计人物性格

如果初音未来只是一个好看的皮囊，其最多也就成为少部分人喜爱的"纸片人"，就像诸多在动漫作品（甚至包括影视作品）里广受欢迎的虚拟人物一样，最终无法跨越其所处的狭窄的语境。真正让初音未来"有血有肉"，成为全世界音乐天后的，还是设计者对其人物性格的塑造。

初音未来既然是虚拟歌手，那么唱歌一定是其少不了的特长，其进入最初的一大批粉丝视野的契机是一首她翻唱的《甩葱歌》。在极为洗脑的歌曲旋律下，Q版[①]的初音未来手持一根大葱上下甩动，这样魔性的PV（音乐促销宣传影像）画面和音乐引发了观众的疯狂互动，甚至一度让视频网站的弹幕系统陷入崩溃。

而初音未来也因为这段PV的火爆，再加上其本就和葱相近的发色，被网友亲切地赋予了"葱娘"的称呼和爱吃葱的人设。后来，这些粉丝又继续"自嗨"地给她加上了萌萌的"吃货"形象。

如果说设计者在大众文化语境中埋下了初音未来这个符号的种子，并且培养其发芽，那么这棵嫩芽最初的成长是由粉丝"众创"的。

官方在看到这种互动之后很快接受这些信息并且做出了正面反馈，在其后续的版权授权和周边商品中，我们都能见到许多葱的元素。"吃货"这个人格，也开始被设计到她的台词里。再比如，在《甩葱歌》引发的创造热潮下，在自由创作者所写的单曲《世界第一的公主殿下》成为爆款后，初音未来又在偶然间获得了"公主殿下"的人设。

在这样的创作背景下，初音未来的演唱会顺势而生。主办方利用全息投影技术让活在网络世界的初音未来走进了现实世

---

① Q版是指一种漫画的变形夸张形式。——编者注

界。这也让初音未来这个虚拟歌手显得越发真实起来。

有意思的是，每当初音未来举办演唱会时，天公总是不作美，下起大雨，有时甚至造成交通瘫痪或引发自然灾害。对于任何一名歌手，这都是极其糟糕的情况了。但在日本动漫作品中，有一类登场就必然会影响天气好坏的角色，被称为"雨男"或"雨女"。初音未来带来的这种偶然现象和其看似影响现实世界天气的能力，也让她被网友赋予了"最强雨女"的称号。这个非官方的"雨女"称号在民间逐渐深入人心，甚至成为大众调侃或者动漫作品彩蛋的重要符号。

都说音乐是表达情感的最佳方式，初音未来就这样通过千万次歌唱成功地塑造了自己的性格。就像一个真人明星，初音未来有了自己的社交账号，她每次出演的通告和行程也会被发在各大社交媒体平台上。其偶尔也会发发自己的状态和生活，甚至会开些玩笑。每年的 8 月 31 日，还会有大量粉丝给她发来生日祝福。

到这时，初音未来已经不是一个虚拟歌手了，她甚至比很多现实世界中的明星对媒体所展示的刻板符号还要丰富得多。也许这个由粉丝互动的"众创"IP，是在娱乐圈之外很难实现的。实则不然，我们看到很多在做品牌形象或个人形象的企业，甚至利用公众的批评巧妙地"自黑"成了 IP 形象。在巧妙引导之下，一个看起来没那么让你满意的"个性符号"，总比没有个性要强。

带来感动，成为用户精神寄托

基础形象需要有大众乐于接受的文化或者时代基础，必须有性格。但这似乎并没有打破我们上面说的"纸片人"难题，因为在二次元甚至其他圈子里，这样的角色也并不少见，却难以取得像初音未来这样的成绩。这是为什么呢？

在汉语中，偶像的定义是，被人模仿的对象。对现实世界的追星族来说，偶像的说话方式、穿衣搭配、饮食习惯等，都是值得模仿的，粉丝会在这种模仿中获得精神满足。

二次元圈子的粉丝自然也不例外。官方不仅在为初音未来设计各种靓丽的造型，使其更充分地与粉丝互动，而且让每个粉丝都可以"参与"她的成长。粉丝不再是简单地模仿她，而是一起塑造她。

和其他知名 IP 相比，初音未来因为没有任何官方的背景故事，反而能拥有无限的故事。每个人都可以参与初音未来的创作。通过简单、易上手的软件，你可以让她唱出你想听的歌曲，换上你喜欢的衣服，如果你的功底强，你甚至还能为她书写一段经历，撰写一段人生。

许多初音未来衍生的文化圈都是这样出现的。漫画、小说、游戏、手办、cosplay（角色扮演）等，这些文化圈彼此独立又紧密联结，共同促进了初音未来文化的繁荣。每个人心中都有自己的初音未来，这是人们自己塑造的完美形象，也是人们努力想要成为的样子。

事实上，如果真实人物的大众偶像能把粉丝互动做到这样好，那么他们也会成为用户的精神寄托，影响力经久不衰。

说到这里，还有一个题外话，似乎二次元形象比真实偶像更具有优势的点在于，大家不用担心年龄造成的形象改变，更不用担心丑闻，初音未来是一个永远都不会崩塌的完美形象。单就这一点来说，她比现实世界里很多偶像都更具有成为粉丝精神寄托的优势。

如果你已经完成了 IP 外表和内涵的设计，那么下一步，你一定要让自己的 IP 像初音未来一样占领用户内心，成为用户的精神寄托。

要点回顾：初音未来如何通过 IP 设计，实现从零到一的品牌成长？

一、迎合文化，设计独特形象。

二、表达情感，设计人物内涵。

三、带来感动，成为精神寄托。

思考题

　　回想一个你喜爱的虚拟形象,无论来自影视、小说还是动漫,如果你想帮这个虚拟形象做点儿什么来打破固定语境的圈层,那么你应该做些什么呢?

玩儿转营销:
熊本熊如何让 IP 全球化

> 这一部分我们来讲讲 IP 的运营。很多企业辛辛苦苦把 IP 打造出来了,也在持续产出内容,却没有通过运营来放大 IP 的能量。在嘉宾商学,每每看到这样的案例,我都感到惋惜。实际上,运营 IP 就是运营势能,在前面我们讲过定位、人格化和内容打磨,企业还需要通过传播、渠道、持续输出对其能量持续放大。具备足够势能的 IP 自带话题和势能价值,它们能够进行持续的人格化演绎,甚至能善用新技术,提升流量或者变现能力。这一篇,我们来看看一个小县城怎样把自己的形象成功运营成了全球 IP。

这个 IP 的外形蠢萌,偶尔还会"犯犯贱"。它的粉丝遍布全球,在地球任何一个角落,你都可能看到它的身影;你在微信上,随时可以看到它的表情包。它诞生 5 年,就让自己的家乡旅游人数实现了将近 20% 的增长。它就是日本九州熊本县的吉祥物——熊本熊。2022 年 3 月,熊本县官宣,熊本熊周边的销售额已经突破 1 万亿日元。

熊本熊卡通形象是城市经营品牌的一个非常成功的经典超级大 IP。IP 运营系统是其关键,熊本县买断了熊本熊的插画著作权,免费提供肖像使用权。目前熊本熊的相关产品已达两万多种,而且这个数字仍然在被主动创作者持续增加。它的形象已渗透到城市生活的方方面面,成为极富生命力的城市象征。

更重要的是，这些在城市宣传中的IP使用并未对这个IP形成消耗，反而让其实现了增值的良性循环。这个案例的成功价值在于，它让IP运营具有吸纳和辐射城市资源的功能，成为连接城市经济社会生活各元素的纽带。以下，我们具体来看一下它的运营关键点。

巧借事件，让IP形象深入人心

如今，很多企业都热衷于设计拟人化IP。设计这类卡通形象并不是为了追求好看或可爱这么简单，IP设计需要紧扣营销目标进行。好的IP形象不但有很强的辨识性，更要成为价值观的载体。

这个案例的主角熊本县有着独特的火山地貌，盛产草莓、西瓜、番茄等农作物，但在以前，这一切都无人知晓。当地城市营销的重点是：吸引更多的游客，卖出更多的农产品。

2011年，日本新干线全线开通后，熊本迎来千载难逢的发展机遇，当地决定加强城市推广，并把标志设计任务交给了作家小山熏堂，他和著名设计师水野学一道，圆满完成了任务。

但设计师觉得，应该以更吸引人的方式进行更深层次的推广。于是，一个呆萌的吉祥物——熊本熊就此诞生。鉴于熊本县的火山地貌，熊本熊的身体主色调被定为黑色，脸蛋上重重地画上了两块圆圆的腮红，这不但让它更憨厚可爱，而且使它更能代表熊本县美味的红色农产品，呼应了"火之国"这一称号。

单从设计思路看，这好像也没什么新鲜，对吗？但下面这个故事一定会让你感到"惊艳"。

随着其知名度的提高，可爱的熊本熊经常参加各种公开活动，其每次出场前，都让粉丝翘首以盼。有一次，出现在台上的熊本熊让所有人表情都凝固了——在它脸蛋儿上，标志性的腮红竟然不翼而飞！

没有了腮红，熊本熊瞬间黯然失色，沦为一只普普通通的熊。这可了不得！熊本县政府即刻召开紧急记者会，煞有其事地宣称，熊本熊腮红的遗失是一次严重事件，因为它是熊本县人民幸福的象征。熊本县领导还在各大社交媒体发布通告，发起一场轰轰烈烈的"寻找腮红"战役。

在这场寻找腮红的活动中，各大媒体持续跟踪报道，腮红的下落成为民众热议的头条话题。经过重重波折，腮红终于被找回来了，原来，草莓园、番茄地都出现过腮红的踪迹。人们深感惊喜，整个活动以"找回腮红"的全民狂欢完美收官。

这显然是一次精心策划的事件营销。对这一点，除了小朋友，恐怕谁都知道。令人叫绝的是，明明如此，却谁都没有戳破，从当地政府领导到普通民众，都非常认真而严肃地投入了这场游戏。

这让整场活动获得了巨大成功。每公布一个腮红出现的地点，熊本县农产品就会得到一次高度曝光。这件事还向外界传递了这样一个信息：当地的草莓、西红柿如此美味，好吃到能让熊本熊的腮红都掉了。

塑造人格，强化IP与产品的连接

毋庸讳言，企业IP无论怎么精心设计，其实很难人见人爱，那么我们还能做点儿什么呢？或者说，那些被人们喜爱的企业IP有什么特点呢？我们至少可以找到以下几个共通点：IP既有自己的个性，又有普适性的内涵，符合多数人的审美和品位。在这个基础上，其还能通过情感和文化连接，推动完成品牌及营销任务。

IP的个性是必须的，因为它要承载企业的文化符号，需要结合企业特点来设计。而普适性的内涵，我们之前已经说过，是通过IP人格化来获得的。

与日本其他卡通形象一样，熊本熊有着非常鲜明的个性。在外形和动作上，它呆萌呆萌的，常常做出捂嘴、抬脚这样的标志性动作。这般精心设计的个性，给粉丝留下了深刻的印象。

但这当然还不够，如果想让熊本熊承担起品牌和营销的重任，就需要让它和它的营销客体——熊本县建立密切的连接，为此，熊本熊被进行了人格化塑造。具体来说，熊本县政府给了它一个正儿八经的职场身份——熊本县营业部兼幸福部部长。

营业部部长的级别仅次于副知事，幸福部部长则意味着其要为当地人的幸福负责。他有自己的专属办公室，办公桌上放着写有职位的人名牌，一周工作5天。

像所有政府要员一样，它会定期更新脸书和推特，发一发工作行程，出席一些宣传活动和公益活动，比如在天皇与皇后面前大跳体操舞，参加时装周走秀，参演歌舞伎……

熊本熊的第一份正经任务是"在大阪分发一万张名片"，以此来提升熊本县的知名度。可这个"位高权重"的重要人物，关键时刻却掉了链子。在接到任务后，它确实去了大阪，只是很快就不知去向。

于是，熊本县知事紧急召开记者发布会，宣称"熊本熊在大阪消失一个月了，希望知道熊本熊消息的人第一时间告知"。民众纷纷参与讨论，有支招儿的，有提供线索的，最终这件事演变成一场全民寻找熊本熊的行动。

很多人都知道，这正是熊本熊第一次重要的事件营销。这样的打法套路成为熊本县的日常。比如熊本熊曾经有一次惨遭降职，原因很简单——减肥失败。另外，他还申请过担任东京奥运会火炬手，想为世界体育事业尽一份力，但最终被拒绝了，据说是因为它年龄还太小，不够懂事。

正是这些角色设定和职场趣事，让熊本熊的形象立体而丰满，并让它有了浓浓的人格化色彩。它让公众感觉这就是身边一个活生生的有趣的朋友。正因为这样，熊本熊很快就俘获了大量粉丝，而他的一举一动又与他在熊本县的任职密切关联，熊本县也就顺理成章地名声大噪。

事件营销和人格塑造，让熊本熊这一 IP 在日本家喻户晓。自它上任以来，其创下的工作业绩可是十分的亮眼。仅仅在其任职的头两年，它就给熊本县带来几十亿元人民币的收入。

开创版权新模式，打造全球知名度

如果说这些有趣的互动能让熊本熊成为本县人民的好朋友，或者成为周边地区羡慕的对象，这还说得过去。但是，这距离它成为全球超级 IP 还有距离。实现这一步，要归功于另一个神来之笔——创新版权策略。

有很多知名的卡通 IP 形象都来自内容作品，比如电影、漫画、故事等。你如果要在商业上使用这些形象，就需要获得版权授权，并支付高额的版权费，这是版权方收入的重要来源。

熊本熊的不同之处在于，这一 IP 不依托任何内容。它的版权方——熊本县政府，打造熊本熊核心目的是城市营销，所以，其并不看重创意本身的变现，没有很强的版权费诉求。相反，对他们来说，熊本熊成功的 IP 设计，能推给越多人越好。

出于这样的考虑，熊本县采取了一种完全不同的版权策略——在日本国内，只要经过授权，任何企业或个人都能免费使用熊本熊形象来制作或出售周边产品。即便这些产品和熊本县没有任何关系，也是可以的。

再到后来，面对广阔的海外市场，熊本熊又将这一思路拓展到了全世界。2018年1月，熊本熊版权新规正式实施，其第一次允许日本境外企业申请它的形象授权。企业在申请成功后，只要付出5%~7%的版权费，就可以轻松使用熊本熊形象。

最终，申请熊本熊形象授权的商品从2011年的3 000多件飙升到如今的几万件。不但如此，你还能看到，在中国，熊本熊与刘德华一起跳过舞；在美国，熊本熊与基努·里维斯合过影；它与泰国的勾连则是受到了英拉总理的接见……

借助全新的版权策略，熊本熊很快成了"世界知名熊"。而且，采用熊本熊形象的产品，也由刚开始的农产品逐渐拓展，变得更高端，更国际范儿。无论是德国宝马MINI Cooper，还是日本本田摩托，你都能从产品中看到熊本熊的身影。

这里需要补充的是，虽然这个案例属于政府公关范畴，但一个县的能量和资源其实并不比中国的中型企业要大，因此，其中的核心思路也同样适合企业。当然，如果你也想借鉴熊本熊的IP设计经验，那么还需要注意避开两个坑：企业IP的魅力应该是独一无二的，有的企业IP适合用真实的标杆性人物，有的适合用拟人化形象，并不是每个企业IP都适合萌宠风。任何企业IP设计都不能脱离营销目标，它应该是企业价值观和文化的综合体现。

⬇
要点回顾：熊本熊是如何从城市吉祥物变成全球超级IP的?

一、巧借事件，让 IP 形象深入人心。

二、塑造人格，强化 IP 与产品的连接。

三、开创版权新模式，打造全球超级 IP。

思考题

　　通过熊本熊的案例，你能否设想一些出其不意的"逆向"操作来强化你的企业 IP？这可能需要冒一点儿险，但它可以帮助你的 IP 上一次"热搜"。

价值倍增：
迪士尼的全产业链运作

> 持续赢利是判断商业模式是否成功的重要标准。有一家拥有近百年历史的企业被称为"装了内容引擎的赚钱机器"。它拥有的IP数以万计，其通过全产业链的运营方式，让这些IP经久不衰，并且持续创造价值，放大价值。它的经典形象米老鼠和唐老鸭陪伴了几代人成长，至今还深受儿童和许多大人的喜爱。而这只米老鼠90岁高龄了，至今也还在不断帮它"掘金"。迪士尼的内核其实不是主题乐园，而是市值已经超过2 100亿美元的IP王国。

多年以来，迪士尼拥有的海量的IP已经成为其取之不尽的宝库。目前迪士尼全球有3 000多家授权商，销售超过10万种与其卡通形象有关的产品，主题乐园成了它带动周边产品的线下营销场景。以中国上海迪士尼乐园为例，在其开园前的不到一年时间里，至少21个中国品牌及上市公司主动选择拥抱迪士尼的大IP，而且其中不乏本土的国际名牌。

2022年1月，市场咨询机构的统计数据显示，全球50个最赚钱的IP中，迪士尼一家公司就独占了13个，占比超过1/4。仅2020年这一个财年，迪士尼的IP授权收入就达到540亿美元。要知道，同期整个迪士尼的营收是654亿美元。IP收入贡献了八成以上的集团收入，而运营庞大的主题乐园和度假村无论收入还是利润都无法与之相比。顺便说一句，全球大多数的乐园其实都是亏钱的。

迪士尼通过全产业链的运作方式，像种植果树那样把IP培养壮大，然后再进行无尽的采摘，企业自身的价值也随之无限放大。而在这个过程中，大众感知更强烈的迪士尼乐园，其实只是土壤。接下来，我们逐步剖析，迪士尼是如何通过精益运营，把自己打造成一台以内容为引擎的"赚钱机器"，成为一个经久不衰的IP化企业的。

追求极致，打造核心引擎

一个公司的核心是什么？是经营者要用尽一切力量做到极致的东西。迪士尼是一台"装了内容引擎的赚钱机器"，内容就是迪士尼的核心。迪士尼的动画电影精良的制作，每一帧停下来，都能算是一幅艺术画作，这一切的背后就是迪士尼对核心内容卓越的追求。

很多人认为，迪士尼有本钱，能够砸钱，当然能制作出精良的动画。我们把时间倒回1940年，那时候的迪士尼，还没有巨大的IP库供它躺着收版权费，动画电影是迪士尼唯一的收入来源。

那一年，迪士尼上映了动画电影《木偶奇遇记》。《纽约时报》大赞它是"有史以来最优秀的卡通片"。不过，大部分人可能都不知道，在整个制作过程中，光是匹诺曹和他的"爸爸"之间的故事，就耗费了6个月的时间，整个动画师小组对这部电影精雕细琢。在制作了快一半的时候，迪士尼的创始人华特·迪士尼却说"匹诺曹看上去太呆板了，小蟋蟀的样子像个曲棍球"，他认为这达不到迪士尼对优秀的坚持，于是将整个项目叫停，决定推倒重来。

当时，迪士尼已经靠《威利汽船》等几部电影赢得了全世界的好评，华特·迪士尼本来可以对这部电影睁一只眼闭一只眼，反正这也不对迪士尼造成什么严重的损失，而且还可以节约一笔可观的开销。但是迪士尼对"还可以"和"优秀"之间的差异没有妥协，这是一个很简单却很少有人认真实践的道理。

能够成为超级IP的企业，几乎无一例外地把自己的核心产品做到极致。海底捞的核心是火锅吗？它的火锅很好吃，但是它的驱动引擎其实是吃火锅伴随的服务。消费者来吃火锅时可以享受到服务，它家的服务几乎可以用无微不至来形容，正是这种极致的服务让海底捞的名字尽人皆知。

到这里，迪士尼已经装好了电影引擎，接下来，它就要开始打造这台"赚钱机器"了。

产品迁移，形成赚钱机器

即使电影再卖座，如果迪士尼仅有一款产品，就安然地满足现状，别说其计划把自己打造成超级IP，搞不好还会带来灾难性的结果。在这方面，我们很容易想到，施乐公司曾经是日本复印机市场的领导者，但是到了20世纪80年代，其猛然发现，自己只剩下7%的市场份额了，这就是坐吃老本的后果。

当你找到核心引擎，也打造成了拳头产品时，你需要思考的下一个问题是如何能让我的产品创造更大的价值，那就是产品迁移。这个过程要依靠两条路径：横向上场景置换和纵向上链条延伸。

先说横向的场景置换。电影一定要在电影院看吗？换个场景行不行？迪士尼的场景置换首先是将电影从大荧幕搬到小荧幕，把电影制作成DVD（数字化视频光盘）和蓝光碟，把电影从电影院的大荧幕搬到电视机的小屏幕。这还远远不是终点，DVD之后，迪士尼又把电影从屏幕里搬出来，将电影搬到了舞台上，制作了各种大型的歌舞剧，形成一场又一场的视觉盛宴。

在成为迪士尼的忠实粉丝之后，这些场景也许就越来越不能满足你的幻想了。那么，迪士尼干脆把每个粉丝都请进迪士尼的虚拟世界里吧。这就是迪士尼乐园在全球扩张的文化渐进路径。在迪士尼乐园当中，幻想已久的粉丝完成终极的追梦之旅，他们甚至可以在这里和角色互动，对话。

比如《玩具总动员》里有一个蛋头先生的角色。在电影里，蛋头先生最有趣的就是能够把自己的面部器官摘下来，尤其是其把耳朵摘下来的场景非常经典。于是，迪士尼就将这个IP打造出来，将"摘耳朵"这个场景还原，让它在迪士尼乐园和人们进行互动。

我们再看纵向的链条延伸。如果消费者觉得在迪士尼乐园还不过瘾，那么消费者干脆把里面的"真实"人物带回家吧。迪士尼电影IP的周边都可以在迪士尼的零售店买到，各种各样的IP以及IP那些出名的神奇道具。为了让这些衍生品广泛扩散，迪士尼还把电影中的IP形象授权给其他公司。让这个吸引、文化影响、影视作品、乐园扩张的链条闭环转动起来。

轮次运营，实现利益倍增

刚刚我们看到了这台"赚钱机器"的构建方式，其把整个产业链完整地纳入同一个体系。这台"赚钱机器"的运转有着特殊的节奏，其分了多个轮次一刻不停地在全世界"收割"着粉丝的关注和金钱。

早在1957年，华特·迪士尼就在好莱坞画下了一张草图。在这张草图中，电影是C位（中心位），其后的主题公园、电视、音乐、出版物（图书、漫画、杂志）、授权和商品零售环环相扣。

迪士尼通过高成本推出以IP故事为核心的电影，通过电影收取票房的收益。这是第一轮"收割"。接下来，迪士尼会在流媒体再次售卖版权，开始第二轮"收割"。随后，迪士尼乐园就会立刻增加电影中的新人物。这样，即使你之前去过迪士尼乐园，你也有了充足的理由再去一次，这是第三轮"收割"。最后，迪士尼通过 IP 特许授权、出版、零售"标签产品"等实物产品进行第四轮"收割"。

举一个具体的例子，《冰雪奇缘》这部电影成本大概 1.5 亿美元，在美国本土狂收 4 亿美元票房，全球票房 12 亿 7 千万美元，应该是史上最卖座的动画电影之一了。在电影上映大概 4 个月左右，迪士尼就开始顺势发售光碟、单曲和原生专辑。据估算，这些影像产品的销售量接近 1 000 万张。此外，迪士尼还推出一系列《冰雪奇缘》玩偶和其他周边消费品进行线上和线下的全渠道销售。在 2013 年年内，仅仅一条"公主裙"就产生了 4.5 亿美元的收入。在全球各地的迪士尼乐园里，迪士尼还推出了《冰雪奇缘》主题游乐项目，吸引更多的游客去消费。此外，迪士尼和索尼还联合推出了《冰雪奇缘》版的 PS4 主机、各种休闲小游戏、App 等，美国百老汇还借势推出了《冰雪奇缘》的歌舞剧。

我们知道，迪士尼有个著名的"火车头"理论，电影本身可以不赚钱，但是电影一定要拉动相关产业赚钱。2020—2021 年，迪士尼连续稳居全球最卖座的电影公司，在不断翻拍保持"蜘蛛侠们"的热度的同时，也在不断尝试捧红一个个"玲娜贝尔"。

迪士尼这台"赚钱机器",从电影开始在产业链中的各个环节,一轮又一轮地"收割",逐渐成为今天我们见到的庞大帝国,最终,迪士尼这三个字也成为无人不知的超级大 IP。

↓

要点回顾:迪士尼是如何通过全产业链运作 IP,打造文化闭环的?

一、追求极致,打造核心引擎。
二、产品迁移,成为赚钱机器。
三、轮次运营,实现利益倍增。

> **思考题**
> 　　你所在企业的核心引擎是什么?这个核心引擎怎样才能实现横向延展呢?

疯狂粉丝：
泡泡玛特的"MAP 法则"

> 如果想延长 IP 的生命周期，让 IP 产生更大的价值，那么运营至关重要。勒庞在《乌合之众》中写道：在与理性永恒的冲突中，感情从未失过手。粉丝行为可谓疯狂。看完了迪士尼的产业链，我们来看一家神奇的中国公司，它通过一系列的 IP 运营让粉丝完全抛弃了理性。售价 59 元的玩具，在二手市场竟然炒到了近三千元，仅在二手交易平台——闲鱼上，粉丝就带动了每年 30 万单的交易量。

这家公司叫泡泡玛特，主要做潮流文化娱乐。围绕艺术家挖掘、IP 孵化运营等在艺术、文化领域深耕，泡泡玛特在近几年迎来了爆发期，从 2017 年至 2019 年，其营收由 1.58 亿元人民币飙升到 16.83 亿元。即使是在新冠肺炎疫情之下的两年，它的翻番增长仍然在保持，2021 年，其营收已经达到 44 亿元。泡泡玛特开创了潮流玩具的盲盒玩法，并在线下开设近千家店铺。

让用户如此疯狂的关键，是泡泡玛特巧妙地运用了"MAP 法则"。"MAP 法则"又称为福格行为模型，是由斯坦福说服力科技实验室主任，布莱恩·杰弗里·福格教授提出来的。这个公式为：B=MAP。其中，B 是行动（Behavior）；M

是动机（Motivation）；A是能力（Ability）；P是触发因素（Prompt）。

也就是说，行动的产生是动机、能力、触发因素三者在同一时间作用的产物。举个例子，假设你下午计划去跑步，最终没去成。原因可能有以下几点。首先，可能是因为你身材还不错，夏天还没到，或者工作压力很大，你减肥的动力没有那么强，这就是动机不足。其次，可能是你昨天通宵熬夜，已经精疲力竭了；或者觉得中意的健身房费用太高，这就是能力不足。最后，可能你原本计划去锻炼，但是手机的工作信息吸引了你的注意力，或者你没有读到锻炼可以消除工作疲劳的文章，这就是缺少触发因素。

泡泡玛特就是通过做好了动机、能力和触发因素三个方面的精细运营，触发了粉丝的疯狂行为。

M（动机）：找准爽点，放大刺激

斯坦福大学的布赖恩·克努森教授做过一个实验，实验试图找出人们在赌博时大脑中最活跃的区域。这个区域是伏隔核，但实验出人意料的是，大脑的活跃期并不是在赢钱和输钱时，而是在期待赢钱的过程中。泡泡玛特采用的盲盒玩法，就是不断刺激消费者大脑的伏隔核，让他们像赌博一样成瘾。

泡泡玛特的盲盒有不同主题的IP的系列设计，消费者在选择一个系列后,进行支付购买,此时,消费者并不知道买到的小盒子里的玩具到底是这个系列中的哪一个,有可能是自己已经拥有的,也有可能是全新的。这种购买后与打开盲盒前的不可知,如同赌博时的开牌。

其实,盲盒的玩法源于日本的福袋文化。在明治末期,日本的百货公司为了处理尾货或清理库存,常常会把积压的商品放入福袋,出售给消费者。福袋不是透明包装,所以里面到底放了什么,谁也看不见。但是,里面放的东西往往会高于福袋的标价。比如,一个福袋的价格是200日元,但里面可能放的是价值1 000日元的电吹风。所以,福袋这个产品深受消费者的喜爱,并一直延续到了今天,成了商场在新年期间常规的促销手段。

在那之后,福袋又衍生出扭蛋和集卡式营销等玩法。扭蛋,即把相同主题系列的玩具模型放到半透明的塑料蛋壳,并归置到同一个机器里。消费者通过投币或插卡的方式购买,机器会随机掉落扭蛋,在打开扭蛋前,消费者都不确定自己能买到什么玩具。在中国,盲盒营销的概念最早出现于快消品领域。20世纪90年代末,小浣熊干脆面的水浒卡成了"80后"和"90后"的集体回忆。有的孩子为了集齐卡片换礼品,都是整箱整箱地买干脆面。

泡泡玛特的高明之处在于盲盒的玩法,其增加了系列的隐藏款玩具。在一箱同系列的12组,共144个产品中,有一个产品与其他产品都不一样，这就是隐藏款。如果只是一个个地买盲盒，那么消费者买到隐藏款的概率仅有 1/144。

隐藏款独具时尚性、稀缺性和可炫耀性，让很多消费者为之疯狂。为了获得隐藏款，搜集齐一个系列，消费者又延续了集卡时代的特殊行为：整箱买。有的人消费近万元，直接买走一箱 12 组产品，以确保 100% 获得隐藏款玩具。在目前的市场上，泡泡玛特推出的各个系列的隐藏款手办，价格已经被"炒"到了上千元。所以，对消费者来说，如果他通过抽盲盒的方式抽到了某个隐藏款手办，那么就相当于"赚了"。这种类似中奖的心理，进一步激发了消费者的购买心理。

A（能力）：体感超值，轻松消费

上面我们讲了泡泡玛特消费者的购买动机，但有了动机，不代表就会下单购买。在设计 IP 运营逻辑时，品牌商需要考虑消费者行动阻力的大小，也就是消费者的能力。通常情况下，消费行为的最大阻力是价格，价格越低，消费者越觉得物超所值，就越容易产生消费行为。

因此，想要让消费者疯狂，最简单的方式就是让消费者觉得产品便宜，买了就赚到了。在这一点上，泡泡玛特就让消费者觉得，它的产品是肉眼可见的便宜。这里可能有人会反对：一个玩具小人儿卖五六十元，一点儿都不便宜啊。那是因为你把泡泡玛特归类到了玩具。

实际上，潮流玩具又叫设计师玩具，或艺术玩具，是20世纪末由香港设计师刘建文开创的艺术风格。设计师把天马行空的创作灵感和艺术风格融入玩具或雕塑，并结合街头潮流和品牌合作，向迷恋收藏和艺术的年轻人而非儿童发售。

因此，在创始人王宁的眼里，泡泡玛特本质上是在做艺术品生意，他们要实现艺术家作品的标准化生产和运营。相比油画等艺术品成千上万元的价格，对刚接触艺术的年轻人来说，潮流玩具是最好的入门产品。

即使在玩具品类里，日本手办的价格动辄也要上千元，少则数百元，泡泡玛特几十元钱的价格，真的算是白菜价了。再加上2015年前后，移动支付的红利出现，这让线下机器人商店的快速扩张成为可能，其在进一步降低了销售成本的同时，又让消费者在购买的瞬间不会产生心理负担。泡泡玛特抓住了这波红利，迅速布局机器人商店，店铺从2017年的43家增长到了2020年的1 861家。

除了价格低、品质好以外，热门IP是泡泡玛特提升产品价值感的第二个武器。泡泡玛特之所以能够在2016年触底反弹，签约热门IP功不可没。

当时虚拟形象Molly（茉莉）和Pucky（毕奇精灵）有一批追随者，所以，泡泡玛特开启了签约之路。公司先是与知名设计师王信明签约，获得了Molly的版权；随后其又与知名插画设计师毕奇签约，获得了Pucky的版权。最初购买盲盒的消费者就是这两个IP的粉丝，后来Molly手办在市场的表现更好，在一段时间内撑起了泡泡玛特的销售额。

眼见这条路行得通，泡泡玛特又买下了各种动漫IP的版权，比如火影忍者、海贼王和哈利·波特等。这些IP背后有着大量拥趸。因此，这些基于热门IP所推出的盲盒，为泡泡玛特赢得了巨大的销量。热门IP手办进一步提升了产品的价值感，让消费者觉得几十元钱就能把自己喜欢的IP精美手办放在身边，非常划算。

之后，泡泡玛特不断推陈出新。发展至今，泡泡玛特已经拥有了93个运营IP，其中包括12个自有IP、25个独家IP和56个非独家IP。随着热门IP数量的增多、手办类型的创新以及运营形式的迭代，泡泡玛特不仅让消费者有了更多的选择，降低了热门IP的关注度，而且让消费者每个阶段都有新鲜感，都愿意继续跟进购买。

P（触发因素）：链接情感，粉丝共创

在上千个IP的研究过程中，我们发现泡泡玛特IP的特别之处在于"没有内容"。我们看到无论是皮卡丘、奥斯卡还是江小白，都需要内容输出。但泡泡玛特的Molly、Pucky都没有内容。

前面介绍过，Molly 出自香港设计师王信明之手。他在创作 Molly 之前就已经是香港潮玩界的知名艺术家了。Molly 的灵感来自一场活动。当时是一个公益筹款活动，王信明为小朋友们现场画像，每画一张，小朋友的妈妈就会捐 100 元，所以他画得很快，小朋友们就有点儿不高兴，噘着嘴看他。这也就是 Molly 形象的雏形，有点儿傲娇又才华横溢的小画家形象，看起来有一点儿冷漠，却又顽皮可爱，好像正在长大。

经过多年的修订和调整，Molly 就呈现出一个没有表情的形象。她的人设是一个出生在香港，才华横溢，却十分傲娇的小画家。噘着嘴，还有一颗痣的 Molly，让你一眼就能记住她，辨识度非常高。

最初的时候，泡泡玛特创始人王宁和 Molly 的设计师争论了很长时间，要不要把 Molly 设计成微笑的表情，让她好看一些。王明信坚持没有表情，因为这样会让 Molly 掏空自己，你开心时看到她就是开心的，你难过时她也是难过的，这种情感的相互倾诉，让一千个人眼中有一千种 Molly。

不少用户在社交网站上说，看到这个小姑娘，就像看到了自己，有一股向上的倔强。他们甚至还会在伤心失落的时候，跟 Molly 聊天。而 Molly 也因这种情感共鸣，收获了不少粉丝。

2017 年至 2020 年，泡泡玛特基于 Molly 形象的品牌产品销售额，分别占泡泡玛特品牌产品所得总收益约 89.4%、62.9%、32.9% 和 14.2%。虽然数据呈逐年下降的趋势，但是 Molly 依然是泡泡玛特的"一姐"，地位不可撼动。

2021 年报数据显示，泡泡玛特一共有 7 大 IP 的收入过亿，收入分布更加均衡。其中 Molly 依然贡献了最大份额的营收，实现收入人民币 7.05 亿元，收入占比为 15.7%。

究其原因，Molly 重视形象设定的策略成功了。相比海贼王、火影忍者或者哈利·波特这些大 IP，Molly 的故事性不值一提，但是她拥有较大的开放性，使得她与用户的互动性大大增强，粉丝能够与角色进行互动。这也让"改娃"这一类同人创作性的小众趣味在潮玩圈时兴起来。

也许是最初的 Molly 形象挖掘得益于互动，所以泡泡玛特很早就在圈层互动上下足了功夫。就像一千个人心中有一千个哈姆雷特一样，你自己的独特理解就建立了你与 Molly 的深度连接，你甚至可以根据自己内心的想法和想象，编写自己心中那个 Molly 的"剧本"，也就是改造玩具。与我们之前看到的诸多案例一样，粉丝主动创新，共创新的内容，让泡泡玛特的运营上升到了新的维度。

麻省理工学院的埃里克·冯·希佩尔教授发现，用户往往在工作和生活中，对现有的技术和方法不满，并常常动手改进。这些改进往往具有创造性，企业应该尽可能地搜集用户需求和改进方案，不断优化产品体验。

其实这个套路有点像小米的UI（用户界面）。小米每周开放粉丝参与节点，除代码外，产品需求、测试和发布，都会有粉丝参与。小米每周根据粉丝的反馈迭代MIUI（米柚）版本，这样做的好处在于，这不仅省去了测试成本，直达粉丝需求，更能建立粉丝的情感链接，将粉丝作为裂变节点。这些粉丝会对别人说：你看，这个bug（程序错误）是我发现的，这个迭代有我的一份功劳。

在各个层面建立IP与粉丝的情感连接，尽可能地让粉丝参与生产、运营流程，实现与粉丝的共创，是泡泡玛特"MAP法则"的第三条。

⬇

要点回顾：泡泡玛特让粉丝丧失理智的"MAP法则"有哪些？

一、M（动机）：找准爽点，放大刺激。

二、A（能力）：体感超值，轻松消费。

三、P（触发因素）：链接情感，粉丝共创。

思考题

　　你们公司的产品可以给客户带来什么爽点?想想有什么简单的小把戏可以放大它。在放大的过程中,也许公司的新的营收增长点就出来了。

跨界创造：
米其林的品牌增值三步法

> 通用电气公司主席欧文·杨曾说过："品牌是最显而易见的，也是最有价值的资产。"前面我们看到了企业如何创造孵化、打造IP，如何通过运营来呵护IP的成长。接下来，是收获的时间了。以下这一部分，你将看到如何通过成功的IP赋能来提升品牌价值。在这个案例中，米其林的创始人没有将思维局限于产品或者品牌的展示，而是找准受众的消费链条并占领链条的最前端，看似不太合理的营销方式也许能带来意想不到的效果。

现如今，一旦提起"米其林"，更多的人的第一反应一定是餐饮业IP，而后才会想到它的主业是轮胎制造。今天，在全球各国，任何一家餐厅只要是打上了米其林的评星，就意味着其获得了"美味"的权威认证。在2017年世界超级IP大盘点中，米其林是唯一提名前20的法国IP。《米其林美食指南》品牌IP效力可见一斑。

美食界"奥斯卡"自然不是它的全部成就，米其林还在2019年以72.3亿美元的品牌价值坐上轮胎行业的头把交椅，堪称毫无争议的跨界之王。这个案例的有趣之处正在于，它先后创造出两个毫不相关的品牌，还能把两个品牌的价值，都提升到各自行业的第一名。而这两者之间的联结过程，正是米其林的 IP 运营与增值过程。

跨界创造需求：分析用户需求逻辑，大胆创造

李嘉诚曾分享过他的经商智慧："迎合市场，追随市场，善于创造市场需求，这是做商人赚钱必备的基本功。"米其林就是一家善于创造需求的公司。米其林创立初期，正好处于19世纪末，当时，多数人还在使用自行车和马车进行短途出行，汽车和轮胎还是非常新鲜的事物。

作为一家轮胎制造商，这种局面自然是非常不利的。一个巨大的难题摆在了米其林创始人安德鲁眼前：怎样能让人需要更多轮胎呢？答案当然是需要人们购买汽车。但什么时候需要汽车呢？当然是出门的时候，而且是要出远门。这是一个简单的演绎推理法，很适合用来思考市场需求和痛点。

安德鲁进而想到最常见的出远门情况也就两种——出差和旅行。到这里结论似乎清晰了：只要人们想去长途旅游，他们就会需要购买汽车，有了汽车，他们就需要轮胎。

而想要让人们去长途旅游，就要引发他们对旅游的美好向往——优美的风景和好吃的美食。于是，安德鲁聘请了许多人，把法国知名的景点、旅馆、餐厅的位置绘制成图，变成了一本小册子——这就是最早的《米其林指南》了。

由于《米其林指南》极强的功能性，发售之初它就非常受

人欢迎，加上是免费发放，即便首版印刷了35 000多本，还是在法国万国博览会上被一抢而空，这本指南掀起了法国一股旅游出行的热潮。

结果也像安德鲁想的那样：汽车销量大幅增长，米其林轮胎销量也大幅提高。就这样，米其林以巧妙的跨界思维，创造了人们对轮胎的需求，进而创造出了轮胎市场。

从米其林身上，我们看到了它对于用户需求链条的缜密分析，即便最终发现落脚点是自己从未涉足的领域，也毫不犹豫地投入资源，从零开始做起，最终实现了自己的目标。

但如果仅止步于此，那么米其林最多只能算是"跨界营销"的先行者，距离"美食权威鉴定机构"还差得远。

建立评价体系：搜集大量信息，呈现优质内容

《米其林指南》在推出一段时间后，随着其页数的不断增多，这本指南逐渐变成了一本广告合集。有一次，安德鲁外出用餐时，意外地发现：这本指南居然被餐厅用来垫桌脚。

这个发现让安德鲁非常痛心，这也让他意识到，如果还按以前的做法，人们就会抛弃这本指南。为了避免这种情况，安德鲁做出了一个决定：把这本旅游指南做得更精致，让更多人认识它的价值。

从哪里入手呢？安德鲁经过一段时间的研究发现：和《米

其林指南》上的其他信息相比，喜爱美食的法国人民更热衷于了解餐厅推荐，并且，许多人还会把用餐的体验作为茶余饭后的谈资。安德鲁下定决心，既然用户喜欢餐厅，那么就干脆投其所好，专注做好一本餐厅指南。

于是，新版《米其林红色指南》诞生了，与之前不同的是新的指南不再免费发放，并且更加聚焦餐饮和住宿方面。另外，新版《米其林红色指南》还在第9页以一段平淡无奇的话，开创了美食评价体系的先河："游客可能会在一些大城市停下脚步用餐，所以我们选择了大城市吸引我们注意的一些美食餐厅，并将它们分成三类。"

为了做好这份餐厅评价，米其林雇用各大酒店管理学院毕业的高才生，组建了一个7人的"美食评审团"，他们乔装成普通的顾客，在法国范围内的餐厅四处暗访，通过食材质量、烹饪水平、调味技艺、菜品融合、出菜稳定性等因素，为餐厅做出评价并打分。

为了保证评价结果的准确，每家餐厅都会历经多位评审员的暗访，他们就像秘密特工一样，"奉旨"到每家餐厅吃饭，不但自己掏钱买单，还要在隐藏身份的同时，记下每一道菜品的特点，如果不幸暴露，他们就要和其他同事换岗，他们甚至会在过了五六年后，再去同一家餐厅用餐和评价。

只是为了做好这份评价，米其林用尽了"谍战片"里的桥段。这7个评审员在当时也被称为"法国公路上最可怕的7个旅行者"。

如此细致又准确的评级，让这本指南受到了美食爱好者的热捧，并且很多人为了尝尝传说中的星级餐厅，专程开车到各地品尝。米其林又一次成为赢家，既获得了米其林指南的影响力，又趁此机会让轮胎销量大幅提升。

与此同时，原本的旅游指南和公路信息也被重新整合，变为了全新的《米其林公路地图》和《米其林绿色指南》，因为标注的位置非常精确和实用，它们受到了出行爱好者的喜爱，尤其是公路地图，精准度甚至不亚于现代的GPS（全球定位系统），为公路出行带来了极大便利。甚至在第二次世界大战时期，德国攻占法国时它还作为非常重要的参照地图来使用。

树立公信力：保证产品质量，确保用户体验

毫无疑问，《米其林红色指南》有如今的成就，和其美食评价体系有着直接的关联。但是，评价体系最容易遇到的问题在于如果其无法取得公众的信任，这套评价体系就毫无作用。米其林树立公信力的方法其实非常简单，就是做到"货真价实"地点评。

正所谓众口难调，想要保证所有顾客的用餐体验，获得所有顾客的认可并不容易。有做饭经验的读者肯定知道，烹饪其实是一个非常难以标准化的手艺，稍有疏忽，一道菜品的口感

便会天差地别。如果顾客恰巧吃到了难吃的菜品,其就会对《米其林红色指南》产生不信任,这将最终导致指南的公信力崩塌。

解决这个问题的关键是要保证每一家米其林餐厅的水准。于是,米其林雇用了更多的美食评审员,公司会不定期安排评审员到餐厅内用餐,评审员一旦察觉到餐厅的菜品质量出现了下滑,这家餐厅的星级资格就会被降低或取消。

这样不定期的暗访,使得每家餐厅都必须铆足精力对待每一位顾客。因为他们永远不知道,自己什么时候会碰上"美食评审员"。这就保证了每一位顾客的用餐体验,顾客如果感到不满,还可以搜集证据向米其林公司投诉,撤销这家餐厅的星级。顾客对米其林的认可,就是在这样"优质"的用餐体验下,逐步建立的。

获得了顾客的认可,餐厅的认可就不是难事了。一旦餐厅获得了星级评价,就会有大量的顾客蜂拥而至,餐厅的业绩也会大幅增长,没有商家能拒绝这样的免费宣传。

相反,星级一旦降低,这对餐厅来讲是致命的打击。据《纽约客》杂志统计,每掉一颗星星,餐厅的订位率就会下降25%。这就要求餐厅的厨师必须时刻紧绷自己,全力以赴做好每一道菜。

到这时,米其林终于成了一家"美食权威鉴定机构",通过这套"星级评价体系",倒逼了法国甚至全球餐饮行业不断优化，其不断获得外部的认可，品牌公信力就此树立。人们甚至在采购轮胎时，也考虑到了《米其林红色指南》建立的品牌公信力。米其林就这样再一次因为美食，成为轮胎行业中的赢家。

⬇

要点回顾：米其林是如何通过打造IP来给品牌赋能的？

一、跨界创造需求：分析用户需求逻辑，大胆创造。
二、建立评价体系：搜集大量信息，呈现优质内容。
三、树立公信力：保证产品质量，确保用户体验。

思考题

根据现在的跨界营销，你还能想到什么类似的案例？你打算以此为思路，延展你的品牌吗？

驱动增长：
爱彼迎的品牌再造

> 英国前首相温斯顿·丘吉尔曾说："想变好就得要改变，要达到完美，就要时常改变。"这句话同样适用于企业。随着市场环境的变化，企业不但要更新自己的产品和服务，还要更新自己的品牌，甚至让品牌IP化，只有这样，企业才能赢得更多消费者的喜爱。在这方面，大家可以好好学习短租民宿巨头爱彼迎。

在很多人的心中，品牌只是一个标志或者形象，体现的是产品或服务的品质。比如，看到星巴克绿色美人鱼的标志，你想到的是醇香的咖啡和幽谧的环境。看到苹果的标志，你会想到一系列极具设计感的电子产品。看到奔驰的标志，你想到的是豪华座驾。

但这远远不够，在泛IP时代，我们可以通过传递内容、塑造人格的方式，让品牌IP化，从而与用户产生更多的情感连接。爱彼迎就曾经历这样的转变——通过品牌IP化，它从一个面向年轻人的、主打经济型住宿的创业企业，变身为国际主流品牌。

分析品牌痛点，找到影响用户认知选择的偏见

2014年前的爱彼迎，称得上是一个国际品牌建设的反面教材。在它诞生的硅谷，创业者习惯于用产品、创意来征服投资人和用户，他们并不在意品牌形象的塑造。在初创品牌的前几年，爱彼迎的主要精力都用在了网站建设和产品优化上，其在品牌方面几乎毫无投入。

当时的品牌标志，是一个蓝白色的手写品牌名爱彼迎。色彩和图形对人有很强的心理暗示作用，蓝色给人留下的印象，往往是高效、新锐，常被高科技企业采用，很有硅谷风格；手写体则让人联想到随性、自由的年轻人，这也是他们当时的主要用户群体。

到了2014年，爱彼迎的增长开始面临挑战。虽然当时公司增势迅猛，但其主要用户仍是经济实力一般的青年学生，公司不能进入利润丰厚的主流酒店度假市场，同时，无法摆脱烧钱的困境。所以，第一个品牌问题是公司急需摆脱爱彼迎只是廉价短租预定网站的形象。

但这种形象是爱彼迎与生俱来的，要想改变，谈何容易，毕竟，创业者最初的点子，就是让人们在自家客厅支起一张气垫床，出租卖钱。

爱彼迎最初的名字叫"Air Bed and Breakfast"，意思是"气垫床和早餐"。这个过于简朴的名称，一度是他们创业之

初的最大阻力，因为投资人一看就觉得这只是个低端消费群体的项目，公司把品牌换成缩写爱彼迎之后才成功拿到投资。

爱彼迎的目标是要打入主流人群和主流市场。但在当时，主流的酒店和旅行消费者，比如都市白领、中产家庭和中老年人，对于住到别人家里这种产品模式仍然是心有疑虑的。

当时爱彼迎品牌部负责人南希·金对此认识得很清楚："我们有了一个很棒的产品，很多人都喜欢。但是更多的人永远不会使用我们的产品，因为他们觉得我们的产品很可怕。他们的障碍不是在产品层面上可以解决的。这是一个情感上的挑战。"

爱彼迎急需树立一个主流消费者能接受的品牌认知，尤其是，公司需要巧妙地打破人们的偏见，让人们从感情上接受爱彼迎的产品。带着这样的任务，爱彼迎的团队开始重新塑造品牌。

重塑品牌理念，打造拥有世界观和价值观的 IP

在日常生活中，我们经常能看到这样的例子：一个品牌想吸引年轻用户，就采用一个非常鲜艳、动感的标志或卡通角色。同时，品牌又想表现自己追求品质，于是会找一个行业精英当代言人或拍摄黑白文艺风格的广告，但品牌又经常举办降价促销活动。到最后，任何群体对它都没有深刻印象。

之所以会这样，是因为品牌的呈现没有围绕一个统一的理念，没能塑造一个统一、立体的 IP，在消费者心目中，这个品牌是模糊混乱的。

那么，爱彼迎是怎样做的呢？在认识到痛点和症结之后，公司内部首先启动头脑风暴，最终，由创始人布莱恩·切斯基确定了这一轮品牌再造的核心理念：Belong Anywhere（属于任何地方）。

这个理念，最突出的是两大优点。

首先，它把握了爱彼迎主打产品的核心特质。爱彼迎的主要产品是民宿，它与传统酒店最大的区别是，酒店是专门为外地人提供的，住在酒店和当地人的生活完全不发生联系。民宿则是当地人生活的一部分，所以，民宿能提供酒店所不能提供的真正的本地归属感。

其次，它对爱彼迎的产品和业务有一个文化内涵和价值观上的升华。因为，归属感（belong）是一种人类共通的情感需求，这是高效率的现代社会所稀缺的。

按照这个理念，爱彼迎不再仅仅是一个廉价短租预订网站，而是一个为用户提供独特归属感、满足其精神需求的企业。同时，"Belong Anywhere"的理念又符合了当代人对跨文化体验的追求和偏好。这样的升华，有助于增进主流群体的认知，提升其接受程度。

围绕着品牌理念，他们为爱彼迎打造了一个个性鲜明的标志。与之前蓝白相间的手写体不同，新的标志是淡红色的，这个颜色给人们的暗示代表家、爱与温馨，比原来的标志更显得亲切。

他们还新增了易于识别和手绘的品牌徽标 Bélo（贝洛）。这个徽标被赋予了爱、地方、人们等一些文化内涵，但更重要的是，爱彼迎鼓励世界各地的房东，创作有自己风格的徽标，用在自己的民宿上。

这样的做法既体现了品牌理念，又显示了当地的特色和每一位房东的个性，为用户创造了独特而有趣味的跨文化体验。

围绕着"Belong Anywhere"这个理念，爱彼迎通过更换商标、徽标、宣传语，打造了一个有着自己的世界观、价值观的企业IP。新的IP告诉消费者：在爱彼迎订民宿，并不只是穷学生图便宜的选择，而是追求一种融入、体验多元文化的世界观，追求一种与传统的走马观花旅游不同的个性化体验。

通过这样的价值升华，爱彼迎主打的亮点从单纯的价格优势，转换成了一种观念、文化上的追求，这对主流消费者有着很强的感召力。对企业经营的业务而言，这次升级提供了拓展跨界和产品升级的可能，从此，爱彼迎开始大举进军主流酒店业和旅游业项目，并在2017年结束了烧钱的阶段，开始实现赢利。

落地品牌战略，改变营销策略和内容输出方式

仅有理念上进行重新定位、形象上进行重新塑造，当然是不够的。塑造一个 IP，应该被视为一整套品牌战略，这是一项囊括公司所有经营事项的系统工程。与品牌 IP 化关系最紧密的是营销和推广手法。

长期以来，爱彼迎更多的是在谷歌搜索引擎上打简短的文字广告，与竞争者相比，其内容极力突出廉价、实惠的优势。

在品牌再造后，爱彼迎广告投放的重心向脸书、Instagram（照片墙）等社交媒体上倾斜，方向也从单纯的产品广告，转向 IP 的打造。

这些广告宣传带有更强的感情色彩，往往是讲一个异域城市里普通人的小故事，或者有趣的地方性冷知识，加上精美的视觉效果，靠动人的内容引起受众的好奇和共情，获得最大的传播效果。

另外，爱彼迎对产品的视觉和内容，也进行了全面升级。原先，它的首页是这样的：简洁明了，中规中矩，除了房间陈设的照片，就是各地的景点照，看起来就是一个普通的酒店预订网站。

在品牌再造之后，网站最吸引人的头版位置改成了精美的、表现世界各地人文风情的广告照片。这些照片上的广告语，内容往往是旅行者的愿望和情感，而不再是对一个产品的描述，

这样的广告具有鲜明的特色，也很有吸引力。

在随后的几年里，爱彼迎围绕着"归属感"这个理念和追求融入、体验多元文化的价值观，推出或收购了一系列新产品，包括由当地人组织的个性化旅游行程、豪华度假业务等。比如，它们推出的旅行指南，内容全是由当地房东提供，旨在用当地人的眼光推荐旅游目的地，为那些不满足于主流景点的用户提供个性化的体验。

爱彼迎最终形成的是主打当地个性化体验，提供各个档次住宿和旅行产品的业务矩阵，全面打入了主流消费者群体，其在创立 11 年后，依然保持了全面高速扩张的势头。对中国创业企业而言，爱彼迎品牌再造的成功经验，主要在于如何将一个在投资界备受关注的爆款产品，打造为一个得到主流消费群体认可的、IP 化的品牌。

当然，潜在风险我们也需要指出：每一次的品牌重塑，都意味着部分老用户的不满和流失，同时，这并不意味着新的目标用户群体一定会买账。因此，在实施品牌再造之前，公司需要进行详尽的调研，综合考虑文化、消费者心态，并权衡利弊。在中国，不少老品牌和一些老字号企业，都曾因为盲目激进地推动品牌年轻化再造走过弯路，既流失了老用户，又没有吸引到年轻人。

而就在本书最终定稿之前不久，爱彼迎刚刚官宣退出中国。究其原因，除了新冠肺炎疫情对旅游业的重创以外，我认为爱彼迎自身在面对一众"中国学徒"的时候没有再次求变才是根本原因。诞生于欧美旅游文化下主打低成本旅行的爱彼迎，在国内市场却只在高端民宿市场才有存在感。在中国数字化营销大行其道的当下，爱彼迎品牌传播仍然僵化在10多年前在美国市场的路径上——完全依赖效果广告和用户的口口相传。再加上获客严重依赖自家App和官网，其结果是获客成本高的同时，这个老牌IP的光芒快速被"中国学徒"所掩盖。在这个时代，对于应变速度的要求远高于以往，这也是诸多中国企业和中国品牌共同崛起的重要原因。

⬇

要点回顾：爱彼迎是如何发现品牌痛点并实施再造的?

一、找到影响用户认知选择的偏见。

二、打造拥有世界观和价值观的IP。

三、改变营销策略和内容输出的方式。

思考题

你所在企业的品牌痛点是什么？如何用我们之前看到的这些IP培养思路来优化你的品牌形象？

塑造信任：
老乡鸡创始人的价值主张

> 古人说，爱人者，兼其屋上之乌。也就是我们常说的爱屋及乌和移情效应。人们很容易把对特定事物的情感，迁移到和它相关的事物上来。创始人的价值主张，正是抓住了这一心理。大家对创始人的印象，会很容易迁移到企业品牌的身上。在这个系列的最后一篇，我们通过一个案例来探讨如何通过打造创始人的价值主张，让企业赢得更多人的喜爱和信任。

创始人的价值主张的作用不言而喻，如今诸多由明星所创立的企业都在利用这一机制。就像你会因为某一位知名教授选择在某个大学读书，奔着一位名医去某家医院看病，价值主张也是同样的道理。

但如果你不是明星呢？你当然有机会让自己更直接的成为一位受尊敬的企业创始人。因为消费者很可能是先喜欢上企业的代表人物，才对他背后的企业或产品产生好感、信任。比如，前面讲到的董明珠在公众心目中树立了敢作敢当、风风火火的"铁娘子"形象，这直接给格力电器的硬实力加了分，而任正非沉稳、爱国的形象也为华为这个品牌加持了民族情结。

相比于架空的产品宣传，用户往往对"有血有肉"、自带性格特质的品牌更感兴趣，而创始人的价值主张正好可以帮助企业和产品完成这个加分。用户基于对创始人的特定认知，会提高自身对产品的期待值和包容度。诸多企业家也正是意识到个人 IP 的影响力，近年来纷纷顺应市场潮流，从幕后走向台前，释放人格魅力，这样不但收获了巨大的粉丝流量，也为公司创造了相当不错的销售收入。

这方面，最值得借鉴的典型代表就是老乡鸡和其创始人束从轩。1982 年，束从轩在老家肥西，拿结婚的钱买了 1 000 只老母鸡，做起了养殖。2003 年，肯德基、麦当劳在中国蓬勃发展的过程中，他嗅到商机，随即决定从养殖转型到餐饮。老乡鸡的前身"肥西老母鸡"餐厅在合肥开业，生意不错。

直到 9 年后，也就是 2012 年，为了向省外扩张，束从轩力排众议，把早已被合肥人熟知的品牌"肥西老母鸡"，改成"老乡鸡"。自此开始，老乡鸡逐渐发展为安徽快餐业的龙头。在扩张过程中，老乡鸡的每一次成功营销，几乎都离不开它的创始人束从轩。在创始人的价值主张的影响下，老乡鸡的口碑加速扩散，品牌爆红，成为一个知名度和美誉度都很高的品牌，为进军全国打下了基础，最终成为国内中式快餐第一品牌。

借势事件，造话题

2013 年，中央电视台一部开年大剧《坝上街》轰动一时。

上映不久，这部剧就登上了中国网络电视台热播电视剧的榜首。老乡鸡既是它的故事原型，也是投资方。

《坝上街》在当时轰动一时，尤其在老乡鸡的大本营安徽。大家看完这部剧，对原型束从轩的创业经历以及老乡鸡的真实故事都产生了极大的好奇。凭借这部剧，老乡鸡不仅提高了知名度，也收获了一波粉丝，拉近了和消费者的距离。消费者走进老乡鸡时，对它自然多了几分亲近感。

有意思的是，在电视剧播出后，束从轩去大学参加讲座时，简介里还增加了一条：央视热播剧《坝上街》主角三老甩原型人物。剧中的主人公坚持不懈，现实中的束从轩，也是锲而不舍，和鸡打了几十年交道。

电视剧热播后，束从轩和老乡鸡的知名度猛增。就这样，借助一部剧，老乡鸡给自己造了个话题，走进消费者心中。通过这次借势营销，束从轩的个人形象有了雏形。在大家心中，这就是一个白手起家、勤奋刻苦的乡村创业者，踏实又可靠。束从轩的个人形象，为老乡鸡赢得了一波好感。

同样，很多人之所以喜欢小米，也跟欣赏雷军密不可分。他常常在推广手机时，把自己对手机的"发烧"细节反复宣讲，让大家觉得，这就是一个手机发烧友、技术偏执狂，所以他做出来的手机，一定是最懂用户的。

分析情绪，造热度

除了借势营销、造话题，企业家还要善于"炒热度"。一个有效方法就是，分析和抓住公众情绪。在《坝上街》这部热播剧之后，2020年初，在疫情的背景下，一个视频又在各大网站和朋友圈里刷屏——《老乡鸡创始人手撕员工联名信》。

"你们太糊涂了。"视频里的束从轩边说边把手中的员工减薪联名信撕掉，"哪怕是卖房子、卖车子，也要确保你们有饭吃，有班上，"束从轩还幽默了一把，"而且像这种躺着把钱赚的日子也不多了，疫情结束后有你们忙活的日子。"

束从轩后来接受采访时说："原本是想激励一下团队，没想到不少银行看到后主动要贷款给我们。"

视频迅速蹿红。短短几分钟，播放量过千万，刷爆朋友圈。第二天，就有几家银行找到束从轩，表示愿意提供资金支持。市长、省长也先后到老乡鸡进行调研。老乡鸡一跃成为餐饮行业的自救典范。

要知道，在新冠肺炎疫情发生之后，餐饮业受到很大打击。国家统计局数据显示，新冠肺炎疫情发生后的前两个月，餐饮收入同比下降43.1%。当时，西贝董事长贾国龙公开表示，公司账上的现金只够撑过3个月，整个餐饮业都在哭诉。老乡鸡也不好过，新冠肺炎疫情期间至少亏损五亿元。但束从轩反其道而行之，没有附和"哭穷"，而是非常硬气地表示，绝不让员工减薪失业。

在这次事件后，束从轩的形象又多了一个层次，他成为一位有社会责任感的企业家，有责任心、有大智慧。这个事情为什么能引发裂变式传播？核心就是，束从轩洞察了公众情绪，并迅速抓住它。

新冠肺炎疫情给各行各业都带来了不小的冲击。当时，随着复工无望，公众的焦点除了关注身体健康，还有自己的工作问题，大家担心被减薪裁员。公众情绪开始变得悲观、焦虑。而束从轩的这一行为，不仅给全国人民打了气，更让上班族倍感欣慰，"居然有这么无私又善解人意的老板？我也要转发，让我的老板看到"。

就这样，视频火速蹿红。有人骂他作秀，但大部分人在赞扬。不管怎样，这是一次既有争议又非常有效的品牌传播。

王尔德有句话说："我不想被自己的情绪所左右，我想利用它们，享受它们，支配它们。"对公众情绪也是如此。企业在营销时，一定要洞察公众情绪，巧妙地顺应和利用它。类似的做法其实在影视剧中不胜枚举。

通过这两个事件，束从轩的个人形象逐渐立体起来，一位踏踏实实、有社会责任感的企业家形象，展现在公众面前。更让老乡鸡这个品牌被全国人民熟知。

创造意外，造惊喜

在传播路径上，品牌除了借势事件、分析公众情绪，更要懂得创造意外，因为有意外和惊喜，才能产生情绪波动，从而助推传播。2020年3月，老乡鸡举办了一场土味十足的战略发布会，刷爆全网。出其不意的打法让一个普通的企业公关事件变成了消费者津津乐道的主动传播事件。

在这场发布会的视频中，砖头搭成的舞台、村头大喇叭、墙上小黑板、包着红布的话筒……一股20世纪八九十年代的乡土气息扑面而来。老乡鸡一改各品牌发布会惯用的套路，摒弃高端大气的会场、西装革履的发布人、企业家一本正经介绍的宏伟战略，而是让发布会紧贴自己的品牌形象"老乡"。

束从轩后来接受采访时说："疫情期间企业本来就有损失，不适合大操大办。要开会怎么办？那就在我家乡找个地方搭个台子吧。"

在发布会上，束从轩用一口"肥西普通话"说出了网络流行语"是时候展现真正的技术了"，然后才宣布了其发展战略。看完这个有趣的发布会，你可能不记得发布内容，但发布会的风格和束从轩的发言，还是会深深地印在你脑海里。

这里需要介绍一个著名的"梅拉宾法则"，它告诉我们，在人们沟通交流的过程中，一个人对他人的印象，7%取决于谈话的内容，而音量、语速等听觉因素占到38%，眼神、动作等视觉因素占到55%。也就是说，如果想给别人留下好印象，那么请不要忽略声音和肢体动作。就像这场发布会，内容你不一定记得住，但束从轩的表现和现场气氛，你绝对过目难忘。

抛开梅拉宾法则，我们再看这一事件。一方面，老乡鸡采用了不同寻常的发布会场景和形式，创造意外感。另一方面，束从轩的表现，也给了大家很大的惊喜。有网友分析，发布会上，束从轩用了至少16个网络"热梗"："隔壁小孩都馋哭了""敲黑板，划重点""给生活比个耶"……

一个衣着朴素的老年人，站在农村舞台上。谁能想到，人家网络流行语信手拈来，句句带梗。语言的意外感，打破了传统的正经威严的老板形象，反而为束从轩塑造出一个反差萌、接地气的人物形象，让人好感度倍增。

在前面提到的手撕员工联名信事件中，束从轩也是非常有梗。结尾还来了句"加油，奥里给"。这场发布会，号称预算200元。其究竟花了多少，两万元还是20万元，我们不做猜测，但很明显，它达到了2 000万元的效果。

视频上线5分钟，微信公众号阅读量就破10万+，品牌在全网曝光量超过10亿。通过创造意外和惊喜，束从轩反差萌、接地气的形象，更加深入人心。

几次事件造就了束从轩的个人形象，让他实在、有社会责任感、反差萌的创始人形象，深入人心。同时，这也让老乡鸡的知名度飙升，并迅速植入全国人民心中。2020—2021年，全国餐饮收入骤降超过三成,大批企业亏损收缩,老乡鸡却逆势扩张,直营店突破了1 000家。创始人的价值主张在这个过程中功不可没。

⬇

要点回顾:老乡鸡是如何通过创始人的价值主张,为品牌增值的?

一、借势营销,造话题。

二、分析情绪,造热度。

三、创造意外,造惊喜。

思考题

你的企业创始人有什么个人形象特征,怎样巧妙放大这个特征,让他成为有记忆点的企业家,进而提高品牌的知名度和美誉度?

第五章 稳

公司
反脆弱攻略

开篇

———

通用电气公司 130 多岁了，福特公司也迎来了 100 岁大寿。在当代商业体系里，这样的高龄实在显得难能可贵。毕竟，在阿里巴巴风头正劲的岁月里，马云给企业定的目标也只是 102 年。想要了解这件事究竟有多难，我们看看中小企业的寿命就知道了。美国《财富》杂志 2020 年的一项统计显示，在美国，中小企业寿命平均为 8.2 年。这个数字，在日本是 12.5 年，在中国是多少呢？答案是 2.9 年。

为什么中国的中小企业如此脆弱？一方面，中国在改革开放最初的 30 多年中，巨大的红利让增长显得似乎轻而易举；另一方面，随着中国的崛起，中国企业也逐渐站在了国际竞争的最前沿，考验的难度大幅度升级。有些企业先天基因不良，经不住风吹雨打；有些企业奔跑得太快，开始变得固执；有些企业突然站到台前，一时没有缓过神……更别说这年头完全不缺少"黑天鹅"事件。

所谓"黑天鹅"，是指极其罕见的、出乎意料的风险。"9·11"事件、汶川地震、新冠肺炎疫情、澳大利亚大火，都是典型的黑天鹅事件。"黑天鹅"的出现，通常会引起市场连锁负面反应，甚至大面积的行业颠覆。这无疑考验着每个企业的反脆弱能力。

正如 2020 年，谁会想到，一场新冠肺炎疫情会演变为全球危机呢？倒下的不仅仅是小公司，还有一些名企，比如美国卫星电信网络公司 OneWeb，这家估值达 80 亿美元的独角兽公司，在一夜间申请破产，轰然倒下。

"不要浪费每一场危机。"我们应当在危机中思考一下，自己如何发挥长板，更好地活着，如何避开短板，尤其是那些致命的弱点。那些经历周期、穿越周期、没有被"黑天鹅"挫败的优秀企业,往往都具有反脆弱基因,只有这样才能立于不败之地。

在全书的最后一部分,我把这个系列的案例命名为"反脆弱",希望大家能从这些案例中看到一些应对变革的基本思路,有意识地增强企业的骨骼。正如《反脆弱》一书作者塔勒布所说:"不只受益于混沌,我们也需要适应随时出现的压力与危机,才能维持生存与繁荣。"

如何树立创始人定力：
任正非穿越至暗时刻的故事

> 如果有一天，你的公司倒下了，你觉得会是因为什么？对于这个问题的思考，是每个公司创始人的必修课。尤其在黑天鹅事件后，一些企业家乱了阵脚，失去了定力，在慌乱中做出选择，最终黯然出局，成了时代的注脚。而优秀的企业家在面对变革与挫折时，总能做到不动如山，担当企业穿越至暗时刻的中流砥柱。

我在做每一次采访的过程中，都会问企业家一个问题："如果有一天，你的公司倒下了，你觉得会是因为什么？"这个问题迄今已经被回答了数百次。排名第一的回答来自映客的奉佑生、地平线的余凯、三只松鼠的章燎原……他们共同的答案是："我没有跟上时代的发展，与我的客户脱节了。"58集团的姚劲波、柔宇科技的刘自鸿也有类似的回答："如果我不行了，公司就倒了。"我们可以看出，在这个商业流变加速的时代，创始人和CEO对方向的准确把握、与时俱进和求变应变的能力是首要的，这也已经成为企业界的普遍共识。

反脆弱的第一个重要环节，就是创始人定力，这在危急时刻尤为重要。

正如古人云，"每临大事有静气"。公元383年，前秦苻坚率百万之众欲灭东晋。东晋谢安派自己的弟弟、侄子领兵八万人，在淝水迎击。这就是著名的以少胜多的"淝水之战"。东晋的生死存亡就在这一战了。在双方交战时，谢安在家里与客人下棋。战报送来，谢安看完后，继续下棋，面不改色。棋下完了，客人都忍不住问前线战事，谢安只淡淡地说道："小儿辈大破贼。"

在危急时刻，创始人有没有定力，是企业生死存亡的关键。同时，稳定军心也是每一名企业创始人、管理者在危急时刻最重要的任务。只有这样，管理者才能保证企业的意志力和战斗力，团队才能百战不殆。

华为成立于1987年，是ICT（信息与通信技术）解决方案供应商，专注于ICT领域。它的主营业务有程控交换机、传输设备、数据通信设备和宽带多媒体设备等。2013年，华为第一次超过了当时全球第一大电信设备商爱立信，排名《财富》世界500强的第315位。

到了2022年，华为在世界500强的榜单上已经排到了第44位。它的产品和解决方案，已经应用于全球170多个国家和地区，服务全球运营商50强中的45家，以及全球1/3的人口。

那么，华为是怎样保持企业长期增长的呢？一个很重要的原因就是它的战略定力，就像任正非自己在员工内部信上说的那样:"板凳要坐十年冷。"

在企业战略层面,华为最有代表性的"定力选择"就是公司没有选择投机做房地产。2000年前后,中国房地产市场一片红火。拿地、盖楼、卖钱,市场的流程简单,利润却很高。很多企业都出于眼热,放下自己的主营业务,转行挣大钱去了。这时候,在华为内部就有下属蠢蠢欲动,建议任正非去做房地产:"反正咱们现在这么有钱,要不顺便投点儿钱去做房地产,轻轻松松就能赚个100亿(元)。"

但是,这时候,任正非的战略定力就体现出来了。他不仅不为所动,还公开批评了这种想法,他说:"在大机会时代,千万不要机会主义。"

既然华为的使命聚焦在通信行业、通信领域,那么华为就要坚持走下去。在房地产狂欢的那几年,华为雷打不动地把钱投入研发、技术和人才。所以,这才是今天华为能够在4G(第四代移动通信)、5G(第五代移动通信),甚至在未来的6G(第六代移动通信)方面超越欧美的根本。尽管迫于一些特定因素,很多国家不得不中断和华为的合作,但是这并不影响华为的5G发展。2021年全球通信市场的数据显示,华为依然遥遥领先于欧美企业,以接近30%的份额,位居全球第一。

如果当时华为分心做了房地产,那么今天中国可能会多一个房地产公司,但少了一个拥有核心竞争力的科技型企业。

30多年来,华为遇到的诱惑,不只是做房地产,还有做金融网贷、互联网。但面对每一次机会的来临，华为都不为所动，始终专注于通信设备领域，集中资金和力量提升自己的技术水平，挖深企业的护城河，才成就了今天的事业。

在企业文化层面，华为更是专注于宣传板凳坐十年的"专业精神"。比如，2014年6月，任正非邀请中科院院士李小文教授为华为代言，并写下了"华为坚持什么精神？就是真心向李小文学习"的广告语。

当时人们都在讨论李小文是谁。结果一查不得了，那几天《人民日报》《参考消息》《环球时报》《中国青年报》《经济日报》《光明日报》《科技日报》《21世纪经济报道》《第一财经日报》等中国的主要时政、科技和财经报刊上都出现了相似的内容。

通过这些新闻，人们才知道李小文是我国遥感领域的"泰斗级"人物。他主导的"李-Strahler"几何光学模型，被学术界冠以"20世纪定量光学遥感的里程碑"之名。他虽然收入很高，在生活中却非常朴素，耐得住寂寞，总是穿一双布鞋给学生上课。因此，人们尊敬地称呼他为"布鞋院士"。

华为通过这样的宣传，就是要重申华为的坚持和坚守，让人们看到自己的价值观。任正非说："华为要坚守的还是工匠精神，一个产品一个产品地攻坚。如果抛弃了这种工匠精神，华为是没有未来的。"

在创始人的思想层面，任正非始终强调"长期坚持艰苦奋斗"的重要性。比如，2000年底，在华为领先中国同行、正高速增长时，任正非却写下《华为的冬天》一文。他想借此提醒所有华为人，全员要有"向死而生"的危机意识。

在这篇充满忧患感的文章中，任正非说："公司所有员工是否考虑过，如果有一天，公司销售额下滑、利润下滑甚至会破产，我们怎么办？我们公司的太平时间太长了，在和平时期升的官太多了，这也许就是我们的灾难。泰坦尼克号也是在一片欢呼声中出的海。"这些观点和发言，都体现了任正非作为创始人的定力和视野。

任何一个企业，在非常时期，正面或者负面的消息，都会被市场这一放大镜检视。创始人淡定，则意味着他对目标有底，而这底色就是星星之火，既可燎原于众，又可燎原于市。

塑造创始人定力的5条法则

一旦"黑天鹅"来临，创始人最应该做的是哪些事情呢？我在这里准备了"塑造创始人定力的5条法则"。

第一，始终在一线倾听用户的声音。创始人的商业决策不能想当然，创始人不能听到一些风吹草动，就改变了自己坚持的东西。尤其当企业进入扩张阶段的时候，创始人更要到一线听听用户的反馈，分析市场的数据，而不是看什么挣钱，就赶快跑去做什么。在华为，我们有个一以贯之的准则：一线呼唤炮火。

所谓"一线呼唤炮火",即把计划、预算、核算、销售、决策等权力赋予一线,"让听得见炮声的人去呼唤炮火",因为他们离客户最近。

第二,做企业生命倒计时。作为创始人,你应该每天监测现金流,监测账户余额,并让财务总监给你敲敲钟,以此来警醒和督促你思考:如何让公司健康地运转,如何研发新品求生存,如何扩大市场规模。

第三,梳理反脆弱链条。梳理是为了取长补短。创始人是反脆弱链条中的第一环,但是创始人还要梳理链条中的其他环节,看看哪些环节是可以挺住的,哪些环节是需要修补的。

第四,IP化生存。老乡鸡创始人束从轩手撕员工联名请愿降薪的申请,在2020年春季刷爆朋友圈。束从轩告诉我,这个并未刻意发布的内部视频,最后竟然收获了20多亿人次的播放量。我相信,对老乡鸡这家企业来说,不降薪肯定是一个非常艰难的决定,因为餐饮本已是受冲击最严重行业之一。

张亮麻辣烫的创始人张亮在新冠肺炎疫情暴发那段时间也告诉我,他忍痛把所有加盟商的加盟费直接减免半年,在情况更糟糕的地区,他直接免掉了一年。

这是很大的牺牲和"流血",但是这些举措同时给加盟商缓解了困难。消息一出,其品牌美誉度迅速得到提升。这些都是绝境逢生,是IP化生存的体现。

第五，以孤独做鳞，永不言弃。 1941年，丘吉尔接受母校邀请，作了一场题为《成功的秘诀》的演讲，当时英国刚刚经历完第二次世界大战，丘吉尔演讲的全文就是："绝不认输，绝不绝不认输，绝不绝不绝不认输。"什么是老大？没有别人可以诉苦的人就是老大。老大以孤独为自己最硬的鳞片，以孤独做鳞，永不言弃。

在危急时刻，创始人有没有定力，是决定企业生死存亡的关键。能否穿越至暗时刻，也是商业领袖的试金石。

通过任正非、俞敏洪这样的企业家，我们可以学到，在寒冬中，领导者的内心一定要强大。在危急时刻，领导者一定要激发士气并给员工带来希望，因为希望是"过冬的火种"。

⬇

要点回顾：创始人应如何树立定力？

一、始终在一线倾听用户的声音。

二、做企业生命倒计时。

三、梳理反脆弱链条。

四、IP化生存。

五、以孤独做鳞，永不言弃。

思考题

在最近的这些年中,你对于企业发展最大的一次摇摆和犹疑发生在什么时候?让你最终没有动摇的原因是什么?在下一次遇到挫折之前,你准备给自己做哪些武装呢?

统一价值观：
阿里巴巴首遇"黑天鹅"的启示

> "百将一心，三军同力，人人欲战，则所向无前矣。"这是南宋学者张预对《孙子兵法》中"上下同欲者胜"做出的注释。不管是古代将领带兵打仗，还是现代企业参与竞争，每一个管理者都希望自己的队伍能够具有超强的凝聚力，做到上下同心、目标一致。但现状往往是，许多员工不担责、不履责，工作懈怠，没有工作激情，更有甚者拉帮结派。说到底，这些不好的风气要么是团队没有很好地总结和思考自己的价值观，要么是团队的价值观只是挂在墙上的漂亮口号，团队成员没有很好地践行。

在危机到来时，企业需要创新，需要突破，需要不走寻常路，这时单纯靠"管"产出不了效益。这时，把控全局的"领导"就显得尤为关键，领导力的重要性就凸显出来了。领导力和企业价值观，常常在特殊时期发挥重要的作用。

我们来回顾一下黑天鹅事件中的中国企业。有一家企业，在非典时期，一名员工感染，导致全公司被隔离。而就在被迫隔离期间，它开发出了一款产品，最终打破美国电子商务巨头eBay（易贝）在电商平台的垄断，成为中国电子商务领头羊，这款产品叫作淘宝，它最终成就了今天的阿里巴巴。

成就阿里巴巴的领导力核心就是坚定自己的价值观，正所谓"百将一心，三军同力，人人欲战，则所向无前矣"。

在阿里巴巴，关于坚守价值观的案例有不少。比如，有两个明星销售，业绩非常好，他们的业绩能占所属大区的50%以上，非常厉害。可即便拥有这么好的业绩，他们还是被开除了。原来，他们在与客户的业务来往中收了回扣，这严重违背了公司价值观——"诚信"，公司毫不犹豫地将这两名员工裁掉了。

作为阿里巴巴的创始人，马云曾说过："使命，是做正确的事；价值观，是正确地去做事。如果把使命作为我们去的目的地，价值观就是高速公路上的红绿灯和黄线白线，按照这条路去开，永远有准则。"由此可见，阿里巴巴如何强调价值观的作用。

判断失误，那一年的阿里巴巴太难了

阿里巴巴在非典时期的"非常"表现，与其特有的文化脱不开关系。而阿里巴巴企业文化的构建，则要从它第一次遭遇黑天鹅事件的2000年开始说起。

那一年，与很多中国企业一样，阿里巴巴深陷泥潭，新任COO（首席运营官）关明生临危受命，构建了阿里巴巴的文化体系，他通过开源节流，帮助阿里巴巴走出困境，一举奠定了阿里巴巴在中国电子商务领域的地位。

彼时的阿里巴巴，用现在的话说，就是太难了。2000年3

月，互联网泡沫破裂，全球科技公司遭遇了寒冬，融资窗口基本关闭。而手上还有2 000万美元的阿里巴巴，却做出了错误的战略判断，其认为大力扩张、抢占市场的好机会来了。

于是，阿里巴巴开启了全球化运营，在中国香港和英国设立了办事处，在美国硅谷成立了研发中心，在日本、中国台湾、韩国成立了合资公司。阿里巴巴还加大了广告投入，几乎一夜之间，阿里巴巴标志性的橙色就霸占了中国网民的屏幕。同时，阿里巴巴还在海外做了一支电视广告，在CNN（美国有线电视新闻网）等海外电视台播出。

然而，马云没想到，互联网引发的金融危机会持续如此之久。到2000年的下半年，阿里巴巴依旧没有找到合适的赢利模式，手上的资金也开始吃紧。

走出困境，阿里巴巴吃的是文化，产出的是效益

2001年，马云做了两个重要决定：第一，采用守势策略，聚焦中国市场；第二，任命关明生为公司COO，并将自己在杭州的独立办公室一分为二，和关明生一起办公，也让同事明白关明生的重要性。

关明生在几周内就把公司每月的开支削减到原来的一半。之后，他花了很长时间，做了一件在当时让很多人难以理解的事情——构建文化体系。关明生的做法简单明晰，大致分为两步。

第一步，共同探讨，达成共识——明确阿里巴巴的价值观。

价值观是一个企业的灵魂，是凝聚公司员工最核心的力量。它会影响一家公司在关键时刻的业务决策如何落实到每个员工的日常考核。

那么这种标准从哪里来，要如何树立呢？以阿里巴巴为例，我给你几个方法。

第一，价值观要从教训中提取。阿里巴巴创业初期，团队只有不到 20 人。当时，他们整个团队坐到一起，集思广益，把创业以来所有的感受、教训、血泪都写在纸条上，贴满一面墙，然后大家一起来讨论。最终，他们从中精简出 9 条，从此有了"独孤九剑"（如图 5-1 所示）。

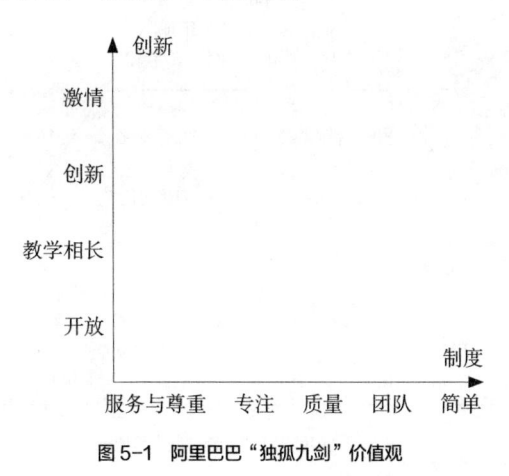

图 5-1 阿里巴巴"独孤九剑"价值观

"独孤九剑"就是从教训中提取出来的价值观，是阿里巴巴价值观的第一个正式版本，它不仅成为阿里巴巴员工的行为准则，而且一出台就进入了阿里巴巴的绩效考核当中。

第二，价值观要从业务中提炼。2005年，阿里巴巴的团队已经有了300名员工，当时淘宝业务开始起步，正要与巨头eBay殊死一战，支付宝也刚诞生一年，阿里巴巴的业务开始多元化发展了，企业需要更加以客户为中心，需要更强的合作精神，才能够创造更多新商业机会。这个时候，阿里巴巴又把价值观重新浓缩，变成6条，每一条都是服务于业务的，叫作"六脉神剑"（如图5-2所示）。

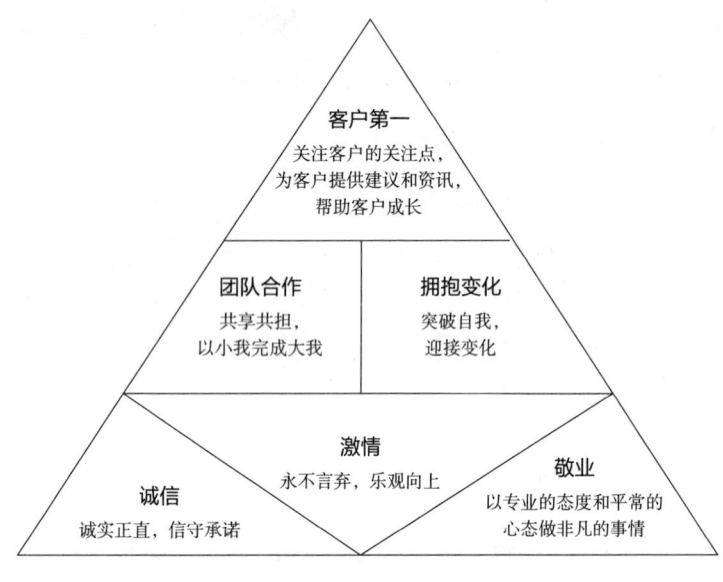

图 5-2　阿里巴巴"六脉神剑"价值观

第三，价值观要从行为中升华。作为管理者，我们要观察到员工哪些行为是好的，哪些行为是值得我们提倡的。我们要表彰这些行为,然后,把这些行为升华成价值观,再落地到每个人的实践中。

2018年,阿里巴巴就把"六脉神剑"升级成"新六脉神剑"。其中每一项价值观都取材于"阿里土话"。在整个价值观提炼的过程中,每一项价值观都经过了5轮合伙人专题会议,海内外9场沟通会,467名组织部成员的激烈讨论。阿里巴巴全球不同岗位、不同层级的员工都参与了调研,给出了2 000条建议反馈,"新六脉神剑"经历了400多个小时的专题讨论,才最终拍板决策。

阿里巴巴CEO张勇(逍遥子)曾经在内部讲话上说:"这些都是阿里巴巴过去多年沉淀下来的土话,但这些土话最好地反映了阿里巴巴的价值观。随着阿里巴巴的发展,我们要返璞归真。价值观不是墙上挂着的,价值观是不知不觉融入思考和行为之中的,是要融入血液的。"

第二步,为文化搭建相应的考评体系。

在形成文化共识后,关明生宣布,员工每季度的考核,50%基于绩效,剩下50%取决于员工怎样很好地坚持阿里巴巴的核心价值观。阿里巴巴将基于核心价值观,建立起新的雇用、评估、晋升、辞退体系。所有人事决定都必须遵循one over one plus HR的原则,即员工的上级、上级的上级,以及一位人力资源专员,一同参与员工考评。

此外，关明生开始推行双轨晋升制，即专家晋升轨道和管理晋升轨道。同时，关明生还完善了培训体系，对新入职员工、基层员工、管理层制订不同的培训方案。

具体如何落地呢？一个字：拆。

第一，要对价值观做出诠释。我们要告诉员工为什么要遵守每一条价值观。我们来看看阿里巴巴的"新六脉神剑"，每一条下面，阿里巴巴都有详细的诠释。比如，"客户第一、员工第二、股东第三"下面解释了这条价值观的重要性和原因：只有持续为客户创造价值，员工才能成长、股东才能获得长远利益。这样可以让与公司相关的每个人都明白这条价值观的意义，从而让每个人都能更主动地去遵守它。

第二，要将价值观细化为行为准则。我们看到在"新六脉神剑"中，除了最后一条"认真生活、快乐工作"不做考核外，前面5条价值观都各自列出了4条行为描述的细项。

客户第一，员工第二，股东第三

诠释：
这就是我们的选择，是我们的优先级。
只有持续为客户创造价值，员工才能成长，股东才能获得长远利益。

行为描述：
1. 心怀感恩，尊重客户，保持谦和。
2. 面对客户，即便不是自己的责任，也不推诿。
3. 把客户价值当成我们最重要的KPI（关键绩效指标）。
4. 洞察客户需求，探索创新机会。

图 5-2-1 "新六脉神剑"价值观详细解读一

因为信任，所以简单

诠释：
1. 世界上最宝贵的是信任，最脆弱的也是信任。
2. 阿里巴巴成长的历史是建立信任、珍惜信任的历史。
3. 你复杂，世界便复杂；你简单，世界便简单。
4. 阿里人真实不装，互相信任，没那么多顾虑猜忌，问题就简单了，事情也因此高效。

行为描述：
1. 诚实正直，言行一致，真实不装。
2. 不谄上欺下，不抢功甩锅，不能只报喜不报忧。
3. 善于倾听，尊重不同意见，决策前充分表达，决策后坚决执行。
4. 敢于把自己的后背交给伙伴，也能赢得伙伴的信任。

图 5-2-2 "新六脉神剑"价值观详细解读二

唯一不变的是变化

诠释：
1. 无论你变不变化，世界在变，客户在变，竞争环境在变。
2. 我们要心怀敬畏和谦卑，避免"看不见、看不起、看不懂、追不上"。
3. 改变自己，创造变化，都是最好的变化。
4. 拥抱变化是我们最独特的DNA。

行为描述：
1. 面对变化不抱怨，充分沟通，全力配合。
2. 对变化产生的困难和挫折，能自我调整，并正面影响和带动同事。
3. 在工作中有前瞻意识，建立新方法、新思路。
4. 创造变化，带来突破性的结果。

图 5-2-3 "新六脉神剑"价值观详细解读三

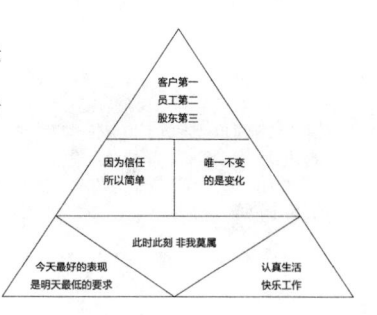

今天最好的表现是明天最低的要求

诠释：
在阿里巴巴最困难的时候，正是这样的精神，帮助我们渡过难关，活了下来。逆境时，我们懂得自我激励；顺境时，我们敢于设定理想目标。面对未来，不进则退，我们仍要敢想敢拼，自我挑战，自我超越。

行为描述：
1. 认真踏实，完成本职工作。
2. 保持好奇，持续学习，学以致用。
3. 不为失败找借口，只为成功找方法，全力以赴拿结果。
4. 不满足现状，不自我设限，打破"不可能"的边界。

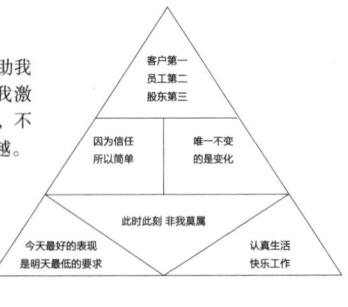

图 5-2-4 "新六脉神剑"价值观详细解读四

此时此刻，非我莫属

诠释：
这是阿里巴巴的第一个招聘广告，也是阿里巴巴的第一句土话。是阿里人对使命的相信和"舍我其谁"的担当。

行为描述：
1. 独立思考，独立判断，不随波逐流。
2. 工作中敢于做取舍，敢于担责任。
3. 打破边界，主动补位，坚持做正确的事。
4. 在需要的时候，不计较个人得失。挺身而出，勇于担当。

图 5-2-5 "新六脉神剑"价值观详细解读五

认真生活，快乐工作

诠释：
1. 工作只是一阵子，生活才是一辈子；
   工作属于你，而你属于生活，属于家人。
2. 像享受生活一样快乐工作，像对待工作一样认真地生活；
   只有认真对待生活，生活才会公平地对待你。
3. 阿里巴巴因你而不同，家人因你而骄傲。
4. 我们每个人都有自己的工作和生活态度，
   我们尊重每个阿里人的选择。

这条价值观的考核，留给生活本身。

图 5-2-6 "新六脉神剑"价值观详细解读六

就这样，高高在上的价值观被拆解成为一条一条的行为准则，员工知道如何去做，为何要做，公司也知道考核什么。

我们嘉宾商学的价值观是王者精神、作品如人品、拥抱变化、爱嘉宾就像爱生命。在进行价值观考核时，我也把价值观进行了拆解。4条基本价值观背后都有对它的诠释，每一条也都拆解成了可执行的5项行为准则（如图5-3所示）。这样也是为了让我们每个人清楚地知道，自己该做什么，如何做，而我们的考核也正是基于这些行为准则。

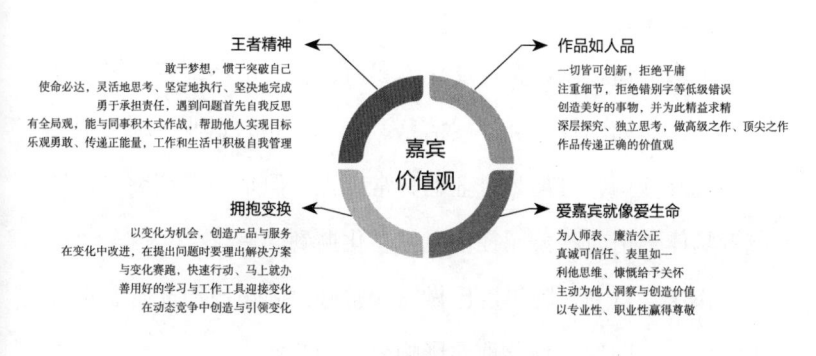

王者精神
敢于梦想，惯于突破自己
使命必达，灵活地思考、坚定地执行、坚决地完成
勇于承担责任，遇到问题首先自我反思
有全局观，能与同事积木式合作，帮助他人实现目标
乐观勇敢、传递正能量，工作和生活中积极自我管理

作品如人品
一切皆可创新，拒绝平庸
注重细节，拒绝错别字等低级错误
创造美好的事物，并为此精益求精
深层探究、独立思考，做高级之作、顶尖之作
作品传递正确的价值观

拥抱变换
以变化为机会，创造产品与服务
在变化中改进，在提出问题时要理出解决方案
与变化赛跑，快速行动、马上就办
善用好的学习与工作工具迎接变化
在动态竞争中创造与引领变化

爱嘉宾就像爱生命
为人师表、廉洁公正
真诚可信任、表里如一
利他思维、慷慨给予关怀
主动为他人洞察与创造价值
以专业性、职业性赢得尊敬

嘉宾价值观

图 5-3　嘉宾商学价值观

其实，不仅是价值观，在目标管理过程中，我们可以用"拆"字解决很多问题。公司的一个宏伟目标，需要不断拆解，成为一个个可执行的动作，这样任务才能分配给员工，最终员工通过完成动作达成目标。

在各项细节中，推进文化落地

现在看当年的阿里巴巴，其走出困境的法宝，无疑是从马云到关明生，他们身上具有的强大的领导力。同时，企业文化的建立和坚持，其实也是领导力的一种体现。如果没有强大的领导力，文化将是一盘散沙。而长久坚持下来的领导力，早晚会给企业带来变化和转化。

在文化体系构建成功后，我们最后要做的就是在各项细节中，推进文化落地。

很多公司在制订企业文化方案后，只是单纯地将方案推送给员工，比如图片截屏、发信息。好一点儿的企业，则会把文化和晋升挂钩，贯彻到企业的日常管理。但是当遇到突发事件或者具体事情时，公司往往就把文化抛到脑后。

在这一点上，阿里巴巴做得非常好，阿里巴巴非常看重文化的落地，即便这种落地会影响公司的收益。

前面我们说到，阿里巴巴的"新六脉神剑"已经被细化成20项，大家针对每一项都进行0或者1的打分，员工做到得1分，没做到是0分。最后20项相加，得出员工的价值观分数。

0-1评分法非常广泛地应用在建设工程领域。除此之外，还有分档打分法，阿里巴巴过去的价值观考核就是分档打分，把价值观分成了5个档打分，最后按A、B、C分3个等级。

但是，这样做的问题在于模棱两可、含糊不清。每个人在打分的时候会尽量给自己打最中间的分数，尽量保证自己是等级 B，这样就不会影响奖金和绩效，员工和领导不会对此有更多沟通，价值观考核逐渐流于形式。

为了让价值观考核更加客观公正，阿里巴巴还将其分为自评和他评。在他评中，员工不能只是主观判断一个人的价值观合格或不合格，而是需要提供具体的时间、地点、细节和点评。

明确考核打分标准，定期检查员工的价值观是否和企业匹配，彻底将企业的价值观与员工的价值观统一起来，真正做到"上下同欲"，才能最终组成一个具有超强凝聚力的团队。

这样，我们就有了一套可量化的价值观考核标准，价值观不再是挂在墙上或喊出来的口号，而是可以直接打分的考核体系。

考核本身不是最终目的，目的是促进管理者和员工进行对话，是沟通和得到共识的过程，是促进每个人更好地成长，让员工和企业越来越匹配，最终形成合力。

有一天，一个员工卖了 20 万元的国际电子商务服务给一家中国本土的房地产公司。我们一看就知道，这个员工一定是用了所谓"把梳子卖给和尚"的技巧，卖给了客户一个根本就不需要的服务，从而完成自己的业绩。

这时候怎么办？把员工骂一顿，然后说下不为例？很多人估计都会这么做。阿里巴巴却把这名员工开除了。然后把20万元退给了客户。

就像阿里巴巴前任CEO卫哲曾在嘉宾派的课堂上所说的那样："阿里巴巴能为了价值观开除任何人。"

到了今天，网上很多人在激辩：阿里巴巴是不是在"双标"？阿里巴巴是不是变了？这种讨论，其实恰恰也印证了价值观在阿里巴巴的重要性。隐秘的价值观，在阿里巴巴是要被拿出来做绩效考核的，这或许也是阿里巴巴冲破危机、穿越竞争的秘诀。

在强大的领导力下，基于对阿里巴巴价值观的认同，阿里巴巴全体上下一心，拧成了一股绳，回报也终于来了。

2001年的春天，阿里巴巴终于找到了赢利模式——通过提供更多的优先展示权和展示位来收费，并且开始提供China Supplier（中国供应商）服务，阿里巴巴由此逐渐走出困境。而这项服务组建的销售团队，在后来被称为"中供铁军"。

领导力是企业决策层要面临的重要考验。从阿里巴巴的案例中，我们可以看到，领导力与企业文化的建立密不可分。好的领导力，必将带来一种积极的企业文化。建立并坚持企业文化，也正是领导力的体现。

要点回顾：困境中的阿里巴巴如何构建企业文化？

一、共同探讨，达成共识——明确阿里巴巴的价值观。

二、为文化搭建相应的考评体系。让文化贯穿人员雇用、评估、晋升、辞退体系，先改善工作环境和大家的状态，再推行文化体系。

三、在各项细节中，推进文化落地。对待一切事情，都要回到价值观看问题，对违背价值观的事情绝不手软。

思考题

　　很多公司都在构建自己的企业文化，其企业文化却高度雷同，你认为，大公司的价值观可以适用于所有同类企业吗？为什么？

组织高效团队：
网飞的简明用人标准

> 企业发展离不开人才，知人善用非常重要。中国古代兵书《孙子兵法》在今天看来也是商战宝典，其中谈道："故进不求名，退不避罪。唯人是保，而利合于主，国之宝也。"这就是说，将领要懂得保全部下，尊重他们。因为将领要率军取得胜利，离不开部下和士兵的支持，这样的将领才是君主所需要的，也是国之宝也。在古代，在今天，在战场，在商场，选对人，都是一个关键的问题。

人到底能对企业起到多大的作用？著名的管理学家吉姆·柯林斯在《基业长青》这本书中写道："我们在做公司的过程中，就是把合适的人请上车，把不合适的人请下车，这样一个不断摸索的过程。"通过人的更迭和积累，我们才能慢慢找到这个企业的基因和节奏是什么。

公司与人才是两个不可分割的载体，只有公司这个平台和人才的职业基因高度匹配，二者才能磨合好，最终让企业走上快速路。反之，如果企业和人才总是逆向而行，那么这无疑是两败俱伤。

2020年的新冠肺炎疫情导致很多企业出现现金流紧张的情况，企业想开源节流，这时，人员管理的难题就出现了，如何在员工中做出选择？

为了活下去，企业需要把有限的"子弹"赋予最有用的人。因为他们能为公司创造更多的"子弹"，创造更大的价值。而不合适的人，这个时候可能就要被"请下车"了。

对管理者来说，这中间的取舍是个很大的难题。我们应该怎样筛选人才呢？乔布斯说过这样一句很经典的名言："过去我认为，一个重要的人，有用的人，优秀的人，能顶两个平庸的人，但后来我发现我错了，一个优秀的人是能顶50个人的。"

他这么说是因为，一家公司如果平庸的人多了，就会出现"劣币驱逐良币"的现象。而平庸的人一旦走上管理岗位，不仅会影响自己的工作，还会导致部门效率下降和优秀人才流失。相反，一家公司如果优秀的人越来越多，那么优秀的员工会互相鼓励、互相学习，形成良性循环。

在选人用人上，网飞这家著名企业的经验非常值得学习借鉴。

众所周知，网飞是一家优秀的文化创意类公司，非常具有创新精神。网飞最早是以出租碟片起家的，后来做流媒体服务，再后来做自制内容。如今网飞已发展到让迪士尼等一众巨头瑟瑟发抖。我们深挖网飞成功的秘诀，答案没那么神奇，根源无非是其收揽了很多创新型人才。

关于人才选拔，网飞有以下三大核心标准。

第一，只招成年人。

网飞选取人才的第一个标准是：只招成年人。这句话很多人第一次听说时会感觉有点儿像笑话，但是仔细一想立刻会觉得醍醐灌顶。

什么叫成年人呢？在网飞的定义里，成年人就是渴望成功的人。

成年人的独立性，对于公司尤为重要。当我们下达一个命令的时候，我们不希望员工推诿、找理由；当我们分析一个问题的时候，我们希望员工思考问题很职业、很专业。

在大部分公司里，真正渴望成功的员工的比例其实并不是那么高，很大一部分人其实都是以工作为工作，得过且过。从这个角度说，如果一个公司里有大量员工忙于做基础工作，期望"躺赢"、不劳而获，那这个情况会带来的危机一定是非常大的。如果公司不调整人员架构，那么其早晚都要出现问题。因此，网飞公司将选人的首要标准定为只招成年人。这保证了公司招进来的每个人都能人尽其用，像马达一样带着公司往前跑，而不是全公司只有老板这一个火车头带着所有车厢跑。

我们讲到这里，就不得不提一下网飞让很多人都目瞪口呆的规章制度，比如网飞取消了绝大多数公司都遵循的固定休假制度。网飞的员工可以在任意时间提出休假，只要把工作交接好，把工作计划做好，跟直属领导说一声就可以休假。

再比如，网飞还大胆取消了报销制度和差旅制度。公司没有报销标准和要求，员工可以通过自己的合理判断列出计划，进而决定怎样花公司的钱。

这些做法不得不说是非常具有颠覆性的。在很多公司看来，这些是不可思议的，是灾难级别的规定。可是，在这些制度推行之后，网飞员工的平均休假时长、公司的报销开支，几乎没发生过任何问题。

因为网飞认为，对一个成年人来说，责任和义务是并行的。他们会珍惜这种自由，并为了捍卫这种别处没有的自由而做出最理性和最负责任的选择。

他们还发现，自由宽松的公司制度反而更容易激发员工的干劲儿。员工会想办法维护这个局面，想办法让公司的氛围变得更有自主性。而教条的规章和制度，很可能会打消员工的积极性，限制高绩效员工的发挥。

第二，熟知公司业务。

网飞选择人才的第二个标准是：每个人都要懂公司业务。

这不仅限于选人，网飞在用人的过程当中，也在反复强调这一点。每个人都应该在工作中，保持对公司业务的理解，更要动态地理解公司拥抱变化的过程。

任正非说过这样一句话："教育培训，是值得每个企业去做的，但是太高档的不需要做，有用就行。"

员工不是教育出来的，而是在干的过程当中成长起来的，其中很重要的一点是让他们去熟知、熟读企业文化和产品手册。

读产品手册是让员工迅速了解公司业务的一个非常便捷的手段。公司里的每个管理者都应该在适当的时候，考核自己公司的员工是否对公司产品了如指掌。

同在一家公司，如果每个业务部门都不了解别的业务部门在干什么，那么协同和合作对整个团队而言就是天方夜谭。如果团队里的每个成员都充分了解自己要接触的所有业务并做出思考，事先了解自己公司的所有业务，那么员工彼此协作的过程将会畅通无阻。

其实，每一个公司的产品手册和企业介绍册都是一个公司历经了很多年的沉淀，历经了一代代管理者的打磨，最终呈现出来的最佳结果，最便于员工阅读和使用。

所以，在非常时期，如果你有一些员工工作量不那么饱和，你就可以让他们去熟读产品手册。此外，在一个拥抱变化的时代里，每一个企业每天都在做无数决定，每天都有很多变化在发生，所以公司给员工定期教育培训，定期上传下达公司信息也非常重要，让每一个员工了解公司的业务，能够让他们更高效地开展工作。

基于这样的原则，在网飞，有一个基本观点是：员工的无知，是管理者的失职。

虽然成年人不需要太多的规章制度去束缚，但是他们需要公司给予他们大量的信息支持、标准支持和资源支持，这样他们才能知道自己接下来要做什么，同时知道该怎么做。

如果管理者对于公司的方向、计划和目标传达不好，员工对公司业务不理解，对即将到来的改变一无所知，那么他们唯一能依靠的就是自己的判断。员工会根据自己的理解做他们认为重要的事情，而这会让他们走弯路，浪费时间和资源。

因此，不仅在网飞，任何一家公司的管理者都需要花足够多的精力向员工解释、与员工沟通业务情况，培养员工站在管理者的视角看问题的能力。这样，员工才能紧跟公司的节奏，形成合力，共同实现公司的目标。

比如，网飞有一个"新员工大学"，它专门用于为新员工解读公司和部门业务。所有新员工必须参加学习并通过考试，才能上岗。这也是网飞为数不多但十分必要的规定之一。

第三，与人相处，坦诚相待。

网飞在经营中的第三个准则是：与人相处，坦诚相待。

网飞数据科学与工程副总裁埃里克·科森认为自己在网飞学到的非常重要的一点就是"绝对坦诚，才能获得真正高效的反馈"。

在加入网飞之前，科森曾在雅虎带领一支数据分析团队。在回忆过去的工作时，他认为雅虎的文化是对别人倾力支持，而不是批评指责。

可是，到了网飞以后，突然有一天，他的新同事告诉他："科森，你的沟通能力不行，你在传达一条信息时，花了太长时间才提出自己的观点，而且观点还不够清晰。"当时，科森的第一反应是：你还好意思说我？我对你还有一大堆意见呢！但相处一段时间后，他就发现，那里的人都是心直口快的。而且他也很快就学会了从别人的反馈中学习并改善自己的问题。

在网飞公司的逻辑中，如果你有不同的意见或好的建议，却不愿意直接说出来，而是为了所谓的面子藏着掖着，你就会被视为对公司和岗位不负责任。

那么如何衡量坦诚呢？

网飞主张用事实说话，用数据检验观点。在网飞，关于某部剧是否要上线，某个渠道是否要打通，某个平台是否要吸纳的问题，总会引发激烈的辩论。为了杜绝辩论沦为无意义的争吵，网飞制定了一个标准：所有的辩论必须从本质上服务于业务和客户需要。

也就是说，不管你对一件事怎么看，你的出发点必须是服务于业务和客户需要，你必须用完整的逻辑架构和充分的论据来支撑自己提出的意见。那些以经验、感觉为论据的观点，都不会在网飞得到支持。

你想一下，这种要求有什么好处呢？它从根本上提升了人们提意见的含金量。如果你不是深思熟虑过的，不是做过数据推演和对比的，那么你是不好意思当众表达的。

除了要求之外，网飞还提出了一些制度来促进员工践行坦诚文化。

首先，设定反馈机制。在网飞，每名员工都要做一个名为"开始、停止和继续"的练习。这个练习的意思是，每个人都要定期与一个同事沟通，并告诉同事一件他应该开始做的事、一件他应该停止做的事和一件他应该继续做的事。不仅如此，他们还不断打磨正确的反馈方式，以此帮助员工理解该如何向其他人提出有建设性的反馈。为此，他们还专门制订了培训计划，帮助员工不断消化和提升，进而促进坦诚文化有效落地。

其次，网飞为了强化这个反馈机制，专门制定了"4A反馈准则"。这4个A分别是：Aim to Assist（目的在于帮助）、Actionable（反馈应具备可行性）、Appreciate（感谢与赞赏）和Accept or Discard（接受或拒绝）。

前两个A是对反馈者说的。Aim to Assist：给反馈的目的是帮助对方改进，而不是诋毁和伤害他人，更不能是让自己获取好处。Actionable：给出的建议要具有建设性和可行性，而不是纯粹地点评或者批评。比如，你不能只说对方不要做什么，而要指出怎样做会更好。

后两个A是对被反馈者说的。Appreciate：在接到反馈后，你不能第一时间产生负面情绪，而要想一想该如何表达自己的感激之情。为自己辩护是本能，但认真听取对方的意见才是成年人的做法。Accept or Discard：不是说所有反馈你都要接受，你有拒绝的权利。你要理性思考别人指出问题的原因。你不需要对每条反馈都照办，但是你要确保下一次不再出现别人指出的类似问题。

读到这里，你可能觉得网飞的要求有点儿苛刻，但数据显示，网飞的主动离职率远低于美国科技企业平均值，而被动离职率与平均值基本持平。在受欢迎的程度上，网飞仅次于亚马逊，是美国员工满意度排名前三的科技公司，比我们常说的谷歌和微软的排名都要靠前。

这就是网飞选人用人的艺术。

⬇

要点回顾：网飞选人用人的三个标准是什么？

一、渴望成功的人，成年人的态度更有利于目的达成。

二、熟知公司业务的人，其可以更好地沟通与协作。

三、可以坦诚的人，这样让信息对称，让事件高效。

思考题

我们经常听到"人才"这个词，公司里，有的人是人才，有的人却只是人员。尝试总结一下，你身边那些被视为人才的员工，他们身上都有哪些让人难忘的亮点？

制定产品策略：
优衣库打造"最强产品"

> 对企业来说，制定定位精准的产品策略尤为重要。如果没有一个好的产品，那么再好的销售也会面临困境。在中国经济转型的过程中，我们强调中国制造2025，归根到底，是在强调我们的产品质量。在全球商业大战中，好产品是必选项。中国企业想要走向世界的蓝海，没有好的产品就如同船没有桨。优衣库的案例展现了一家企业如何打磨最强产品，并凭借产品穿越周期。

产品是企业和市场之间最直接的介质，是考验一个企业的试金石。特别是在市场萎缩、需求锐减的时候，好的产品依然能经得住检验、扛得住摔打。

而所谓"最强产品"，不同行业的不同产品，根据目标人群的特点，标准都是不一样的。从高端到低端，最强产品离不开的一点是定位。作为亚洲第一大服装品牌，日本优衣库也经历过危机和漫长的经济萧条。

1984年，优衣库诞生，创始人柳井正在广岛市的一个小巷子里，开出了第一家300平方米的小店。优衣库创业初期正值日本经济衰退，当时，居民消费能力下降，大家开始追求简单的生活；同时，日本服装市场一线品牌过于昂贵，普通服装又难以满足消费者对品质的需求。优衣库观察到这一现象，品牌精准把握消费者需求，将基本款服装打造成优衣库的"最强产品"，利用高性价比向顾客展示强有力的购买理由——高质量的商品，低廉的价格。

怎样定义优衣库的"最强产品"呢？柳井正认为，"最强产品"是指能制造购买理由的商品和服务，是能让顾客毫不犹豫地舍弃竞争对手，选择优衣库的根本理由。无论多么困难，企业都会坚守"打造最强产品"的信念。打造最强产品，也成为优衣库的一个基因，得以让它具备超强的反脆弱能力，应对各种至暗时刻。

全球排名前三的"快时尚"服装公司中，除了排名第三的优衣库所属公司日本迅销外，还有Zara（飒拉）母公司——西班牙的Inditex（排名第一）以及排名第二的瑞典的H&M。Zara和H&M的产品策略是，紧追时尚流行趋势，对潮流亦步亦趋，依靠快速反应的全球供应链迅速推出新产品。优衣库却反其道而行之。

在优衣库的官方网站上，品牌对自身的定义是：以市场最低价格，不间断地提供无论何时何地、任何人都可以穿的，有时装性和高品质的基本款休闲服装。

在发展过程中，优衣库对于产品定价有一个独特的洞察。优衣库最早注意到，日本本土的大多数顾客在购买售价1 900日元（约120元人民币）的商品时，从不犹豫，果断购买。因此，优衣库就把1 900日元定为衬衫、女性上衣等商品的最低价格，并且在店面里，最大化地向消费者明确展示这个价格点。

在这样的产品定位下，优衣库在消费者中建立了价格便宜、经济实用的形象，优衣库的门店，也成为周末时顾客人数最多的门店。依靠价格优势，优衣库在竞争激烈的快时尚界异军突起，成为平价黑马。

当然，能在平价款领域内杀出重围很不容易，否则，世界上就不止一个优衣库了。为了让最强产品落地，优衣库主要采取了以下三个措施。

第一，扩大需求：聚焦所有人都可以穿的基本款。

基本款设计简洁，款式经典，永不过时，人们都有需求，与审美水平、收入高低、文化程度无关。优衣库聚焦基本款，这在无形中扩大了客户群体与市场规模。同时，简单的款式对于设计版型、面料工艺的要求大大降低，这样降低了生产成本和产品不良率，生产效率随之大大提高。

第二，提升质量：用生产奢侈品的标准生产平价产品。

优衣库内部有一个说法："用生产奢侈品的标准去生产一个平价的产品。"一件售价99元的商品，其在优衣库的生产标准可能与其他品牌售价999元的商品相同。

很多快时尚品牌采用低端面料缩减成本，优衣库恰恰相反，在成本限度内，其尽量选择最高端的面料，给顾客最佳的穿衣体验。同时，优衣库在代工厂派驻专门的团队，配合厂方进行工艺改良和革新。

第三，降低成本：打造 SPA 运作模式。

为什么生产标准这么高，优衣库还能卖这么便宜？这就得说说它的另外一个撒手锏：SPA 运作模式。

SPA 运作模式是指自有品牌专业零售商模式，这是由美国 GAP（盖璞）率先提出的，简单来说，它就是企业自己设计、制造商品，通过自有店铺向顾客销售的垂直整合型模式。

这一模式将顾客和企业直接联系起来，消除中间商，减少流通环节，降低运营成本。优衣库在 GAP 的基础上进行模式创新，建立了适用于优衣库的 SPA 运作模式。

优衣库在全球范围内选择原材料、物流价格低的地区进行采购，选择劳动力成本低的境外代工厂，这样降低了供应链成本，解决了经济危机造成的本地原材料匮乏和供应不稳定的问题。在直营的连锁模式下，优衣库门店每天、每周都会以 SKU（单独一款产品）为单位进行库存管理，对热销商品追加订购，对过剩货品打折促销，及时消化库存，实现资金高效周转。

最强产品的一个特性在于与受众日常生活深度关联，在某种程度上，它既为用户提供不可替代的便利，又可以改变用户的生活方式和消费习惯。优衣库的优势就在于，提供价低质优的产品，其代表一种生活方式，让走进优衣库成为日本家庭的消费习惯。

调查显示，日本职场男性每年会购买一到两套 10 万日元以上的西装，10 件左右的休闲服装，包括外套、衬衫、毛衣等。在优衣库之前，日本的衬衫价格极其昂贵，也成为日本男性的消费大项。但是在优衣库诞生后，日本男性改变了自己的习惯，开始越来越多地选购价格低廉的衬衫。今天，价格不菲的西装搭配物美价廉的优衣库衬衫，已成为日本上班族最佳的选择。

其实，很多公司都有自己的"最强产品"。例如，在 2001 年几近破产的苹果公司推出音乐播放器 iPod，它凭借极简的设计理念、配套的在线音乐服务，受到消费者极大追捧，是苹果公司扭亏为盈的"最强产品"。在日本经济衰退的大背景下，优衣库敏锐地抓住了消费人群的心态变化，推出更实用的"产品"，这无疑是转危为机的成功举措。其实对于很多企业，在危机面前最重要的是要适应变化，根据变化调整定位，推出产品。

⬇

要点回顾：如何制定产品战略？

一、重视需求，根据需求改变产品定位

二、提高质量，提供更好的产品。

三、降低成本，让产品更具有竞争力。

思考题

你的企业选择的"最强产品"都有哪些,你认为这些产品的优点是什么?

精确目标管理：
维尔福的绩效闭环

> 在企业的发展过程中，如何管理员工是永恒的命题。让企业发愁的是，虽然管理条款很多，但是它们仍然没有激发团队的活力。我们不妨换个思路，想想如何不管员工，只管目标和结果。目标管理做得好，企业才会事半功倍。

企业如何反脆弱？我们之前谈到了创始人定力、全员销售、制定产品策略、打造超强执行力。我们所做的这一切，其实都是为了实现企业发展进程中的某些目标，使命必达。这些，就是目标管理。

目标管理这个概念，是 20 世纪由管理大师彼得·德鲁克提出并倡导的一种科学的优秀的管理模式。它通过让组织的成员亲自参加工作目标的制定，实现"自我控制"，并激励员工努力完成工作目标。

简单说，具体到我们的工作中，目标管理就是将企业的使命和任务转化为目标，并且通过任务分解，将企业的任务细分成每个部门、每个团队甚至每个个人的具体工作目标。只有明确了目标的员工，才能明白自己到底要做什么。

优秀企业如何实现目标管理

对于目标管理，优秀企业都有怎样的心得和做法可以借鉴呢？以新冠肺炎疫情为例，疫情初期，大部分公司都推迟了假期后复工的时间，这引发了一个非常热的话题，就是居家办公。

对管理者来说，如果平时指挥作战所需的能量指数是5，那么，远程居家办公指挥作战的能量指数至少是20。这是因为管理者的沟通成本在增加，并且需要时刻掌握员工的工作状态。

这让很多管理者十分焦虑：我该怎样才能了解员工的工作状态？在无人监督的情况下，员工有没有哄娃、嗑瓜子、睡觉？在这个问题上，我想提醒各位管理者，先不要焦虑。

实际上，管理者并不一定要去管理员工的时间。听到这里，很多管理者要跳出来反对了：我花钱雇用员工，就是买了他们的时间啊。其实，给员工自由，让他们自己管理自己的时间，未必不能带给你想要的结果。谷歌就有一个20%规则，允许员工将工作时间的20%，用在自己感兴趣的事情上。

在给员工自由这件事情上，有一家公司更加极端，员工可以自由分配时间的比例是100%。不仅如此，这家公司甚至没有管理层级，也没有汇报渠道，甚至连岗位描述都没有。这家公司就是大名鼎鼎的维尔福。

也许很多人可能不知道维尔福。它是一家美国的游戏软件公司，成立于1996年，推出的第一款游戏就是风靡全球的《半条命》，之后其又开发出了全球最大的电脑游戏数字分发平台Steam，仅仅花了10年时间，它就占据了北美电脑游戏线上分发渠道超过50%的市场份额。

维尔福是如何做到在不管员工的情况下，创造如此辉煌业绩的呢？答案就是他们有极强的目标管理意识。

第一，因人成事，知道做什么很重要。

维尔福花费大量的精力在选人上，选有清晰目标的人。一个衡量标准是，你是不是"T"字型人才。你既要在某个领域有所建树，又要在多个专业领域有所涉猎。某个领域的专业性是人才的独特价值，涉猎广泛则说明你有好奇心，并且能更好地和其他领域的专业人才进行沟通、协作，更好地达成团队合作。

另一个衡量标准是，维尔福认为，知道要做什么的人比知道如何做的人更宝贵。因为前者清楚地知道自己的目标，且能够合理安排自己的时间，这也是能够实现目标管理的源头。

第二，做目标的主人，消除领导权威。

在维尔福，项目不是自上而下发起的，而是由有能力的员工自发发起的。在一个新项目组建时，发起人必须说服很多手上有工作的员工放弃现有任务，加入进来。

消除领导的绝对权威，意味着只要你有能力，你就有机会

"摆脱命运安排"。你可以内部创业，自己设立目标，自己想办法、拉团队完成。

第三，为目标建立评估与激励体系。

评估与激励是目标管理中最重要的一环。公平的评价体系和充分的激励措施，是员工自发完成工作的根本驱动力。

维尔福会通过两个方式来评估员工的贡献。一个是同事评价，由公司内临时组成的一组人跟公司内的所有人沟通，公司通过匿名汇总，对每个员工进行评估。另一个是综合评估，公司对员工每年创造的价值做量化评估，通常分为4个指标：技能、产能、小组贡献度和产品贡献度。对于创造价值的员工，维尔福会给予高于同行的奖金回报，从而对员工进行激励。

崇尚自由的谷歌，同样也采用了"为目标而建立的评估与激励体系"，也就是广为人知的360度考评。公司通过员工自评、上级评价、同事评价、合作伙伴评价，全方位要结果。0度考评为同级考评，90度考评为上级考评，180度考评是服务对象考评，270度考评是下级考评，360度考评是自我考评。

目标管理的关键

在优秀企业的实践中，我们看到，保障目标管理的一个非常重要的标准，就是绩效管理。可以说，在目标管理的闭环中，只要有了绩效考核，各个关键环节的贯彻落实就能得到保障。

曾被公认为"世界第一经理人"的通用电气前 CEO 杰克·韦尔奇，在自传中清晰地写道："如果说，在我奉行的价值观里，要找出一个真正对企业经营成功有推动力的，那就是有鉴别力的考评，也就是绩效考核。"早在 1954 年，彼得·德鲁克就提出了"目标管理"，在他看来，"绩效管理是 20 世纪最伟大的发现之一"。由此可见，绩效管理的本质是只重结果，开放执行过程的目标治理模式。

事实上，企业的目标来自长期的使命和任务，在管理运营中，一个清晰明确的目标能够保证团队的每一步都坚定地朝着重点的方向前进。企业稍有不慎，一步踏空，就可能让努力毁于一旦。

目标管理不仅要确定山顶上的终点，更要夯实每一个台阶，只有这样，绩效管理才能让每个员工脚踏实地地通过这些台阶到达山顶。

要点回顾：维尔福实现目标管理的关键是什么？

一、因人成事，优先选"知道要做什么的人"。

二、目标大于一切，消除领导绝对权威。

三、建立多重评估与激励体系。

思考题

　　绩效，目标，不管是 KPI 还是 OKR，在企业的实际运作中，似乎总是成为管理者与下级之间的角力点，你在跟下属讨论目标的时候遇到过困难吗？如果用维尔福的方式，你会不会消解当时的麻烦？

让决策落地：
万达超强执行力的法宝

> 什么是企业的核心竞争力，资金、人才还是技术？这些都很重要，但是企业如果缺少了一个核心，就会面临失败，那就是超强的执行力。战略执行力的强弱，最终决定企业战略的成败。以执行力闻名的万达，将其渗透在企业文化价值观和使命必达的意识中。企业间的竞争，归根结底是执行力的竞争。有了超强执行力，企业才能让战略落地，把想法转换成效益。

美国《财富》杂志的数据显示，有效的战略策划得到有效执行的战略不到10%，大约70%的战略失败在于执行不到位。在中国企业中，战略执行不到位的例子更是比比皆是。

关于执行力，万达是个不可不学的经典案例。王健林曾经说："万达的执行力不敢说在世界，至少在中国是第一的执行力。"

万达文旅设计院的设计师曾这样形容：在有的企业，可能几年也没有一个完整的项目可以落地。但是在万达，我们可以在一年内做几个项目。这背后的支撑，就是超强的执行力。

在地产业务中，从前期策划到最终开业，企业需要经过拿地、规划、建筑、招商等诸多环节，其中有着太多不可控因素。

而在万达的一个项目中，共有 300 多个重要节点，企业需要一一控制。然而，万达却总能如期交付，甚至提前完成。

有数据显示，曾经在 5 年的时间内，共有 155 家万达广场密集开业。万达超强执行力的秘密是什么？让很多企业头疼的执行力差的原因又是什么？我们从这个案例中仔细分析。团队执行力低下有三种可能：问题不一致，方案不统一，行动不落地。

首先，团队对问题缺乏一致意见，问题的权责关系不清楚。其次，团队对解决方案缺乏统一看法，总是顾虑解决方案可能会导致新的问题。最后，团队在解决方案和实操之间缺少明确的落地路径。即使达成一致意见，团队依然缺少后续行动。

芝加哥大学曾有一个调查数据显示，高层管理者 75% 的时间会花在解决执行力的问题上。尤其在大型企业，当公司组织结构复杂，人员众多，每个项目可能会涉及多层级。这时，执行力就会变得复杂起来。如何才能提高执行力呢？让我们来看看万达模式。

制度化奠定执行力

中国企业的管理模式通常分为区域制管理模式和总部集权的垂直管理模式。这两种模式各有优劣，但是近年来，很多企业大的管理架构调整都在向总部集权倾斜，如中海地产和王府井百货。

从执行力的角度看，总部集权的核心是强调整体一致和协同作战，这样最大的好处就是可以提高组织效率，保证执行力，增强规模优势。

万达一直是典型的高度总部集权的企业。在万达，权力向总部集中，总部权限至高无上，总部将一套完整的万达商业地产细致发展模式复制到各地，直接决定各地项目的实际运营。不服从就解雇，这就是万达的执行文化。

在多年的铁腕制度管理下，万达内部已形成强有力的执行文化，每个人都有执行意识，执行力成为万达企业文化的核心。可以说，制度化从根本上奠定了万达高效执行力的管理基础。

科技化保证执行力

对今天的中国企业来说，提高执行力不能仅仅靠企业文化，也要有监督和保证。科技化是保证执行力不可缺少的一部分，向科技要执行力，也是中国企业需要努力的方向。

我们来看万达，这些年万达执行能力的形成，除了自己的制度、文化、严格的奖惩、自己的监督，非常重要的一个办法就是依靠科技化、信息化来保证执行力。

在中国企业中，万达率先实现了从信息到移动终端所有办公系统的自动化，在手机上批文件，在很多年前就实现了。万达的科技化、信息化体现在各个方面，在各地工地，所有的工程进度都是由探头来管理的，探头进不去的地方，万达通常要求录像。招投标的流程也都是高度信息化的，这种高度信息化也是为了提高执行力。

每年9月，万达计划部开始着手梳理明年的项目计划，做到心中有数。如何支撑这些计划的制订实施？那么多业务系统，每天产生海量个人待办，怎样确保待办任务的及时获取和完成？

这就要提到万达自主研发的计划模块化的管理系统，它能实现开发项目从开工到开业全周期信息化管控，是确保万达所有项目按时开业的法宝，是万达执行力的保障。据说这个软件已获得全球专利，在欧盟、美国都申请了专利保护。

高科技在万达日常管理中的应用，是万达在管理执行方面有别于很多企业的重要特点，从源头上保证了执行力。

计划模块化提高执行力

在企业管理上，万达还有一个最大限度提高执行力的法宝，那就是模块化。所谓模块化，就是让项目带上镣铐跳舞，企业从而对项目能有一个全盘性的布局。同时，它能大大降低内外部沟通成本，让每个单位都能对项目进度一目了然，每个人只要管好自己的工作节点就好。

计划模块化的实施离不开信息化的支撑，离不开计划模块化软件。万达是如何通过计划模块化软件提高执行力的？

第一，节点管理。万达将任务的颗粒度变细，大节点拆分成小节点，流程中能拆解出300多个有效节点，而且一旦定下来，想修改一个节点都非常难。众多节点中，每一项都很关键。大家完成每一个小节点，既会得到压力的释放，也可能得到相应的激励。

第二，责任管理。每个节点都有相应的部门负责，有明确的责任人。责任到人，权责分明，项目出现任何问题都能迅速匹配到对应的部门和人（如图5-4所示）。

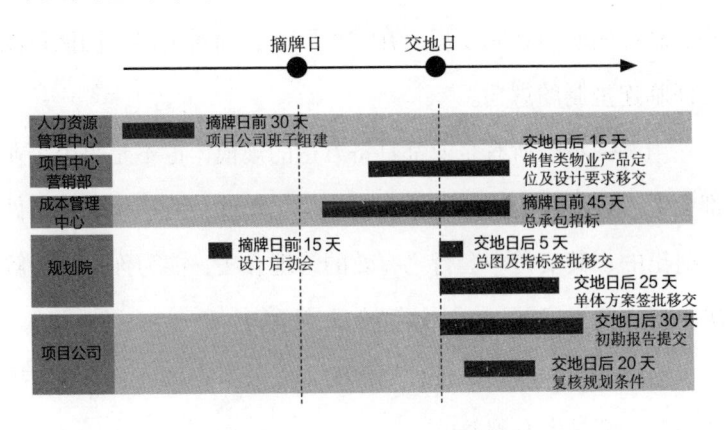

图5-4 万达计划模块化软件示意

第三，时间管理。万达有一项"红绿灯"制度。如果某节点未按时完成且延误少于一周，项目会出现一个黄灯。如果团队在一周内把延期任务完成，黄灯会自动消失，变成绿灯。如果团队在一年之内亮起三次黄灯，相当于一次红灯；如果团队在一年内出现三个红灯，相关责任人就要接受惩罚，300多个节点环环相扣。企业做好每个小节点的时间管理，杜绝任何拖延，这是按时结项的关键。

第四，质量管理。有了对节点、责任、时间的把控，企业对交付的质量也会有严苛标准。质量的高要求，代表着万达的品牌形象，体现着企业对用户的价值交付。

第五，绩效管理。每个节点的完成情况，都会纳入公司的考核，这将决定大家的绩效和收入。同时，万达会保护奖惩分明。激励要绝对执行，团队超额完成会有丰厚奖金，所有的升职加薪被明确写在制度里。在"惩"上，面对失误，团队可能会面临连坐制的惩罚。

当然，不是所有企业都具备万达的规模，也不是每个企业都会像万达那样费力开发自己的模块化软件。万达模块化软件折射出的，其实是一套行之有效的管理方法，能为你的企业解决执行力低下问题，大大增强企业竞争力。

这种理念和经验，各种规模的企业根据各自企业的特点择其一二，都是大有裨益的。

要点回顾：企业如何借鉴万达式执行力？

一、建立好制度，让执行力有制度可依。

二、注重科技化，信息透明保证执行力。

三、抓每个节点，按部就班提高执行力。

思考题

　　项目急、任务重、人手少也许是经常发生的状况，回顾一下最近项目推进的困难，以上所说的万达模式下的管理方法，哪个能够让你在资源不变的前提下，增强执行力？

克服经营挑战：
京瓷打造全员销售

> 经营是企业之本，在企业的整个链条中，销售是让企业活下来的第一项基本功。这也是为什么诸多企业把销售部门作为全公司的核心部门。有一种观点认为，所有的企业创始人都必须是好的销售。因为你不仅要向客户销售你的产品，更需要向你的投资人、合伙人、员工销售你的想法与信念。在企业遇到危机的时候，销售更是企业能否续命的关键因素，因为当"黑天鹅"来临时，你很难指望外部输血，销售是唯一的救命药方。这也是稻盛和夫的重要信条之一。

在50多年的发展历史中，稻盛和夫创办的京都陶瓷株式会社（现名京瓷），一共经历了5次危机，比如20世纪70年代的石油危机、80年代的日元升值危机、90年代的日本房产泡沫危机，以及2000年的互联网泡沫危机和2008年的全球金融危机。但神奇的是，京瓷不仅没有出现过一次年度亏损，而且连续56年保持10%以上的利润率。

在评选世界500强时，有一个标准的偏差常常被人们诟病，就是只讲规模，不讲效益。而无论是从规模，还是从效益来看，京瓷都是世界上最优秀的企业之一。

稻盛和夫说："每次面临萧条，作为经营者的我总是忧心忡忡，夜不能寐。但是，为克服萧条不懈努力，每一次闯过萧条期后,京瓷的规模都会扩大一到两倍。从这些经验当中,我坚定了'应当把萧条视为成长的机会'这样一个信念。如果用竹子的成长比喻企业的发展,克服萧条,就好比长出一个竹子的'节'来。"

而在探讨京瓷的经营之道时,稻盛和夫经常提到的4个字是:全员营销。

什么是全员营销

全员营销的概念诞生于20世纪70年代的京瓷。当时世界发生了石油危机,全球经济一片萧条。京瓷也受到了很大的影响,订单量大幅下降。于是,稻盛和夫提出了全员营销的概念,他号召对营销完全没有经验的人去推销公司的各种产品和技术,大家努力询问客户建议,全力满足客户需求,拼命争取客户的订单。虽然一时间,京瓷内部人人都成了对外的销售触点,但是"全员营销"并不是简单地等同于"全员卖货"。

在阅读了大量稻盛和夫的相关采访后,我发现他对全员营销的看法是这样的。一是员工平时要注意积累好的想法、创意、点子。这些想法平时是不需要的,因为订单充足,生产的时间都已经安排满了。等到了萧条时期,不论是生产部门、设计部门还是产品部门,都要跟客户讨论这些想法。这些想法可能会唤起客户的一些潜在需求。因此,全员营销更像是给全员装备了"营销意识"。带着"卖出去"的想法思考生产中的每一个环节，员工的思考才是有效思考。

二是部门要彼此熟悉。销售只是一个动作。在销售完成后，真正的服务才开始。所以，不仅是营销部门、服务部门，还包括后台部门，都要围绕订单全体出动，团结一致，大家需要向客户提交产品和服务解决方案，让客户满意。这样一来，前端部门和后端部门之间增强了协调配合，进而提高整体解决方案的水平。

三是让员工理解企业经营的不易。在日本，由于竞争激烈，市场饱和严重，营销的基本态度就是要当"客户的仆人"。为了满足客户需求，只要公司能够做到的，公司几乎什么都得干。公司通过全员营销，让全体员工经受在别人面前低头讨订单的历练，是非常重要的。同时，这样培养出的干部，才更有韧性，更能打硬仗。

这才是全员营销的真正内涵。

全员营销为什么重要

通常，生产和销售往往存在一种对立关系。比如，生产部门由于没有销售任务，当订单表现不好时，他们会认为销售影响了绩效和收入，生产部门就会对销售部门发牢骚，吐槽他们卖得不好、销售水平不高。而销售部门也会反过来责备生产部门没有生产出畅销的产品。

这种部门之间的内耗常常发生，往往让管理者非常头疼。可是，如果让生产人员也尝试搞营销，卖东西，他们就会明白营销有多么不容易，部门之间的沟通也会更顺畅。不仅如此，当企业尝试全员营销时，企业就会发现这非常有益于员工培养"刻意营销"的意识。比如，身后突然有个声响，于是你扭头寻找音源，这种行为其实是无意识的，或者叫下意识的。如果一个人有意识地关注一件事，他就能在这件事情上迸发更多灵感。也就是说，所谓"全员参与"的经营方式，是一种激发员工主观能动性的手段。员工一旦具备了这样的心态，就能发现更多机会。

比如，在京瓷有一个非常经典的营销案例是这样的。有一次，一位京瓷的员工去拜访一家渔具制造企业。这家企业对于陶瓷类的东西并不感兴趣，拒绝了他的销售请求。可是，这个员工注意到一种鱼竿上的卷线装置。他发现天蚕丝线滑动时的接触部位，使用的是金属导向圈。在主观能动性的驱使下，他想到另一家制作纺织机械品的公司，其设备上与高速运动的纱线接触的部位，用的就是京瓷的耐磨陶瓷零件。

于是，这个员工就向渔具企业提出使用耐磨陶瓷零件替换金属导向圈的建议。但对方以价格高为由拒绝了。这个员工对钓鱼有所了解，钓鱼时，我们要先挥舞鱼竿让鱼钩飞出去，如果导向圈的摩擦系数太大，丝线滑动阻力大，鱼钩就飞不了多远。而且在钓到大鱼时，如果摩擦力大，渔线就比较容易磨断，让鱼跑了。这个员工就跟对方认真解释陶瓷摩擦系数小的特点。

这一次，渔具企业决定试试。在实验室，他们先用原来的金属导向圈加上负荷用力拉，果然鱼线因发热断掉了。换上耐磨陶瓷零件后，鱼线却一点问题都没有。于是，这家渔具企业就决定采用京瓷的耐磨陶瓷零件了。

这个销售案例就发生在经济萧条时期。这个新产品的发现，对萧条期京瓷的订单和销售额的扩大，做出了很大的贡献。现在在鱼竿上使用耐磨陶瓷零件的做法，已经普及全世界。京瓷对这一零件的生产，每个月就达到500万个。

从本质上讲，全员营销是"放大成功概率"的营销。当所有员工都在思考"如何让自己的产品对别人有价值"时，他们就会主动发现其他产品的问题，并思考用自己的产品替代某个环节的可能性。这种销售模式往往会给企业带来意想不到的收获。

企业怎样实现全员营销

在实际工作中，如何才能达成全员销售的目标呢？首先，公司要让所有员工都有经营意识。

稻盛和夫有一个形象的比喻：如果把公司比作轿子，通常都是老板独自一个人坐上轿子，然后指派手下的员工来抬轿子。老板挥舞手中的鞭子，大声呵斥："你们都必须按我的要求往前走！"在这种情况下，上下级之间不可能建立信任关系，坐在轿子里的老板也不得不提防，什么时候自己会被掀落下来。

因此，稻盛和夫认为，老板与其担惊受怕，不如一开始就不要坐轿子，而是与众人一起扛轿子。基于此，京瓷采取了阿米巴经营，就是把公司分成了多个自主经营的小组织。

阿米巴经营，我们不一定学，但是，全员销售是可以学的。在特殊时期，企业应该倡导"人人都是经营者"。公司可以适当披露业绩信息，让所有员工了解公司的现状，从而激发员工的经营意识。

其次，公司要给员工做好销售培训。隔行如隔山，如果公司只提要求，但不给员工工具，不进行培训，这个要求就是无效的。比如，我们可以教员工如何找到潜在的客户、如何介绍公司的产品、如何提高成交率，并给员工提供话术、海报等工具。

再次，公司要增强员工的营销意愿，也就是要给恰当的激励政策。如果营销这个行为没有任何激励，员工的干劲儿就很难产生。例如，在特殊时期，公司可以给员工更高比例的提成，设置更大的活动权限，设置更简单的报销流程等，从而发挥员工的工作积极性。在特殊时刻，让全体员工都成为推销员，是企业"反脆弱"的重要措施。

最后，公司要全面评估员工的营销数据。员工每一次拜访、每一次广告分发、每一次销售对话，都会形成数据，公司要评估大家营销的转化效果。比如，公司要做好员工的拜访效果调研、广告分发后的有效反馈率统计、销售对话记录分析等,帮助员工看到自己在营销方面的问题,不断提升员工的营销水平和能力。只有这样,全员营销才能真的落到实处,不断助力企业发展。

除了全员营销外,开发新品、员工内训、维持高生产率、维护客户关系、优化生产流程等,都是企业在市场萧条时,可以做的事情。

当一场危机来临时,只有团队中的每一个人都齐心协力对抗经营困境,每一个人都成为解决经营问题的主体,企业抵御危机的力量才会强大。

⬇

要点回顾:艰难时刻如何带领员工克服经营挑战?

一、理解全员营销的概念。

二、清楚全员营销的重要性。

三、帮助全员营销落地的 4 个方法。

思考题

你的公司的哪个部门是与销售最远的,你尝试让这个部门与销售部门沟通过吗?

构建产业共同体：
数字时代的价值网络

工业的黄金十年，早已经是 20 世纪的事情；互联网、移动互联红利也已经呼啸而过（短视频红利除外）；很多行业出现迅速衰退，蓝海变红海就在一个决策之间；市场竞争压力越来越大，各种窗口期越来越短，产品的利润率越来越低；更可怕的是，黑天鹅事件频频出现。所以，在这个充满易变性、不确定性、复杂性和模糊性的商业世界里，管理者普遍感到焦虑：我到底应该如何驾驭企业发展？有没有什么方法能稳住一切？有没有什么路径，能够要到更多的效益？答案是：有。

这个时代，我们需要知道自己的产业共同体，了解自己的生态位，把握自己的核心竞争力，掌握共同体的动态，用数字化手段跟踪用户需求，最终获得自己想要的效益。

什么是产业共同体

什么是产业共同体？产业共同体是通过数据、资本、技术等资源要素的流动和优化配置，为用户创造并获取更多价值，形成企业间的产品与服务的组合。产业共同体的本质是企业间的业务共生，生态共建，利益共享，通过为用户创造价值去利他，从而利己。

20 世纪 90 年代，哈佛大学教授詹姆斯·摩尔就做过预言："未来的竞争已经从企业和企业间的竞争，上升到商业生态系统之间的竞争。系统内的公司通过合作和竞争，开发新的产品，满足顾客的需求，然后进行下一轮的创新。"

对企业来说，其只有以核心能力为基础，在与市场相互作用的过程中扩大经营范围和经营规模，不断突破企业边界，才能迈出走向产业共同体的一步。

如何突破"边界"

在边界意识上，我们先来看看西贝，这个在全国60多个城市有近400家连锁店的餐饮集团，如何突破边界。

2020年2月初，新冠肺炎疫情突袭中国，西贝董事长贾国龙一句"贷款发工资也只能撑3个月"，暴露出餐饮企业在此波新冠肺炎疫情中的面临严重危机。

贾国龙发声之后，外婆家、眉州东坡等知名餐饮企业的管理层也纷纷发声。受新冠肺炎疫情影响，许多门店已停业，眉州东坡的上座率下降幅度曾超过80%。最知名的，我们都学不会其经营模式的企业海底捞，也把暂停营业的时间延长了。

在这波新冠肺炎疫情中，人工成本成为传统餐饮企业不可承受之重，同时，也是一些"新物种"餐饮企业的需求"痛点"。

在传统餐饮企业中，人工成本约占三成。没有客流，就不能保证上座率；没有上座率，就没有足够的营收来支付人工成本，进而让人工成本不断累加。

然而，商界永远是几家欢喜几家愁，就在传统餐饮企业为支付人工成本发愁时，互联网电商平台的订单却火了，盒马鲜生的网上订单量同比激增220%，甚至出现人手短缺的情况。

于是，盒马鲜生与西贝、云海肴等传统餐饮企业展开合作，"租借"其赋闲的员工。这样既解决了人手紧缺的问题，又化解了传统餐饮企业因人工成本而造成的资金链断裂的风险。双方皆大欢喜。电商与实体的边界，被新冠肺炎疫情打开了。

突破企业边界，与其他商业体抱团取暖，不同的商业体在一起，组成产业共同体，这是一种常见的反脆弱方式。

在形成共同体的过程中，考虑互补的思维方式必不可少。什么是互补呢？互补就是两种产品或服务可以产生更多价值，或者更高效地产生价值，其本质是价值共创。

基于价值在市场上的流动，我们可以编织出一张价值网络（如图5-5所示）。作为主体，公司的产品或服务位于网络中心，下方是供应商，上方是用户，左侧是竞争者，右边是互补者。它们就是企业得以突破边界的主要方向。

第一，互补者路径。

西贝与盒马鲜生的合作就是典型的企业与互补者的合作，是传统餐饮企业与新零售企业在特殊时期的一种新的结合方式。这种合作还有很多，例如微软和英特尔组成的Wintel联盟。

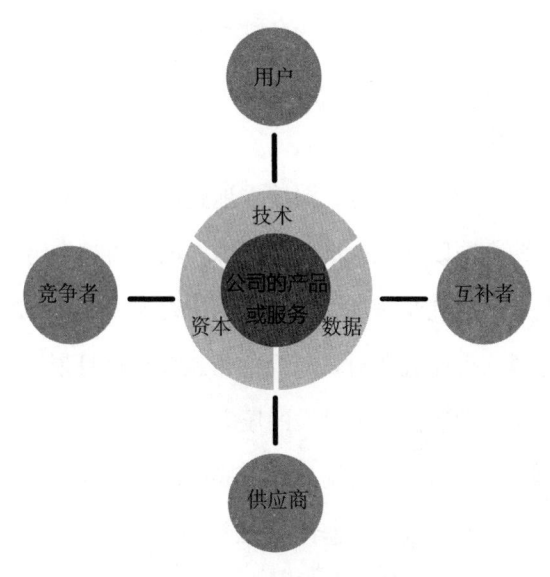

图 5-5 产业共同体的价值网络

第二,供应商路径。

相比于互补者,公司与供应商的合作更加紧密,供应商、公司、用户三者即可形成一条完整的产业链。当危机来临时,企业与供应商会怎样合作呢?

2008 年,三聚氰胺事件爆发,多家知名奶粉企业的产品都检测出三聚氰胺,中国国产奶制品企业成为众矢之的。该事件引发的不仅仅是销量的下滑,而且还有大批奶企的倒闭。

在产业链上,危机导致下游生产商的订单大幅减少,奶农生计困难。当时,淄博地区是山东的重要奶源地,很多大企业也在此建立了集采中心。三聚氰胺事件发生后,大企业纷纷撤离，导致当地每天60多吨的剩余奶源无人问津。如果倒奶、杀牛的情况大面积出现，那么整个山东地区的乳品行业、产业链都会受到影响。

为了维护产业链稳定，淄博本地企业——得益乳业，无条件敞开收购合同以外的大量合格奶源。虽然当时牛奶价格大幅下跌，但是得益乳业还是以原有合同的约定价格，保障优质奶源得以存续。得益乳业对供应商的帮扶导致自身损失4 000多万元，给企业的经营带来巨大的压力。

然而，在这场国产奶制品保卫战结束后，得益乳业和当地奶农结成紧密的联盟，迅速占领大企业留下的市场空间，一跃成为山东第一、全国第四的低温奶品牌。

与供应商共渡难关，是抱团取暖的第二条路径。

第三，竞争者路径。

通常竞争者之间的关系被视为零和博弈，实际上他们也会共同教育新市场，甚至通过合并或收购的方式共渡难关。例如，美国次贷危机时，美林公司选择被美国银行收购。

除了这两种常见的合作方式，还有没有其他的竞争者间的合作方式呢？

1997年是全球民航业的重要转折点，全球经济一体化进程加速，长途旅行乘客需求增多。但航线有限，乘客如需转机，通常需要等几个小时乃至几天。不同航空公司、多张机票、复杂的中转手续，让航空旅行变得十分麻烦。

在太平洋的彼岸，德国汉莎航空、美国联合航空和北欧航空公司相聚美国，共同发起世界上第一个航空联盟——星空联盟。

星空联盟成员间可以实现代码共享，它们的基本共识是为客户创造利益。即使联盟成员之间存在竞争关系，但在客户面前，它们依然会竭力协作。

航空联盟的出现降低了成员的扩张风险。联盟内的企业可以通过与其他成员空运网络的连接，迅速扩大业务覆盖网点，为乘客提供更多城市的航运服务。而没有加入联盟的航空公司，就只能投入巨资采购更多的飞机，抢占更多的航班。

当然，星空联盟不允许懒惰的行为出现，它们会共同设置新的目标，要求组织成员完成，以保持不断发展的活力。

星空联盟的竞争合作更像是一种协同演化。共建联盟、利益共享是经典的竞争者互补路径。

第四，顾客路径。

在这次新冠肺炎疫情期间，我听到身边一家餐饮企业的故事，企业开启了全员销售，员工对客户都发出了同样的一则短信，让人惊喜的是，公司仅一天就预售出一亿元现金的产品。

首先，坦然说明公司所处困境。全国46家门店全部停业，每月开销700多万元，要保障1158个人的生活。

其次，放心让顾客占便宜。企业提供充值100元可得200元得充值优惠，为用户让利。给用户让利，让你的忠实用户认为自己占了便宜，又能顺手帮助你。

这就是第四条路径：顾客路径。

在这次新冠肺炎疫情中，万达免租、率先让利40亿元给商户；张亮麻辣烫免去加盟商的半年加盟费；这些都是突破边界的抱团取暖。事实证明，它们都做了正确的事情。

商业的边界到底在哪里？这其实是一道无解的题目。一个企业，只有不局限于小格局，积极寻求突破才能拓宽领域。格局变大的同时，企业自己的半径也会扩大，边界越来越模糊，未来会越来越清晰。

一个成功案例

举一个大家都知道的成功案例——小米。小米是一家典型的以硬件、品牌等核心能力起家的企业，其通过数据、资本、技术要素的流动、配置，慢慢调动了整个生态的能量，为用户提供价值的企业。

最早小米以手机业务起家，面对华为、OPPO、vivo的竞争冲击，其主业一度经历低谷，但是生态共同体的成员陆续推出新品，始终维持小米的热度不断得到加持。截至2020年2月，小米的生态链企业已经超过了280家，分布在智能硬件的各个领域。其中，华米、云米、石头科技已经上市，有16家企业估值过亿。

小米的联合创始人、小米生态链的打造者刘德，曾向我表达："小米只是利用自己的品牌优势、资金优势、用户量优势、渠道优势，让专业的人干专业的事，这样一来的好处是：小米反而是没有界限的。"

做好核心主业，让核心资源要素流动，会让自己的发展"没有界限"，这一点我非常赞同。小米不会做空气净化器，但是智米可以；小米不会做耳机，但是生态链企业万魔科技可以；小米不做箱包，但是润米可以；小米不做手环，但是华米擅长。

过去，小米把自己的模式描述为"铁人三项"：智能硬件、电商新零售、互联网服务。今天，在数字化时代，我认为，一个 IoT（物联网），就可以定义小米了。小米是 IoT 产业共同体的搭建者。数据、技术、资本，是它与价值网络之间的流动要素。数据上，它把线上有品、线下小米之家的用户数据和流量贡献给共同体；技术上，它有自己的核心产品作为主打，有成熟的供应链系统作为支撑；资本上，它可以投入现金交换股权，这样也会在无形资产，也就是小米品牌上，提供巨大的支持。

小米好，产业就好；产业好，小米就好。小米把自己的命运紧紧跟产业绑在一起，所以我是坚定看好小米的。小米是在产业互联网、产业共同体中，是一个已经被证明成功的先行者。

这个过程中的思路、方法，有哪些是所有公司可以借鉴的呢？小型公司、中型公司应该如何组建产业共同体，又该如何向产业共同体要效益呢？

接下来我们从互补者、竞争者、供应商、用户4条路径来一一诠释，企业能怎样用好用尽所有的资源要素，向共同体要效益。

前面我们分析了5种角色，接着我们要打通的是5种角色间流动的资源要素，分别是资本、技术和数据（如图5-6所示）。

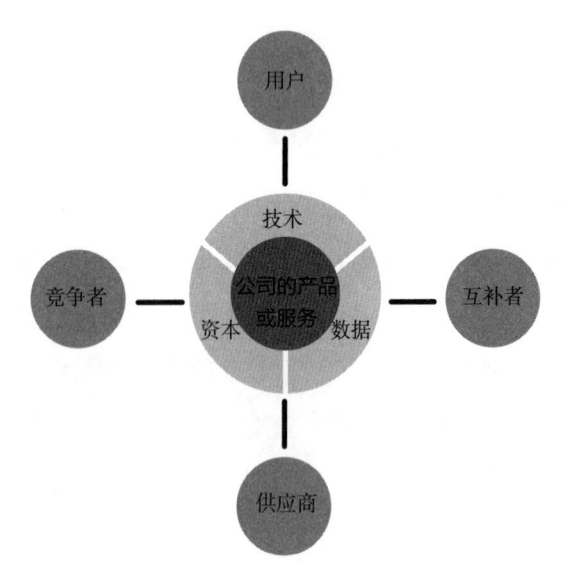

图 5-6　产业共同体的价值网络

在经济学生产要素理论中，土地、劳动、资本、技术这些要素，是生产所需的基本要素，也是企业在价值创造过程中需要的重要资源。

在这里，我把土地归为有形资产，品牌归为无形资产，劳动归为人力资本，还有股权、现金等，都归于资本范畴。在共同体成员间相互流动、形成交叉赋能的资源要素主要就是资本和技术。

资本层面：比如小米只占股，不控股；BAT 的战略投资；美团和大众点评的战略合并等都是资本要素流动。技术层面：比如谷歌的安卓系统和 HTC 等手机厂商硬件的结合，技术的流动，让安卓对苹果形成了制衡。除了资本和技术，在产业共同体时代，其实最不可忽视的资源要素是数据。

美国经济学家托马斯·弗里德曼认为，当今世界改变的速度已经与过去不同，每当文明经历一个颠覆性的技术革命，都给这个世界带来了深刻的变化。今天，我们正在带来巨变的颠覆性技术，就是数字化技术。

阿里云研究中心的研究显示，当前数字化的应用领域，正在从互联网行业向政务、金融、零售、农业、工业、交通、物流、医疗健康等越来越多的行业渗透。其中，政府事务和零售业，将成为受云计算、人工智能、IoT 等新技术影响最深的行业，在未来 3~5 年内，数字化程度会达到 70%~80%。

新冠肺炎疫情更是加速了我们的数字化进程。我们看到，数字化管理，帮助中国政府的防疫，打了非常漂亮的一仗。同时，很多办公和教育的场景，都走到云端，智慧大交换时代因此全面开启，这也是数据流动所产生的能量。

这也是产业共同体时代一个巨大的特征：万物皆数字，数字即人，数字化能力就是我们对流程、管理、用户等的驾驭能力。过去我们靠经验主义进行经营和管理，今天，在数字化时代，我们靠科学主义进行经营和管理。

数据的交互，让不同企业可以共同分析目标用户，精准洞察并满足用户需求。比如，阿里巴巴把天猫、饿了么、优酷、新浪微博等平台的数据整合，其就能够从各个维度分析目标用户，绘制出更精准的用户画像，从而提供最适宜的服务。

所以阿里巴巴的曾鸣老师在《智能商业》里也说到他的理解："数据化"的本质，是将一种现象转变为可量化形式的过程。它源于人类测量、记录和分析世界的渴望，是文明进步的基础。

数据的交互，让不同企业分别抢占各自的战略高地，在用户间形成产品互通，增强共同体成员的集体免疫力。刚才举了阿里巴巴的例子，腾讯作为一个巨大的流量池，也与之类似。

腾讯有10亿日活的微信，占据即时通信领域的行业最高地，拥有庞大的流量数据和关系网络。滴滴作为移动出行的头部企业，也拥有大量的场景流量数据。我们看到，腾讯开放流量，让滴滴获取了更多用户，滴滴也把支付入口开放给腾讯，帮助腾讯抢占金融战略要地。

所以我们看到，在数字化时代，数据、资本、技术成为企业交叉赋能，组建产业共同体的核心资源要素。

这三种核心资源要素相辅相成，不仅向外赋能，也会向内赋能。对数据的掌握和洞察是一个企业的资本价值能力，也为产品的技术研发提供方向；研发能力也促使我们获取数据和成就无形、有形的资产；资本的支持让企业可以迅速获取数据和展开研发，最终，新产品和服务更快上市，从而满足用户的需求。用户需求不断地得到满足，企业就能获得更多的用户和价值，从而积累更多的数据和资本，形成良性循环。

数据不断获取，资本不断积累，技术不断优化，企业才能拥有所谓的核心竞争优势。

数字技术的发展让我们迎来了产业共同体时代，这个时代最重要的特征是什么呢？万物加速进化，唯一不变的是变革。时代对于企业的应变能力的要求之高前所未有。数字即人，一切都被技术赋能、被数据导向。我们将从"股东至上"的理念转化为"用户至上"。企业之间更多地从竞争走向效益共创。对每个公司而言，它们要追求的不是"公司业务大而全"，而是"最强产品小而精"。单点突破，以做最好的自己为原点，再向其他的路径寻找价值，就会变得更容易。

⬇ 要点回顾

一、打通概念，理解产业共同体。

二、突破边界，梳理市场四角色。

三、拆解案例，弄清资源三要素。

思考题

你的企业的核心产品和服务是什么？它能否带来数据、技术、资本等资源的良性循环？你的互补者、竞争者、供应商和用户是谁？你能否从他们身上要效益？请填写属于你负责产品的产业共同体模型。

向互补者要效益：可口可乐与 Costa，从业务合作到品牌共赢

> 企业有自己的优势资源，也有自己的薄弱环节。木桶效应告诉我们，一只木桶盛水的多少，并不取决于桶壁上最长的那块木板，而取决于桶壁上最短的那块木板。企业怎样才能补齐短板，大幅提升竞争力，获得更高的效益呢？答案是：向互补者寻求合作，形成产业共同体。也就是我们常说的，"用彼之所长，补我之所短"。这里互补者的意思是，你的用户在共同使用你和他的产品服务时，比只用你的产品或服务时，获得的价值更大、更全面，那么这家企业就是你的互补者。

我们前面讲到在黑天鹅事件发生后，餐饮企业受到了巨大的冲击。饭店餐馆失去了客流，就没有足够的营收，来支付昂贵的人工成本和租金。然而，盒马鲜生作为一个拥有互联网基因的企业，得到了很好的发展，网上订单量同比激增220%，生意好到供不应求，甚至出现人手紧缺的问题。这个时候，盒马鲜生和西贝、云海肴这些餐饮企业，展开了互补合作。盒马"租借"这些餐饮企业赋闲的员工，用以发展自己激增的业务。这个案例，就是典型的企业和互补者的合作。

那么，一家企业，在寻求和互补者抱团取暖、要效益时，有什么方法吗？从产品和服务出发，你可以重点思考以下三个方面的互补合作方式。

业务互补：观察竞争对手的动作

随着市场的细分化发展，做一家"大而不倒"的公司，不再适应未来的发展趋势。所以，越来越多的企业，从"公司业务大而全"转向了"最强产品小而精"，聚焦自己的核心能力，集中力量打造最强产品。

如果一个产业是一个木桶，那么每家企业都需要让自己成为一块最长的板。你短，可能就不会被互补者选择，只有你变长，产业才会强。

我给大家举一个典型的业务互补案例。2018年，可口可乐以51亿美元收购了Costa咖啡。可口可乐虽然是碳酸饮料行业的巨头，但是其整个饮料业务中缺少热饮的板块。不是他们不想做，而是不擅长、做不好，早在2006年，可口可乐就一直尝试推出各种咖啡产品，但最终都草草收场，效果很不理想。

可口可乐发现与其自己探索研发，不如寻求互补，强强合作。Costa作为知名咖啡品牌，拥有全球咖啡供应链，能够提供专业的技术支撑，包括采购、自动收货、分销渠道、场景化的组合搭配等。这些优势一下子满足了可口可乐对热饮的所有想象。

而这样的合作对 Costa 同样有利，它可以借助可口可乐的即饮饮料优势，打开即饮咖啡市场。2020 年 3 月，各大电商平台、线下零售店都相继开始售卖双方联合打造的新款 Costa 瓶装即饮咖啡。这个案例的双方，是不是就非常互补呢？

但是可口可乐这个案例并不新鲜。因为早在 1994 年，百事可乐就已经和星巴克共同建立了北美咖啡联盟——NACP，它们联手打造的星巴克瓶装即饮咖啡系列，早就红遍了全球。

可口可乐和百事可乐斗了近 100 年，它们各自的合作伙伴也在咖啡领域竞争多年。无论可口可乐在选择互补者时，是不是有意为之，至少这件事给了我们一些启示：在寻求业务互补时，你可以去参考你的竞争对手，观察他的动作，看看他的合作伙伴是谁，沿着这条线路去找，也许你就能找到最合适的合作对象。

渠道互补：锁定目标渠道的强者

探索渠道互补是最常见的向互补者要效益的方法。

比如，拼多多和国美的合作。自从上一次零售电商大战，国美从第一梯队掉队后，他们就一直在积极寻求转型自救。他们把目标锁定在三、四线城市的下沉市场，却苦于一直打不开局面。

拼多多虽然在下沉市场游刃有余，但商品质量一直是他们的心头刺。流量和营收都有了之后，这几年品牌一直致力于提高商品质量、树立品牌形象。这两家联姻的结果是不是门当户对、完美匹配？国美获得了拼多多下沉市场的巨大流量入口，拼多多得到了国美线下物流、供应链的开发支持。

类似的案例还曾经发生在 2019 年，苏宁收购家乐福。家乐福拥有强大的供应链优势和线下运营经验，苏宁拥有线上超市、线下零售店等很多流量入口。双方在零售业态上渠道资源互补，能够共同拓展全场景、全品类的综合服务能力与空间。

所以，渠道互补最快速的方式就是，锁定你的目标渠道中最门当户对的那些，去和他们合作、抱团取暖，从而达到"1+1＞2"的效果。

营销互补：寻找营销效果的模范

营销互补本质上是以用户为中心，将用户价值最大化，以获得用户的口碑和忠诚，为品牌长期发展带来更大的价值。

一个典型合作发生在 2014 年，纽约优衣库旗舰店引入星巴克咖啡，在店里面摆放沙发、桌子、椅子和一个 iPad 站，供顾客使用。对星巴克来说，其一直想改变文艺聚集地的品牌形象，想让自己更加大众化，以扩展自己的用户群体。优衣库是尽人皆知的大众品牌，质量好，价格低，深入人心，企业希望的是，顾客在门店更久地停留，增加购买概率。

与此类似的例子非常多，这几年非常火热的跨界营销，大多也是基于互补者的合作，在这一点上，喜茶通过跨界营销快速出道，可以说是营销互补界的佼佼者。

以上是向互补者要效益最主要的三种方法，业务互补、渠道互补、营销互补。除此之外，也有一些创新互补的方式，比如我们前面说到盒马鲜生和西贝的"共享员工"，就是人力资源的互补。

但你需要注意的是，互补合作绝不仅仅是资源互换，而是要形成产业共同体，扬长避短、降低成本、提高效益、放大价值。双方的合作基础，是能够减轻资本的投入压力，能够实现数据的激活共享，能够优化配置技术。

减轻资本投入压力和数据激活共享，前面的几个例子都非常明显。还是以国美和拼多多为例。拼多多的优势在于线上用户数据。众所周知，如今互联网流量代价高昂，国美如果拿时间去换、拿现金去换，都要付出很高的成本并承担一定风险。对拼多多来说，它所需要的供应链建设不只是资本投入，时间、人才、管理、运营都是问题，所以，它不如和国美合作，得到开放的资源。

关于技术的优化配置，我可以再举一个大家都熟悉的产品服务为例，就是微软和英特尔的合作。英特尔作为硬件供应商，提供CPU（中央处理器），微软作为软件供应商，提供操作系统和应用软件。英特尔创始人戈登·摩尔提出过一个摩尔定律："当价格不变时，集成电路上可以容纳的元器件的数目，约每隔18～24个月就会翻一番，性能也将翻一番。换言之，每一美元买到的电脑性能，每隔18～24个月会翻一番以上。"

在摩尔定律的指引下，英特尔不断更新CPU以应对竞争对手的挑战，微软就在英特尔的基础上不断更新软件系统，双方互补并进，共同创造了个人电脑时代的奇迹。

要点回顾

一、业务互补，观察竞争对手的动作。

二、渠道互补，锁定目标渠道的强者。

三、营销互补，寻找营销效果的模范。

思考题

你的企业的互补者在哪里?

市场之间的互补者,各自独立向用户群提供产品和服务,通过产业共同体的合作,增加产品和服务价值,从而做大整个利益蛋糕。虽说这是双赢的局面,但是互补企业在做大市场蛋糕后,又会逐渐趋同,再各自追逐自身的利益最大化,于是,互补者关系会逐渐向竞争者关系转化。

向竞争者要效益：
美团与大众点评，从阵营对立到构建联盟

> 美国商界有句名言："你如果不能战胜对手，就加入他们。"我也常说，商场上没有永远的朋友，也没有永远的敌人，只有各自的价值和共同的利益。传统观念里，企业间的竞争常常被视为零和博弈，叫"胜者满载而归，败者落荒而逃"。其实，不管是价格战，还是抢地盘，很多时候，你死我活的竞争本质上是一种双输。

在产业共同体时代，企业不要双输，大家只想"共赢"。"共赢思维"要求我们要时刻想着如何应对市场猝不及防的变化、满足客户日新月异的需求。只要能满足客户需求、创造出价值，企业应不惜让竞争者得到利益。

产业共同体的主体之间，业务共生、生态共建、利益共享。竞争者之间，是不是也可以做到这三点呢？当然可以。那么竞争者之间，怎样抱团取暖，实现共赢呢？我总结了三个有效方式，帮助企业向竞争者要效益。

教育市场

首先,竞争者可以通过行业营销、共建渠道、共建行业基础设施等行动一起教育新市场。这一点,企业不用刻意去做,就会产生一个个自然而然的结果。

很多创业者在各种公开场合演讲时,可能并不是在宣扬自己、销售自己,而是在观察行业、渗透和教育市场,这是一种格局和智慧,也是一件不得不做的事情。因为当一个行业处于从零到一阶段时,如果消费者和客户没有接触过这一行业,那么他们会本能地厌恶风险。

举个例子,网约车市场就是经过多年的市场教育,才让用户学会适应并接受改变的。受滴滴和快的等中国本土的网约车公司影响,用户从无到有地养成了网约车出行的习惯。这个案例在 2015 年走向一个重要节点:滴滴合并快的。

我们暂且不论在这种共享经济的赢利模式下谁输谁赢,但网约车的经营模式能帮助用户提高时间效率,能给城市带来道路效率,能给环境保护带来效果。所以,竞争者在完成从零到一的市场教育后,第二件事才是竞争。

兼并收购

竞争者可以通过资本要素的流动,以兼并、收购等方式,向产业共同体中的其他竞争者要效益。

对羽翼丰满的企业而言,并购是它们保持领先的重要手段。除了滴滴和快的,美团和大众点评也是资本合并、互要效益的典型案例。同为O2O(线上与线下相结合的商业模式)领域的领军者,美团和大众点评一直是竞争对手。2015年,这两家企业宣布合并,其共同成立一家新公司"美团点评",其后美团点评成为中国O2O巨头中的巨头。

这两个竞争者,当初为什么要合并呢?哈佛大学教授迈克尔·波特,在其著作《竞争战略》里提到行业结构分析的"五力模型"。他认为,行业的竞争状况、供应商的议价能力、客户的议价能力、替代产品或替代服务的威胁、新进入者的威胁这五大竞争驱动力,决定了企业的赢利能力。

2015年下半年,美团和大众点评竞争白热化。美团为了防止商家被抢走,让商户与美团公司签独家协议,以免被对手挖墙脚;大众点评随后成立飞虎队,到各个城市去打破美团的独家协议计划。此外,暴力事件也时有发生,两家员工多次发生打人事件。还有各种补贴营销的价格战。渐渐地,双方都不想再打,也打不起了。

我们用五力模型来看这个案例,这说明当时的行业竞争状况激烈；两家企业争相抢夺供应商，这意味着商户的议价能力强；用户不仅不掏钱，而且可以享受补贴，这说明用户议价能力也强，虽然替代产品或替代服务还没有出现，但是有巨头进入，成为新进入者。

当时，美团、大众点评、百度糯米在团购行业三分天下（如图5-7所示）。美团和大众点评竞争激烈；糯米背靠百度，因而增长势头猛烈，百度糯米有力压大众点评的势头。大众点评和美团联手，才能打破这个格局，打败百度糯米进入团购市场。

其实，在美团和大众点评合并的背后，资本是巨大推手。它们身后有一家共同的投资机构——红杉资本。美团创始人王兴公开说过，美团和大众点评走在一起，红杉资本在这一过程中起关键作用，红杉是这次合作的主要推动力量。这就是产业共同体的各主体通过资本的流动、数据的流动、技术的流动，来做整合、要效益。

最后，竞争者合并让双方不再砸钱烧钱、杀敌损己，企业开始沉下心来，根据各自擅长的领域主攻重点业务，减少重合领域的投入。正如王兴所说："我们并不指望完全消灭敌人，所有人在下半场都要接受'竞合'才是新常态。"

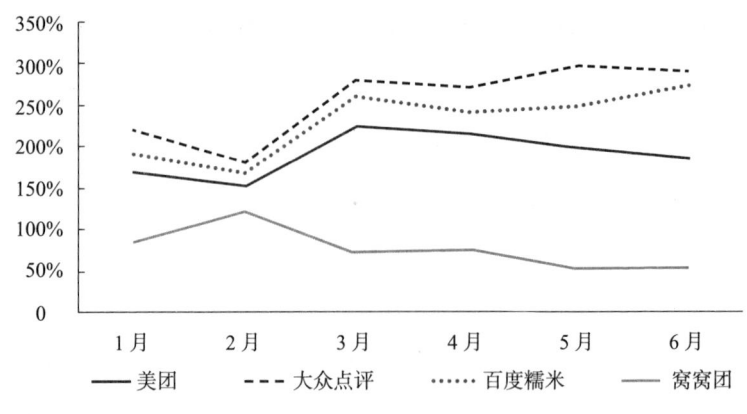

图 5-7　2015 年 1~6 月中国生活服务平台交易流水同比增速统计图

表 5-1　大众点评与美团的融资对比

大众点评融资共 F 轮，金额达到 8.5 亿美元，估值 40 亿美元。	美团融资共 D 轮，金额达到 7 亿美元，估值达到 70 亿美元。
2006 年大众点评获得红杉资本的首轮 100 万美元投资。	
2007 年大众点评获得谷歌的 400 万美元投资。	
	2010 年 3 月，美团获得天使投资人王江的种子投资。
	2010 年 8 月，美团获得了红杉资本 1 200 万美元 A 轮投资。
2011 年 4 月大众点评获得挚信资本、红杉资本、启明创投和光速创投联合 1 亿美元的投资。	2011 年 7 月，美团拿到阿里巴巴和红杉资本 5 000 万美元的 B 轮融资。
2012 年大众点评第四轮融资 6 000 万美元。	
2014 年腾讯 4 亿美元战略投资大众点评，获得 20% 股份。	2014 年 5 月，美团宣布获得 3 亿美元 C 轮融资，领投机构为泛大西洋资本，红杉资本和阿里巴巴跟投，估值达 40 亿美元。
2015 年大众点评获得包括腾讯、淡马锡控股、万达集团和复星集团的 8.5 亿美元融资。	2015 年 1 月，美团网完成 D 轮总额 7 亿美元的融资，估值达到 70 亿美元。

行业整合

第三个思路是整合行业资源。这里的整合不是简单的加法，而是系统的工程。对于竞争的不同阶段，有两个整合的方向可供参考。

第一个方向：创新者入局，整合红海。

我们看看菜鸟网络的案例。阿里巴巴在 2013 年牵头设立菜鸟网络，联合顺丰、中通、圆通、申通、韵达等快递企业，还有银泰、复星、富春等大集团公司。为什么要整合？因为竞争对手京东自建了物流体系，而阿里巴巴的战略里没有这一项。如果阿里巴巴想要完成这个物流生态，它只能整合，用资本要素的流动换取数据、技术、资源、经验。

资源整合后，阿里巴巴开始制定快递行业标准。比如，菜鸟网络通过推广电子面单的方式，实现行业的数据化、自动化、智能化；发布菜鸟指数，用于评价各快递企业；发布物流天眼，通过视频云监控系统，提升全国快递中转和网点配送效率。

一个物流公司整合另外的物流公司，靠的是差异互补、能力创新。菜鸟网络本质上是一个数据公司，是依托阿里巴巴的流量去导入、导出资源的公司。正是数据在整合的过程中起到关键的联结作用。

采用类似的整合方式的公司还有高德地图。这家做地图数据起家的公司，把多家打车软件全部整合到了它的平台上。用户可以在这个平台更快地叫到车，同时还能比价，因此更多的流量就会聚集到高德地区软件上。对各家甘愿被整合的竞争主体而言，这项合作是一个锦上添花的"流量plus"，它们在短期内能迅速地创造交易流水，何乐而不为呢？

所以你能否思考自己的差异化竞争优势，以创新者的身份入局，做一个旧行业的整合者呢？如果你身处红海，那么你的业务能不能和哪个巨头的创新红利相结合呢？

第二个方向：蓝海间共建联盟。

在一个行业刚刚起步的阶段，除了共同教育市场，竞争者还能不能更进一步，互相赋能、做大市场呢？答案是肯定的。竞争者可以尝试联盟，共享数据、资本、技术，给用户提供价值。前文提到的星空联盟的建立就是典型案例。

星空联盟有复杂的加入标准和严格的运营要求。在联盟发展过程中，成员会共同设置一些新目标，以保持发展活力。后来又出现了天合联盟、寰宇一家，于是全球形成了"三大航空联盟"，三大联盟的成员几乎覆盖世界上大部分航线，让环球旅行的乘客省心不少。航空联盟的竞争合作是一种协同演化。蓝海中的企业共同服务用户、共同受益、成长演化。

在全球化战略中，滴滴出行也和三家海外同行——东南亚的Grab、印度的Ola和美国的Lyft，结成全球战略合作伙伴关系，覆盖全球人口的50%。程维说，滴滴并不是要在全球打败当地的本土企业，而是要像"星空联盟"一样，整合当地优质资源，构建未来本地出行平台，通过统一的标准，让用户在全世界流动的时候也拥有最稳定的服务体验。可以想象，滴滴无法克服文化、政策、运营方面的困难，打败各路本土企业。联盟是滴滴"不得不"的选择。

以上，就是我们能如何通过竞争者路径，向产业共同体要效益。我之所以提出产业共同体的概念，提出一定不要忽略通过竞争者路径抱团取暖，是想告诉每一个企业，一定要有共存、共生、共荣的意识。

企业想要实现自己的价值，就必须改变观念，重新审视和竞争者的关系。企业最大的对手，不是那个实实在在的竞争对手的公司本身，而是瞬息万变的客户需求。企业赢得竞争的方法，不是琢磨和打压竞争对手，而是研究客户需求和创造价值。

⬇

要点回顾

一、行业共建，教育市场。

二、兼并收购，形成合力。

三、行业整合，共生共荣。

思考题

你的企业可以和竞争者共同给客户提供什么新的价值?

向供应者要效益：
从汉帛到哈勃，从建立信任到深度赋能

很早之前，中国企业界就开始流行一句话，叫"得供应链者得天下"，供应链的重要性可见一斑。的确，企业之间的你争我夺，离不开供应链的支持。例如，华为和苹果的发展都离不开芯片等核心厂商。在商业世界中，因为供应商出问题或者供应能力不足，波及公司的案例比比皆是，无论你是一个卖煎饼的小商贩，还是卖电动汽车的超级大厂。每个公司无论规模大小，都有自己的供应商和供应链。因此，如何处理和供应者的关系，也是每个管理者都要学习的内容。

在产业共同体中，公司应该如何与供应者建立关系，从而更好地创造价值、共享价值呢？通过观察和研究，我总结了公司与供应者合作共生的 4 个层次。这 4 个层次是递进的，对数据、技术和资本的要求也逐步提高。

帮助供应者生存发展，打造信任共同体

长期以来，中国企业，特别是制造业的企业，成功的经验就是总成本领先和价格战。如今，通货膨胀、原材料价格上涨、民工荒、加息等情况，导致制造业企业的优势逐渐丧失。不少企业开始不断压榨价值链链条中最弱势的环节，这造成产业链内的恶性价格竞争。从长远看，恶性价格竞争的结果很可能就是全行业的亏损和崩塌。所以，企业和供应者应该建立良性合作关系。企业在赚钱的同时，不妨也为供应者多留一点儿利润，从而为自身的长期发展奠定扎实的基础。

在这方面，得益乳业的发展历程是典型的案例。

为了维护产业链稳定，淄博本地企业——得益乳业，开始大量采买合同计划外的合格奶源。部分原奶买来之后，仅凭得益消化不了，为了保持奶的新鲜度，创始人王培亮决定花钱，把原奶喷成奶粉，存放起来，待危机过去后销售给冰淇淋厂商、糖果厂商。几个月下来，光喷粉这个环节就花了4 000多万元。王培亮的这个决定，给企业的生产经营带来了巨大的压力。直到两年多以后，得益乳业才把那段时间亏损的钱补赚回来。

但是经历了这场国产奶制品保卫战后，得益乳业和当地奶

农结成了紧密的联盟。得益乳业迅速占领大企业撤离后留下的市场空间，一跃成为山东第一、全国第四的低温奶品牌，其在全国范围内仅次于光明、三元、卫岗。

后来我问王培亮："如果不收这些奶源，又会是怎么样的情形？"

他说："经济上没有损失，但不排除未来信誉可能受损。作为当地最大的乳品企业，我们还是应该承担社会责任和行业责任。"

我又问了一个关键性的现实问题："这件事能给你带来商业上的好处吗？"

他很实诚地回答："在市场正常的情形下，奶源是供不应求的。在特殊情形下，奶源才会供过于求。我不仅挽救了当地整个奶源市场，而且让当地的奶农从此愿意与我合作，我就不会处于奶源供不应求的被动境地了。"

帮助供应者生存发展，打造信任共同体，是企业可以做的第一件事。接下来，企业还可以做第二件事——帮助供应者降本增效，打造利益共同体。

帮助供应者降本增效，打造利益共同体

按照常规思路，企业和供应商只是简单的合作关系。企业买单，供应商提供产品和服务。企业往往通过降低采购成本的

方式，保证自己的权益。但是，这种做法是有极限的，成本降到一定程度就降不动了，还容易引发矛盾。

为了实现双赢，企业可以通过介入运营环节的方式，帮助供应者降本增效。在这方面，每个行业、每个企业都可以创造出自己的方法。比如海尔所采取的寄售模式。通常制造企业应该按照生产计划采购原材料和零配件，不过，考虑到运输成本、及时交货、货品质量等因素，制造企业往往会多备料，但这会引发积压库存、占用资金的问题。海尔即使按订单生产，也很难实现原材料和零配件的零库存。

以模具生产线上使用的刀具为例。由于海尔生产使用的刀具种类繁多，每种刀具的使用周期又各不相同，海尔在每个工厂都设立了刀具室，并有专人负责管理工作，具体工作包括预算、采购、入库、领用等。存放在仓库的1 500多种刀具，平均每月需要占用资金150万元人民币。于是，2012年，海尔开始试点刀具寄售项目。海尔从众多供应商当中，挑选出具有刀具设计和制造能力的供应商，并请它们把刀具种类整合到300多种，然后，海尔把生产线旁边的空地租赁给供应商，让供应商开设刀具超市。供应商根据海尔的生产进度和节奏备货，将产品发往刀具超市。

操作工人需要刀具时，只要到刀具超市领用就行，领用数量和结算都由专人负责，并通过信息技术系统自动完成。通过刀具寄售模式，一方面，海尔把刀具供货周期，从原来的几天甚至几周，缩短到即需即供；另一方面，海尔实现了刀具零库存，解决了资金占用问题。同时，借助供应商的力量，刀具的标准化程度得到极大提升，海尔投入刀具管理的人员也大幅减少。

另一个主体，刀具供应商，也从寄售模式中获益良多。

首先，刀具订单集中到了几家优质供应商，并且，海尔采取即时记账、月结付款的方式，让供应商的账期从 6 个月缩短到 1 个月，同时，这种方式也减少了双方的对账成本。

其次，这降低了供应商的加工成本和生产压力。此前，海尔的采购模式是单件采购，每类刀具的标准和要求各不相同，这导致供应商的生产成本很高。通过刀具种类的整合，供应商的加工成本降低了。

再次，这提高了供应商的设计和研发能力。通常供应商是照单制造，现在，供应商必须具备设计和研发能力，还需要为操作工人提供刀具使用、保养方面的指导。

当然，在效率优化的过程中，有一部分供应商被淘汰了。但这就是市场法则，没有人会为落后的生产力买单。

帮助供应者降本增效，是一个经验证的好方法。不过，企业和供应者的合作还可以再上升一个层级——和供应者协同创新，建立"联盟体系"。

与供应者协同创新，建立"联盟体系"

"联盟体系"是一种联系密切的供应商网络，可以让供应商和制造商一起不断学习、不断改进、共同成长。日本的丰田公司和本田公司是这种模式的先行者。

在不同地区，丰田和本田总是尽其所能地加深对供应商的了解。这两家公司都认为，它们对供应商的认识，应该达到供应商对自己的了解程度，否则就无法与之建立牢固合作。和人工成本相比，它们更看重供应商的创新能力。为了提高核心供应商的产品开发能力，两家公司都进行了大量投资。

此外，两家公司都强调信息共享。它们坚信，必须有选择地、系统地与供应商交流和共享信息，双方才能提高合作效率。提到信息共享，这方面有一个很有意思的概念，叫"牛鞭效应"，它指的是在供应链中需求被变异放大的现象。

在市场上，当消费需求发生细微变动时，情况会产生波动，这种波动会沿着零售商、批发商、分销商、制造商依次传递，并逐级扩大。当达到最终源头供应商时，其获得的需求信息和实际消费市场中的信息，会发生很大的偏差，这就是"牛鞭效应"（如图 5-8 所示）。

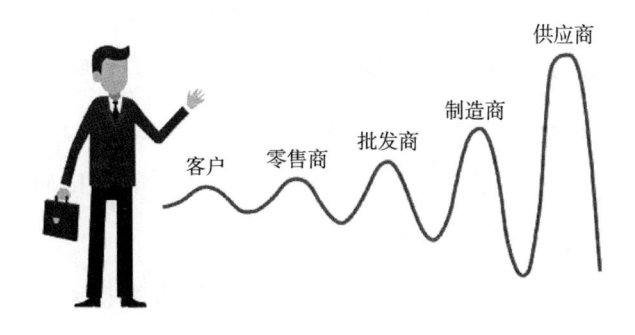

图 5-8 供应链中的"牛鞭效应"示意图

如何才能避免"牛鞭效应"呢？方法之一就是各个角色形成联盟，通过数字化管理提高信息传递的速度和精度。

目前，我介绍了产业共同体中，和供应者合作的三个层次，包括：帮助供应者生存发展、帮助供应者降本增效、和供应者协同创新。在数字化时代，供应链是社会化的，可以做到实时的网状协同。在最后我将介绍和供应者合作的第四个层次——为供应者深度赋能，打造产业互联网。

为供应者深度赋能，打造产业互联网

产业互联网这个词大家并不陌生。它是基于互联网技术和生态，对垂直产业的产业链和内部的价值链进行重塑、改造，从而形成新的互联网生态。

在技术的加持下，企业通过搭建互联网平台，不仅可以改变自己的供应链，还可以影响整个产业的供应链。

我将分享一个前沿案例——汉帛国际。汉帛国际位于杭州，是一家做服装代工的企业。第一代企业家高志伟用了 20 多年，把汉帛打造成为高端女装的头牌代工厂，公司给 H&M、Zara 等国际大牌代工。

随着互联网的兴起，汉帛发现代工生意越来越不好做了。在过去，服装制造以大客户为核心，它们可以带来源源不断的大批量订单。数字化时代，一切需求变得更碎片，短视频和直播逐步兴起，个性化需求成为主流。大量网红、淘宝品牌、独立设计品牌等订单开始冒出来，这些订单都是小批量、高频次的。在这样的趋势下，服装厂商纷纷开始砍 SKU、做爆款，希望通过产品策略转型。

这给服装企业的生产线和供应链带来了极大挑战——因为企业长期依赖大客户，其生产线和供应链已经适应了为一个客户生产 10 000 件衣服，很难变成为 100 个客户各自生产 100 件不同的衣服。要改造生产线和供应链，就要调整设备、人员、厂房，以及数十家乃至数百家物料供应商。显然，这是一个非常痛苦的转型。

盘子里的蛋糕正在缩小，嘴边的蛋糕却吃不到，怎么办？汉帛国际的第二代企业家高敏认为，在未来，所有服装品牌都需要敏捷的、柔性制造的供应链。于是，汉帛国际果断联手富士康，打造了中国服装行业的第一个工业互联网平台——哈勃智慧云。哈勃智慧云连着两头儿，一头儿是客户，一头儿是各种类型的供应商。当客户有需求时，无论是策划、设计、打样，还是生产的需求，客户都可以在哈勃智慧云提交订单。哈勃智慧云会根据需求进行匹配，让符合要求的供应商接单、生产。

服装行业的标准化很低，所以哈勃智慧云不是要成为一个简单的交易撮合平台，而是要帮助供应商做数字化升级。通过传感器、边缘计算、智能制造等技术，掌握一个工位、一条产线，甚至一个工厂的生产数据。比如在几千个缝纫机上装上传感器，对裁缝师傅的动作进行捕捉，通过软件和数据分析，找到谁最适合做什么工序，让擅长的人做擅长的事。哈勃智慧云通过搭建产业互联网平台，正在一点一滴地改变服装产业。

如果从产业再往上延伸，每个城市、每个国家都有自己的供应链，供应链的实力，对所在区域的竞争力也有重大影响。例如，深圳就是著名的硬件之都，2017年，中国近70%的智能硬件都来自深圳。深圳之所以能成为硬件之都，不仅是因为华为、中兴、大疆等企业都在这儿，还因为深圳有来自全世界各地的设计师、工程师、制造厂商，大家形成了一个完整的硬件生态。常有段子说，一个人去华强北转一圈，瞬间可以攒出一部智能手机。城市也是一个超级产业共同体。现在各地政府在做招商引资、发展产业的时候，也非常注重打造适合自己的垂直化产业集群，就是这个道理。

要点回顾

一、帮助供应者生存发展，打造信任共同体。

二、帮助供应者降本增效，打造利益共同体。

三、与供应者协同创新，打造"联盟体系"。

四、为供应者深度赋能，打造产业互联网。

思考题

　　你和供应者的合作处于哪个层次，你还可以采取哪些优化措施？

向用户要效益：
B站、哈雷·戴维森，
从单向服务到三位一体

我为什么把用户放到最后一讲，是因为用户是产业共同体的价值源泉和终极导向，无论产业共同体的角色怎样结合，其最终的目标都是要向用户提供价值，进而给企业创造价值。

在传统商业组织里，价值创造是单向的，企业向用户提供产品和服务，用户为此支付费用。价值则从用户向公司的员工，再向股东流动，这也是传统商业环境的价值分配方式。

在传统商业组织里，用户、员工、股东存在着三边博弈。比如，杰克·韦尔奇倡导股东利益最大化；稻盛和夫认为，企业最重要的使命是保障员工及其家庭的生活；马云的观点是，客户第一，员工第二，股东第三。

但是，到了产业共同体时代，用户、员工、股东三边是统一的，用户可以参与企业的生产过程，扮演员工的角色，也可以分享公司增长所带来的溢价和红利，由此实现三位一体。

我们应该如何实现三位一体，向用户要效益呢？

让用户贡献数据，为企业发展提供源动力

英国数据科学家及数学家克莱夫·哈姆比说："数据是新时代的石油。"

这个说法一点儿都不夸张。就像石油驱动了第二次工业革命，网络驱动了第三次工业革命，今天，数据就是第四次工业革命的驱动者。那么，企业该怎样向用户要到数据，以更好地驱动商业呢？

第一个方法是激发用户参与的积极性。

2018年7月，一款涂鸦游戏刷爆了朋友圈，它就是由谷歌开发的"猜画小歌"。这个游戏本身并不新鲜，就是朋友之间经常玩的"你画我猜"。但是这个游戏吸引人们的是，这次你的对手不是人类，而是谷歌精心训练的人工智能"小歌"。用户根据提示词汇进行简笔画创作，当小歌猜出用户图画中的物体时，用户就会进入下一轮，同时猜画连胜次数也会相应增加。在这个过程中，你的朋友圈大概会出现三种人：循规蹈矩玩游戏的认真派、调戏小歌的抽象派和炫技的实力派。无论是哪一种人，他们都会忍不住将游戏分享在朋友圈里，进而吸引

更多人参与挑战。

其实，这个小程序的目的远不是给用户快乐这么简单，谷歌开发这款小程序的初衷是利用这些草图，教计算机学习像人类那样绘画。所以在这个过程中，我们发现谷歌和用户在无意中完成了一次共谋：用户从绘画和分享中获得乐趣和成就感，谷歌则获得了大量的用户绘画数据，进一步提升智能算法。

当然，谷歌并没有"私吞"用户的劳动成果，这些用户的"大作"被上传到 Github（软件项目托管平台），实现了开源。谷歌不仅整理了简笔画，还贴心地做好了标注。

第二个方法，是让用户贡献的过程变得更加隐形。

比如前面提到的网约车，我每天都会用相关软件打车上下班。其实在我每次打开这些 App 的时候，App 的后台就已经开始记录数据了。比如我每天都在什么时间用，一般会打多远的距离，喜欢坐专车还是快车，这些都会被记录下来。这个过程对我来说是没有额外付出时间的，当我决定使用这款 App 的时候，我就许可了它记录我的数据。但这个记录动作，对于网约车企业来说是宝贵的出行大数据。这些数据告诉网约车企业，什么时候在国贸会出现需求高峰，什么时候需要调节价格，然后它就可以提前告诉平台上的司机，做到供给平衡。

另外，我们熟知的图片验证码也是一个很典型的例子。在用户进行图片验证的时候，谷歌会提供一张谷歌地图照片库当中的照片，并让用户指出照片中的"路牌""小汽车""房子"

等物品。这其实是在让用户帮忙对特定物品进行"描边",谷歌把这些数据加入自动驾驶的算法训练库里,帮助谷歌提高自动驾驶算法的精准度。

这就是向用户巧妙地要数据的方法。企业通过构建一个用户参与的活动,或者降低用户的参与成本,就能非常便利和高效地获取数据,让它成为驱动整个产业发展的"石油"。

让用户共建产品,为企业打开新市场

这几年,哔哩哔哩,也就是我们常说的 B 站,开始成为各大品牌的兵家必争之地。2020 年初,阿里系旗下所有产品更是集体入驻 B 站,开始争抢年轻市场。从用户规模和资源来看,B 站远不及"爱腾优"三巨头,那它是怎样在这么惨烈的视频平台战场活下来,并且还越活越好的呢?

答案很简单:高质量的社区。

让我们先来简单回顾一下 B 站的发展过程。2009 年,B 站只是一群二次元爱好者聚集在一起的交流社区。那时二次元属于非常小众的群体,B 站首先让这个小众垂直的群体找到了一个可以交流的地方。大家在这里会很慷慨地分享自己的动漫资源,也有人会上传自己的原创作品。在这样的社区里,大家开始自发制定规则,并初步形成了友好的交流氛围。

2014 年,版权大战开始。幸运的是,B 站和爱奇艺、腾讯视频、优酷一样，也提前完成了视听证的申请，赶上了正规化的列车。稍微落后了一点儿的A站和土豆网，被时代的车轮无情地碾压而过。正规化之后的"爱腾优"，开始由UGC（用户生成内容）走向PGC（专业生产内容），用户自发上传的内容权重被降低了，网站花大价钱购买的版权作品，被放在首页的焦点图上进行大力推广。

B站远远不具备三家巨头的实力，它应该怎样做呢？

"竞争战略之父"、哈佛大学教授迈克尔·波特认为，企业有三种通用战略，分别是低成本、差异化和集中战略。和爱奇艺、腾讯视频、优酷相比，针对相同的人群，B站很难提供差异化的内容，也没有办法在相同的内容基础上做到低成本。所以，B站决定保持聚焦，专注于为二次元人群提供服务，也就是集中战略。B站董事长陈睿选择和用户站在一起，避开视频网站的主战场，进一步完善和强调B站作为社区的属性。

为此，B站做了一些业界看起来匪夷所思的行为，比如用户注册，B站设立了极高的准入门槛。你如果想注册成为会员，只有两种方法：要么找一个老用户推荐，这需要消耗一个老用户签到50天才能获得的推荐券；要么回答100道和二次元文化相关的题，并且要答对60题以上，才能有资格注册成功。

这种看似反商业逻辑的行为，不仅没有拦住用户，反而让B站保持了独有的文化氛围，也让社区用户拥有了高度的荣誉感、归属感和黏性。现在，B站12个月的留存率高达80%，并且用户精准聚焦在平均年龄在 20 岁左右的年轻人。因为精准，B 站可以探索一系列新的商业模式，比如电商、游戏发行、制作、漫画、MCN（多频道网络）、直播……这些模式也早就超出了一个"视频平台"的价值范畴。

上一个像这样用户年轻、黏性又高的产品是 QQ。谁能抓住年轻人，谁就能抓住未来，这个道理谁都明白。我们也就不难理解，为什么 B 站会被各大品牌商视作宝藏，为什么腾讯和阿里巴巴争相购入它的股票，为什么索尼公司眼都不眨就向 B 站战略投资了 4 亿美元。一切成绩，都是 B 站和用户共谋的结果，B 站牺牲了短期的商业利益，为用户带来极佳的体验。换来的是用户为 B 站打造的极具潜力的社区文化，为 B 站拓展的商业版图。

采用类似方法的还有小红书。小红书诞生的时候，电商已经是一片红海。大众市场被淘宝和京东牢牢占据，垂直市场又有聚美优品、蘑菇街、网易考拉等平台。看似已经无缝可插的电商市场，小红书硬是靠着"种草社区"杀出了一条血路。在小红书社区里，你看不到像传统电商一样商品林立的窗口，取而代之的是一个个穿搭达人、美妆达人、会生活的普通人。用户来告诉你，该如何实惠又有品质地生活。如果说传统电商像是一个百货商场，那么小红书就是一个平时陪你逛街的闺蜜。同样，小红书尽可能地帮用户来维持社区的真实性和优质性，用户为小红书贡献了大量优质的内容，从而吸引源源不断的新用户，让一批批新用户再来这里种草。

让用户提需求，倒逼产业供应链改革

"用户第一"最好的体现就是千人千面，为用户提供个性化的服务和产品。但在传统商业时代，企业要想真正做到处处以用户需求为基本出发点，就意味着企业要付出巨大的成本。这时候，我们就需要借助数字化工具来服务用户、完成企业转型，让用户重回价值中心。著名摩托车制造商哈雷·戴维森就是一个典型例子。

哈雷最引以为豪的口号就是"全世界的哈雷，没有一辆是相同的"。但这句口号，有一天也成了公司最大的枷锁。随着用户需求的变化和竞争对手的崛起，哈雷发现自己的市场份额越来越小。2009年第三季度触及谷底，季度净收入从前一年的1.67亿美元下滑到了2 650万美元。为什么数据如此惨淡？因为按照传统的生产流程，定制一台哈雷摩托的时间需要21天。新生代的年轻人可等不了那么久。

这个时候，哈雷就站在了十字路口，它面临一个选择：是像竞争对手一样为用户提供工业流水线的产品，还是坚持自己的初衷，为用户提供个性化的产品呢？

哈雷选择了后者。但是，它优化了做法。哈雷找到了数字化领域的专家SAP（思爱普，企业管理方案公司），希望SAP

能运用数字化技术和哈雷共同完成这项变革。

这项变革计划被称为"Go for Break"(破釜沉舟)。哈雷决定把所有的生产体系完全推倒重来,重新建设一个智能的化工厂。在新工厂的生产车间里,每台机器设备都实现了互联,设备和设备之间实现了无缝信息传输和处理。在应用了物联网技术的智能工厂中,哈雷可以每90秒就生产一台带有2 500个个性化元素的定制化摩托。相比过去,哈雷的生产效率整体提升了25%,同时成本降低了30%。喜欢定制摩托的用户不用再等待漫长的21天,时间被压缩到了6小时。

哈雷借助用户需求,倒逼自己改革,更向用户要到了效益。同时,这也带动了产业供应链发生变革,"用户提需求,企业后生产"成为新的主流。汉帛的例子同样如此,在网红时代,服装定制需求极度碎片化,不改就是死路一条,于是汉帛把自己变成了云平台,带动了整个产业的变革,满足用户。

要点回顾

一、巧借数据,为企业发展提供源动力。

二、共建产品,为企业打开新市场。

三、按需定制,倒逼产业供应链改革。

> **思考题**
>
> 你所在的行业如何让用户参与产品生产和销售的关键环节，比如设计、制作和分享？

至此，产业共同体的内容就讲完了。在数字化时代，用户数据成为生产中最重要的要素，所以产业共同体是数字化时代的必然呈现。它的最大特点就是用数据，以及资本和技术的要素流动，去向互补者、竞争者、供应者、用户要效益，形成更好的产品和服务的组合，为用户创造价值。